Ética

Baruch Spinoza

AF433856

PAGES PLANET PUBLISHING

Published by

PAGES PLANET PUBLISHING

Email: pagesplanetpublishing@gmail.com

Copyright © 2024 Pages Planet Publishing.

All rights reserved.

For details or inquiries, please reach out to the publisher at the email above.

First published by Pages Planet Publishing in 2024

PARTE I. ACERCA DE DIOS.

DEFINICIONES.

I. Por aquello que es autocausado, entiendo aquello de lo que la esencia implica la existencia, o aquello de lo que la naturaleza sólo es concebible como existente.

II. Una cosa se llama finita según su género, cuando puede ser limitada por otra cosa de la misma naturaleza; Por ejemplo, un cuerpo se llama finito porque siempre concebimos otro cuerpo mayor. Así, también, un pensamiento está limitado por otro pensamiento, pero un cuerpo no está limitado por el pensamiento, ni un pensamiento por el cuerpo.

III. Por substancia entiendo lo que es en sí mismo y se concibe por sí mismo, es decir, aquello de lo que se puede formar un concepto independientemente de cualquier otro concepto.

IV. Por atributo entiendo lo que el entendimiento percibe como constitutivo de la esencia de la sustancia.

V. Por modo entiendo las modificaciones de la sustancia, o lo que existe en algo distinto de sí mismo y se concibe a través de él.

[1] "Afectos"

VI. Por Dios, me refiero a un ser absolutamente infinito, es decir, una sustancia que consta de infinitos atributos, cada uno de los cuales expresa una esencialidad eterna e infinita.

Explicación: Digo absolutamente infinito, no infinito según su género: porque, de una cosa infinita sólo según su género, se pueden negar atributos infinitos; Pero lo que es absolutamente infinito, contiene en su esencia todo lo que expresa la realidad, y no implica ninguna negación.

VII. Se llama libre aquella cosa que existe únicamente por la necesidad de su propia naturaleza, y cuya acción está determinada por ella sola. Por otra parte, es necesaria la cosa necesaria, o más bien constreñida, que está determinada por algo externo a sí misma a un método fijo y determinado de existencia o de acción.

VIII. Por eternidad entiendo la existencia misma, en cuanto que se concibe necesariamente como consecuencia únicamente de la definición de lo que es eterno.

La existencia de este tipo se concibe como una verdad eterna, como la esencia de una cosa, y, por lo tanto, no puede explicarse por medio de la continuidad o el tiempo, aunque la continuidad puede concebirse sin principio ni fin.

AXIOMAS.

I. Todo lo que existe, existe en sí mismo o en otra cosa.

II. Lo que no puede ser concebido a través de otra cosa, debe ser concebido a través de sí mismo.

III. De una causa determinada se sigue necesariamente un efecto; y, por otra parte, si no se concede una causa definida, es imposible que se siga un efecto.

IV. El conocimiento de un efecto depende e implica el conocimiento de una causa.

V. Las cosas que no tienen nada en común no pueden ser entendidas, la una por medio de la otra; La concepción de uno no implica la concepción del otro.

VI. Una idea verdadera debe corresponder con su ideado u objeto.

VII. Si una cosa puede ser concebida como no existente, su esencia no implica la existencia.

PROPOSICIONES.

PUNTAL. I. La sustancia es por naturaleza anterior a sus modificaciones.

Demostración.- Esto está claro desde el punto de vista definitivo. III. y v.

PUNTAL. II. Dos sustancias, cuyos atributos son diferentes, no tienen nada en común.

Demostración.—También se desprende de la definición III. Porque es necesario que cada uno exista en sí mismo, y que sea concebido por sí mismo; En otras palabras, la concepción de uno no implica la concepción del otro.

PUNTAL. III. Las cosas que no tienen nada en común no pueden ser una causa de la otra.

Demostración: Si no tienen nada en común, se sigue que uno no puede ser aprehendido por medio del otro (Ax. 5), y, por lo tanto, uno no puede ser la causa del otro (Ax. 4). Q.E.D.

PUNTAL. IV. Dos o más cosas distintas se distinguen entre sí, ya por la diferencia de los atributos de las sustancias, ya por la diferencia de sus modificaciones.

Demostración: Todo lo que existe, existe en sí mismo o en otra cosa (por 1/1), es decir, (por 3/3 y 5/5), nada se concede además del entendimiento, excepto la sustancia y sus modificaciones. Por lo tanto, nada se da fuera del entendimiento, por el cual se pueden distinguir varias cosas unas de otras, excepto las sustancias, o, en otras palabras (ver 4 Ax.), sus atributos y modificaciones. Q.E.D.

PUNTAL. V. No pueden existir en el universo dos o más sustancias que tengan la misma naturaleza o atributo.

Demostración: Si se conceden varias sustancias distintas, es necesario distinguirlas unas de otras, ya por la diferencia de sus atributos, ya por la diferencia de sus modificaciones (4 proposiciones). Aunque sólo sea por la diferencia de sus atributos, se concederá que no puede haber más de uno con un atributo idéntico. Si por la diferencia de sus modificaciones, como la substancia es naturalmente anterior a sus modificaciones (Proposición 1), se sigue que, dejando a un lado las modificaciones y considerando la substancia en sí misma, es decir, verdaderamente (definitivamente por 3 y 6), no se puede concebir una sustancia diferente de otra, es decir, (por 4 Proposición 4), no se pueden conceder varias sustancias. sino una sola sustancia. Q.E.D.

PUNTAL. VI. Una sustancia no puede ser producida por otra sustancia.

Demostración: Es imposible que haya en el universo dos sustancias con un atributo idéntico, es decir, que tengan algo común a ambas (proposición 2) y, por lo tanto, una no puede ser causa de la otra, ni una puede ser producida por la otra. Q.E.D.

Corolario: De aquí se sigue que una sustancia no puede ser producida por algo exterior a sí misma. En efecto, en el universo no se concede nada más que las sustancias y sus modificaciones (como se ve por I y definitivamente por III y V.). Ahora bien, la substancia no puede ser producida por otra substancia, por lo tanto, no puede ser producida por algo exterior a ella misma. Q.E.D. Esto se muestra aún más fácilmente por lo absurdo de lo contradictorio. Porque, si la substancia fuere producida por una causa externa, el conocimiento de ella dependería del conocimiento de su causa (Ax. 4), y (por Def. 3) no sería ella misma sustancia.

PUNTAL. VII. La existencia pertenece a la naturaleza de las sustancias.

Demostración: La substancia no puede ser producida por algo exterior (Corolario, proposición VI), por lo tanto, es necesario que sea su propia causa, es decir, que su esencia implica necesariamente la existencia, o que la existencia pertenece a su naturaleza.

PUNTAL. VIII. Toda sustancia es necesariamente infinita.

Demostración: No puede haber más que una sustancia con un atributo idéntico, y la existencia se sigue de su naturaleza (Proposición VII); Su naturaleza, por lo tanto, implica la existencia, ya sea como finita o infinita. No existe como finito, porque (por 2/2) estaría limitado por otra cosa de la misma especie, que también existiría necesariamente (Proposición 7); y habría dos sustancias con un atributo idéntico, lo cual es absurdo (Proposición V). Por lo tanto, existe como infinito. Q.E.D.

Como la existencia finita implica una negación parcial, y la existencia infinita es la afirmación absoluta de la naturaleza dada, se sigue (sólo de la proposición VII) que toda sustancia es necesariamente infinita.

No cabe duda de que será difícil para los que piensan las cosas de manera vaga, y no se han acostumbrado a conocerlas por sus causas primeras, comprender la demostración de la proposición VII, porque tales personas no hacen distinción entre las modificaciones de las sustancias y las sustancias mismas, e ignoran el modo en que se producen las cosas; De ahí que atribuyan a las sustancias el principio que observan en los objetos naturales. Los que ignoran las causas verdaderas, crean una confusión completa, piensan que los árboles pueden hablar tan bien como los hombres, que los hombres pueden ser formados de piedras así como de semilla; e imaginar que cualquier forma podría ser cambiada en cualquier otra. Así, también, aquellos que confunden las dos naturalezas, divina y humana, atribuyen fácilmente las pasiones humanas a la deidad, especialmente mientras no saben cómo se originan las pasiones en la mente. Pero, si la gente considerara la naturaleza de la sustancia, no tendría ninguna duda acerca de la verdad de la Proposición 7. De hecho, esta proposición sería un axioma universal, y se consideraría una perogrullada. Porque, por substancia, se entendería lo que es en sí mismo y se concibe por sí mismo, es decir, algo de lo que el concepto no requiere el concepto de otra cosa; mientras que las modificaciones existen en algo exterior a sí mismas, y un concepto de ellas se forma por medio de un concepto de la cosa en la que existen. Por lo tanto, podemos tener ideas verdaderas de modificaciones inexistentes; Porque, aunque no tengan existencia real fuera del entendimiento que los concibe, sin embargo, su esencia está tan involucrada en algo externo a ellos mismos que pueden ser concebidos a través de él. En cambio, la única verdad que pueden tener las substancias, fuera del entendimiento, debe consistir en su existencia, porque son concebidas por ellas mismas. Por lo tanto, para que una persona diga que tiene una idea clara y distinta, es decir, verdadera, de una sustancia, pero que no está segura de si tal sustancia existe, sería lo mismo que si dijera que tiene una idea verdadera, pero no está segura de si es falsa o no (un poco de consideración lo aclarará); O si alguien afirmara que la sustancia se crea, sería lo mismo que decir que una idea falsa es verdadera, en resumen, el colmo del absurdo. Por lo tanto, debe admitirse necesariamente que la existencia de la sustancia como su esencia es una verdad eterna. Y, por lo tanto, podemos concluir por otro proceso de razonamiento: que no hay más que una sola sustancia de este tipo. Creo que esto puede hacerse provechosamente de una vez; Y, para proceder regularmente con la demostración, debemos partir:

1. La verdadera definición de una cosa no implica ni expresa nada más allá de la naturaleza de la cosa definida. De esto se deduce que...

2. Ninguna definición implica o expresa un cierto número de individuos, en la medida en que no expresa nada más allá de la naturaleza de la cosa definida. Por ejemplo, la definición de un triángulo no expresa nada más allá de la naturaleza real de un triángulo: no implica ningún número fijo de triángulos.

3. Necesariamente hay para cada cosa individual existente una causa por la cual debería existir.

4. Esta causa de la existencia debe estar contenida en la naturaleza y definición de la cosa definida, o debe ser postulada aparte de dicha definición.

De aquí se deduce que, si en la naturaleza existe un número dado de cosas individuales, es necesario que haya alguna causa para la existencia de ese número exactamente, ni más ni menos. Por ejemplo, si existen veinte hombres en el universo (en aras de la simplicidad, supondré que existieron simultáneamente y que no tuvieron predecesores), y queremos dar cuenta de la existencia de estos veinte hombres, no será suficiente mostrar la causa de la existencia humana en general; También debemos mostrar por qué hay exactamente veinte hombres, ni más ni menos: porque hay que asignar una causa a la existencia de cada individuo. Ahora bien, esta causa no puede estar contenida en la naturaleza real del hombre, porque la verdadera definición del hombre no implica ninguna consideración del número veinte. Por consiguiente, la causa de la existencia de estos veinte hombres y, por consiguiente, de cada uno de ellos, debe buscarse necesariamente externamente a cada individuo. Por lo tanto, podemos establecer la regla absoluta de que todo lo que puede consistir en varios individuos debe tener una causa externa. Y, como ya se ha demostrado que la existencia pertenece a la naturaleza de la sustancia, la existencia debe incluirse necesariamente en su definición; y de su sola definición debe deducirse la existencia. Pero de su definición (como hemos demostrado en las notas II y III) no podemos inferir la existencia de varias sustancias; Por lo tanto, se sigue que no hay más que una sustancia de la misma naturaleza. Q.E.D.

PUNTAL. IX. Cuanta más realidad o ser tiene una cosa, mayor es el número de sus atributos (Def. IV.).

PUNTAL. X. Cada atributo particular de la sustancia única debe ser concebido por sí mismo.

Demostración: Un atributo es lo que el entendimiento percibe de la sustancia, como constituyendo su esencia (por 4/2), y, por tanto, debe ser concebido por sí mismo (por 3/3). Q.E.D.

Es evidente, pues, que, aunque dos atributos se conciban, de hecho, como distintos, es decir, uno sin la ayuda del otro, sin embargo, no podemos concluir que constituyan dos entidades o dos sustancias diferentes. En efecto, es en la naturaleza de la sustancia que cada uno de sus atributos se concibe por sí mismo, en cuanto que todos los atributos que tiene han existido siempre simultáneamente en ella, y ninguno ha podido ser producido por ningún otro; pero cada uno expresa la realidad o el ser de la sustancia. Es, pues, distando mucho de ser absurdo atribuir varios atributos a una misma sustancia, pues nada en la naturaleza es más claro que todos y cada uno de los entes deben ser concebidos bajo algún atributo, y que su realidad o ser está en proporción al número de sus atributos que expresan necesidad o eternidad e infinitud. Por consiguiente, es muy claro que un ser absolutamente infinito debe definirse necesariamente como compuesto de infinitos atributos, cada uno de los cuales expresa una cierta esencia eterna e infinita.

Si alguien pregunta ahora con qué signo podrá distinguir las diferentes sustancias, que lea las siguientes proposiciones, que muestran que no hay más que una sustancia en el universo, y que es absolutamente infinita, por lo que tal señal sería buscada en vano.

PUNTAL. XI. Dios, o sustancia, que consta de infinitos atributos, cada uno de los cuales expresa una esencialidad eterna e infinita, existe necesariamente.

Demostración: Si esto se niega, concebid, si es posible, que Dios no existe, pues su esencia no implica la existencia. Pero esto (Proposición VII) es absurdo. Por lo tanto, Dios existe necesariamente.

Otra prueba: A todas las cosas se les debe asignar una causa o razón, ya sea para su existencia o para su no existencia, por ejemplo, si existe un triángulo, se debe conceder una razón o causa para su existencia; Si, por el contrario, no existe, también se debe conceder una causa, que le impida existir, o anule su existencia. Esta razón o causa debe estar contenida en la naturaleza de la cosa en cuestión, o ser externa a ella. Por ejemplo, la razón de la no existencia de un círculo cuadrado se indica en su naturaleza, es decir, porque implicaría una contradicción. Por otra parte, la existencia de la sustancia se sigue únicamente de su naturaleza, en cuanto que su naturaleza implica la existencia. (Véase la Propuesta vii.)

Pero la razón de la existencia de un triángulo o de un círculo no se sigue de la naturaleza de esas figuras, sino del orden de la naturaleza universal en extensión. De esto último se deduce que, o bien existe necesariamente un triángulo, o bien que es imposible que exista. Hay mucho que es evidente. De aquí se sigue que una cosa existe necesariamente, si no se concede ninguna causa o razón que impida su existencia.

Si, pues, no se puede dar ninguna causa o razón que impida la existencia de Dios, o que destruya su existencia, debemos concluir ciertamente que él existe necesariamente. Si se ha de dar tal razón o causa, debe ser extraída de la naturaleza misma de Dios, o ser externa a él, es decir, extraída de otra sustancia de otra naturaleza. Porque si fuera de la misma naturaleza, Dios, por ese mismo hecho, sería admitido a existir. Pero la sustancia de otra naturaleza no podría tener nada en común con Dios (por la proposición 2) y, por lo tanto, no podría causar ni destruir su existencia.

De la misma manera que una razón o causa que anularía la existencia divina no puede extraerse de nada exterior a la naturaleza divina, si Dios no existe, si Dios no existe, debe ser extraída de la naturaleza misma de Dios, lo que implicaría una contradicción. Hacer tal afirmación acerca de un ser absolutamente infinito y supremamente perfecto es absurdo; por lo tanto, ni en la naturaleza de Dios, ni externamente a su naturaleza, se puede asignar una causa o razón que anule su existencia. Por lo tanto, Dios existe necesariamente. Q.E.D.

Otra prueba: La potencialidad de la no existencia es una negación de la potencia, y a la inversa, la potencialidad de la existencia es una potencia, como es evidente. Si, pues, lo que necesariamente existe no es más que seres finitos, tales seres finitos son más poderosos que un ser absolutamente infinito, lo cual es evidentemente absurdo; Por lo tanto, o bien no existe nada, o bien existe necesariamente también un ser absolutamente infinito. Ahora bien, existimos en nosotros mismos, o en otra cosa que existe necesariamente (cf. Axioma I y Proposición VII). Por lo tanto, un ser absolutamente infinito, es decir, Dios (Def. —existe necesariamente. Q.E.D.

En esta última prueba, he demostrado deliberadamente la existencia de Dios a posteriori, para que la demostración pueda seguirse más fácilmente, no porque, desde las mismas premisas, la existencia de Dios no se siga a priori. Porque, como la potencialidad de la existencia es una potencia, se sigue que, a medida que la realidad aumenta en la naturaleza de una cosa, así también aumentará su fuerza para la existencia. Por lo tanto, un ser absolutamente infinito, como Dios, tiene de sí mismo un poder de existencia absolutamente infinito y, por lo tanto, existe absolutamente. Tal vez haya muchos que no puedan ver la fuerza de esta prueba, en la medida en que están acostumbrados a considerar sólo las cosas que fluyen de causas externas. De tales cosas, ven que las que rápidamente suceden, es decir, que rápidamente llegan a existir, también desaparecen rápidamente; mientras que ellos consideran como más difíciles de realizar, es decir, no tan fáciles de llevar a la existencia, aquellas cosas que conciben como más complicadas.

Sin embargo, para acabar con este concepto erróneo, no necesito mostrar aquí la medida de la verdad en el proverbio: "Lo que viene pronto, se va rápidamente", ni discutir si, desde el punto de vista de la naturaleza universal, todas las cosas son igualmente fáciles, o de otra manera: sólo necesito hacer notar que no estoy hablando aquí de cosas que suceden por causas externas a sí mismas. pero sólo de las sustancias que (por la Proposición VI) no pueden ser producidas por ninguna causa externa. Las cosas que son producidas por causas externas, ya sea que consten de muchas partes o de pocas, deben cualquier perfección o realidad que posean únicamente a la eficacia de su causa externa; y, por lo tanto, su existencia surge únicamente de la perfección de su causa externa, no de la suya propia. Por el contrario, la perfección que posee la sustancia no se debe a ninguna causa externa; Por lo tanto, es necesario que la existencia de la sustancia nazca únicamente de su propia naturaleza, que no es otra cosa que su esencia. Así, la perfección de una cosa no anula su existencia, sino que, por el contrario, la afirma. La imperfección, en cambio, sí lo anula; por lo tanto, no podemos estar más seguros de la existencia de nada que de la existencia de un ser absolutamente infinito o perfecto, es decir, de Dios. En efecto, en la medida en que su esencia excluye toda imperfección e implica una perfección absoluta, se elimina todo motivo de duda acerca de su existencia, y se da la máxima certeza sobre la cuestión. Esto, creo, será evidente para todo lector medianamente atento.

PUNTAL. XII. No se puede concebir ningún atributo de la sustancia del que se siga que la sustancia pueda dividirse.

Demostración: Las partes en que se dividiría la sustancia, tal como se concebía de este modo, o bien conservarán la naturaleza de la sustancia, o no la tendrán. Si es lo primero, entonces (por la proposición 8) cada parte será necesariamente infinita, y (por la proposición 6) autocausada, y (por la proposición 5) consistirá forzosamente en un atributo diferente, de modo que, en ese caso, varias sustancias podrían formarse de una sola sustancia, lo cual (por la proposición 6) es absurdo. Además, las partes (por la Proposición 2) no tendrían nada en común con su todo, y el todo (por la Def. 4 y la Proposición 1) podría existir y concebirse sin sus partes, lo que todos admitirán como absurdo. Si adoptamos la segunda alternativa, es decir, que las partes no conserven la naturaleza de la sustancia, entonces, si la sustancia entera se dividiera en partes iguales, perdería la naturaleza de la sustancia y dejaría de existir, lo cual es absurdo.

PUNTAL. XIII. La substancia absolutamente infinita es indivisible.

Demostración: Si pudiera dividirse, las partes en que se dividiera conservarían, o bien conservarían la naturaleza de sustancia absolutamente infinita, o no lo harían. Si es lo primero, tendríamos varias sustancias de la misma naturaleza, lo cual (por la Proposición 5) es absurdo. Si esto último, entonces (por la proposición 7) la sustancia absolutamente infinita podría dejar de existir, lo cual (por la proposición 11) también es absurdo.

Corolario: De aquí se sigue que ninguna substancia, y por consiguiente ninguna substancia extensa, en cuanto que es sustancia, es divisible.

Nota: La indivisibilidad de la sustancia puede entenderse más fácilmente de la siguiente manera. La naturaleza de la sustancia sólo puede ser concebida como infinita, y por una parte de la sustancia no puede entenderse otra cosa que la sustancia finita, lo cual (por la proposición 8) implica una contradicción manifiesta.

PUNTAL. XIV. Fuera de Dios no se puede conceder ni concebir ninguna sustancia.

Demostración: Como Dios es un ser absolutamente infinito, de quien no se puede negar ningún atributo que exprese la esencia de la sustancia (por la definición 6), y existe necesariamente (por la proposición 11); si se concediera alguna sustancia aparte de Dios, tendría que ser explicada por algún atributo de Dios, y así existirían dos sustancias con el mismo atributo, lo cual (por la Proposición V) es absurdo; por lo tanto, fuera de Dios no se puede conceder ninguna sustancia ni, por consiguiente, ser concebida. Si pudiera ser concebido, necesariamente tendría que ser concebido como existente; Pero esto (por la primera parte de esta prueba) es absurdo. Por lo tanto, fuera de Dios no se puede conceder ni concebir ninguna sustancia. Q.E.D.

Corolario I: Por lo tanto, es evidente que Dios es uno, es decir, (por la definición VI) sólo se puede conceder una sustancia en el universo, y esa sustancia es absolutamente infinita, como ya hemos indicado (en la nota a la proposición X).

Corolario II.—De esto se sigue: 2. Que la extensión y el pensamiento son o bien atributos de Dios, o bien accidentes (afecciones) de los atributos de Dios.

PUNTAL. XV. Todo lo que es, está en Dios, y sin Dios nada puede ser ni ser concebido.

Demostración: Fuera de Dios, ninguna sustancia es concedida ni puede ser concebida (por la proposición 14), es decir, nada que sea en sí mismo y que se conciba por sí mismo. Pero los modos (por Def. v.) no pueden ser, ni ser concebidos sin sustancia; Por lo tanto, sólo pueden estar en la naturaleza divina, y sólo pueden ser concebidos a través de ella. Pero las substancias y los modos forman la suma total de la existencia (por 1), por lo tanto, sin Dios nada puede ser ni ser concebido. Q.E.D.

Algunos afirman que Dios, como el hombre, se compone de cuerpo y mente, y es susceptible de las pasiones. Hasta qué punto tales personas se han desviado de la verdad es suficientemente evidente por lo que se ha dicho. Pero a estos los paso por alto. Porque todos los que han reflexionado de alguna manera sobre la naturaleza divina niegan que Dios tenga un cuerpo. De esto hallan excelente prueba en el hecho de que entendemos por cuerpo una cantidad determinada, tan larga, tan amplia, tan profunda, limitada por una cierta forma, y es el colmo del absurdo predicar tal cosa de Dios, un ser absolutamente infinito. Pero, mientras tanto, por otras razones con las que tratan de probar su punto, muestran que piensan que la sustancia corpórea o extensa está completamente separada de la naturaleza divina, y dicen que fue creada por Dios. De dónde puede haber sido creada la naturaleza divina, son completamente ignorantes; Así muestran claramente que no conocen el significado de sus propias palabras. Yo mismo he demostrado con suficiente claridad, al menos en mi propio juicio (Corolario Prop. VI y nota 2 Proposición VIII), que ninguna sustancia puede ser producida o creada por otra cosa que ella misma. Demostré (en el libro XIV) que fuera de Dios no se puede conceder ni concebir ninguna sustancia. De ahí que hayamos llegado a la conclusión de que la sustancia extensa es uno de los atributos infinitos de Dios. Sin embargo, con el fin de explicar más completamente, refutaré los argumentos de mis adversarios, que parten todos de los siguientes puntos:

La substancia extensa, en cuanto substancia, consta, según ellos creen, de partes, por lo que niegan que pueda ser infinita o, por consiguiente, que pueda pertenecer a Dios. Esto lo ilustran con muchos ejemplos, de los cuales tomaré uno o dos. Si la substancia extensa, dicen, es infinita, concíbase que está dividida en dos partes; Cada parte será entonces finita o infinita. Si es lo primero, entonces la sustancia infinita está compuesta de dos partes finitas, lo cual es absurdo. Si es lo último, entonces un infinito será dos veces más grande que otro infinito, lo cual también es absurdo.

Además, si una línea infinita se mide en longitudes de pies, constará de un número infinito de tales partes; Consistiría igualmente en un número infinito de partes, si cada parte midiera sólo una pulgada: por lo tanto, un infinito sería doce veces más grande que el otro.

Por último, si se concibe que de un solo punto se trazan dos líneas divergentes que al principio están a una distancia definida, pero que se producen hasta el infinito, es cierto que la distancia entre las dos líneas aumentará continuamente, hasta que al final cambie de definida a indefinible. De estos absurdos se deduce que, considerando la cantidad como infinita, se deduce que la sustancia extensa debe ser necesariamente finita y, por consiguiente, no puede pertenecer a la naturaleza de Dios.

El segundo argumento también se extrae de la perfección suprema de Dios. Dios, se dice, en cuanto es un ser supremamente perfecto, no puede ser pasivo; Pero la sustancia extensa, en cuanto es divisible, es pasiva. De aquí se deduce que la sustancia extensa no pertenece a la esencia de Dios.

Tales son los argumentos que encuentro sobre el tema en los escritores, que con ellos tratan de probar que la sustancia extensa es indigna de la naturaleza divina y no puede pertenecer a ella. Sin embargo, creo que un lector atento verá que ya he respondido a sus proposiciones; porque todos sus argumentos se fundan en la hipótesis de que la sustancia extensa está compuesta de partes, y tal hipótesis he demostrado (Proposición XIII y Corol, Proposición XIII) que es absurda. Además, cualquiera que reflexione verá que todos estos absurdos (si es que son absurdos, de los que no estoy hablando ahora), de los que se trata de extraer la conclusión de que la sustancia extensa es finita, no se siguen en absoluto de la noción de una cantidad infinita, sino simplemente de la noción de que una cantidad infinita es medible. y compuesto de partes finitas Por lo tanto, la única conclusión justa que se puede sacar es que: La cantidad infinita no es mensurable, y no puede estar compuesta de partes finitas. Esto es exactamente lo que ya hemos probado (en la Proposición xii). Por lo tanto, el arma que nos apuntaron en realidad ha retrocedido sobre sí mismos. Si, a partir de este absurdo suyo, persisten en sacar la conclusión de que la sustancia extensa debe ser finita, en verdad se comportarán como un hombre que afirma que los círculos tienen las propiedades de los cuadrados y, viéndose así atrapado en absurdos, procede a negar que los círculos tengan algún centro desde el cual todas las líneas trazadas hasta la circunferencia sean iguales. Porque, tomando la sustancia extensa, que sólo puede concebirse como infinita, una e indivisible (Proposiciones VIII a.V., 11), afirman, para probar que es finita, que está compuesta de partes finitas y que puede multiplicarse y dividirse.

Así, también, otros, después de afirmar que una línea está compuesta de puntos, pueden producir muchos argumentos para probar que una línea no puede dividirse infinitamente. Ciertamente, no es menos absurdo afirmar que la sustancia extensa está hecha de cuerpos o partes, que afirmar que un sólido está hecho de superficies, una superficie de líneas y una línea de puntos. Esto debe ser admitido por todos los que saben que la razón clara es infalible, y sobre todo por aquellos que niegan la posibilidad de un vacío. Pues si la sustancia extensa podía dividirse de tal manera que sus partes estuvieran realmente separadas, ¿por qué no habría de admitir una parte ser destruida y permanecer unidas las otras como antes? ¿Y por qué han de estar todos encajados unos en otros de tal manera que no queden vacíos? Ciertamente, en el caso de las cosas que son realmente distintas unas de otras, una puede existir sin la otra, y puede permanecer en su condición original. Como, pues, no existe en la naturaleza un vacío (del cual no es así), sino que todas las partes están obligadas a unirse para impedirlo, de esto se sigue que las partes no pueden distinguirse realmente, y que la sustancia extensa, en cuanto es sustancia, no puede dividirse.

Si alguien me hace la siguiente pregunta: ¿Por qué somos naturalmente tan propensos a dividir la cantidad? Respondo: Respondo que la cantidad es concebida por nosotros de dos modos; en abstracto y superficialmente, tal como lo imaginamos; o como sustancia, tal como la concebimos únicamente por el entendimiento. Si, pues, consideramos la cantidad tal como está representada en nuestra imaginación, lo que hacemos a menudo y con mayor facilidad, encontraremos que es finita, divisible y compuesta de partes; pero si la consideramos tal como está representada en nuestro entendimiento, y la concebimos como sustancia, lo cual es muy difícil de hacer, encontraremos, como ya lo he demostrado suficientemente, que es infinita, una e indivisible. Esto será bastante claro para todos los que hacen una distinción entre el entendimiento y la imaginación, especialmente si se recuerda que la materia es en todas partes la misma, que sus partes no se distinguen, excepto en la medida en que concebimos la materia como diversamente modificada, de donde sus partes se distinguen, no realmente, sino modalmente. Por ejemplo, el agua, en cuanto es agua, concebimos que está dividida, y que sus partes están separadas unas de otras; pero no en la medida en que es sustancia extensa; Desde este punto de vista, no está separada ni es divisible. El agua, en cuanto agua, se produce y se corrompe; pero, en la medida en que es sustancia, ni se produce ni se corrompe.

Creo que ya he respondido al segundo argumento; De hecho, se basa en la misma suposición que la primera, a saber, que la materia, en cuanto substancia, es divisible y está compuesta de partes. Aun si así fuera, no sé por qué habría de ser considerada indigna de la naturaleza divina, ya que fuera de Dios (por la proposición 14) no se le puede conceder ninguna sustancia de la que pueda recibir sus modificaciones. Todas las cosas, repito, están en Dios, y todas las cosas que suceden, suceden únicamente por las leyes de la naturaleza infinita de Dios, y se siguen (como mostraré enseguida) de la necesidad de su esencia. Por lo tanto, de ninguna manera se puede decir que Dios sea pasivo respecto a cualquier otra cosa que no sea él mismo, o que la sustancia extensa sea indigna de la naturaleza divina, aunque se suponga divisible, siempre que se le conceda ser infinita y eterna. Pero basta de esto por el momento.

PUNTAL. XVI. De la necesidad de la naturaleza divina debe seguirse un número infinito de cosas de infinitos modos, es decir, todas las cosas que pueden caer dentro de la esfera del entendimiento infinito.

Demostración: Esta proposición será clara para todos los que recuerden que de la definición dada de cualquier cosa el entendimiento infiere varias propiedades, que realmente se siguen necesariamente de ella (es decir, de la misma esencia de la cosa definida); e infiere más propiedades en la medida en que la definición de la cosa expresa más realidad, es decir, en la medida en que la esencia de la cosa definida implica más realidad. Ahora bien, como la naturaleza divina tiene atributos absolutamente infinitos (por la definición 6), de los cuales cada uno expresa una esencia infinita según su género, se sigue que de la necesidad de su naturaleza deben seguirse necesariamente un número infinito de cosas, es decir, todo lo que puede caer en la esfera de un entendimiento infinito. Q.E.D.

Corolario I: De aquí se sigue que Dios es la causa eficiente de todo lo que puede caer en la esfera de un entendimiento infinito.

Corolario II: De aquí se sigue también que Dios es causa en sí mismo, y no por accidente de su naturaleza.

Corolario III: De aquí se sigue, en tercer lugar, que Dios es la causa absolutamente primera.

PUNTAL. XVII. Dios actúa únicamente por las leyes de su propia naturaleza, y no está constreñido por nadie.

Demostración: Acabamos de demostrar (en la proposición 16) que sólo de la necesidad de la naturaleza divina, o, lo que es lo mismo, sólo de las leyes de su naturaleza, se siguen absolutamente infinitas cosas de un número infinito de modos; y probamos (en la Proposición 15) que sin Dios nada puede ser ni ser concebido sin que todas las cosas estén en Dios. Por lo tanto, nada puede existir; fuera de sí mismo, por lo que puede ser condicionado o constreñido a obrar; por lo tanto, Dios obra únicamente según las leyes de su propia naturaleza, y no está constreñido por nadie. Q.E.D.

Corolario I: De esto se sigue: 1. Que no puede haber causa que, extrínseca o intrínsecamente, además de la perfección de su propia naturaleza, mueva a Dios a obrar.

Corolario II.—De esto se sigue: 2. Que Dios es la única causa libre. En efecto, sólo Dios existe por la sola necesidad de su naturaleza (por 1/1/4 Corol/14), y obra por la sola necesidad de su propia naturaleza, por lo cual Dios (por 1/4) es la única causa libre. Q.E.D.

Otros piensan que Dios es una causa libre, porque puede, como ellos piensan, hacer que las cosas que hemos dicho se siguen de su naturaleza, es decir, que están en su poder, no deben suceder o no deben ser producidas por él. Pero esto es lo mismo que si dijeran que Dios puede realizarlo, que de la naturaleza de un triángulo se sigue que sus tres ángulos interiores no deben ser iguales a dos ángulos rectos; o que de una causa dada no se siga ningún efecto, lo cual es absurdo.

Además, mostraré más adelante, sin la ayuda de esta proposición, que ni el entendimiento ni la voluntad pertenecen a la naturaleza de Dios. Sé que hay muchos que piensan que pueden demostrar que el intelecto supremo y el libre albedrío pertenecen a la naturaleza de Dios; porque dicen que no conocen nada más perfecto, que puedan atribuir a Dios, que lo que es la más alta perfección en nosotros mismos. Además, aunque conciben a Dios como realmente supremamente inteligente, sin embargo, no creen que Él pueda hacer existir todo lo que realmente entiende, porque piensan que así destruirían el poder de Dios. Si, sostienen, Dios hubiera creado todo lo que está en su entendimiento, no sería capaz de crear nada más, y esto, piensan, chocaría con la omnipotencia de Dios; por lo tanto, prefieren afirmar que Dios es indiferente a todas las cosas, y que no crea nada excepto lo que ha decidido, por algún ejercicio absoluto de la voluntad, crear. Sin embargo, creo haber demostrado suficientemente claramente (por la Proposición 16) que del poder supremo de Dios, o naturaleza infinita, un número infinito de cosas, es decir, todas las cosas han brotado necesariamente de un número infinito de maneras, o siempre fluyen de la misma necesidad; De la misma manera que de la naturaleza de un triángulo se sigue desde la eternidad y para la eternidad que sus tres ángulos interiores son iguales a dos ángulos rectos. Por lo tanto, la omnipotencia de Dios se ha manifestado desde toda la eternidad, y permanecerá por toda la eternidad en el mismo estado de actividad. Esta manera de tratar la cuestión atribuye a Dios una omnipotencia, en mi opinión, mucho más perfecta. Porque, de lo contrario, nos vemos obligados a confesar que Dios entiende un número infinito de cosas creables, que nunca podrá crear, porque, si creara todo lo que entiende, según esta demostración, agotaría su omnipotencia y se haría imperfecto. Por lo tanto, para demostrar que Dios es perfecto, debemos limitarnos a establecer al mismo tiempo que no puede llevar a cabo todo lo que su poder extiende; esta parece ser una hipótesis muy absurda y muy repugnante a la omnipotencia de Dios.

Además, para decir aquí una palabra sobre el entendimiento y la voluntad que atribuimos a Dios, si el entendimiento y la voluntad pertenecen a la esencia eterna de Dios, debemos tomar estas palabras en un significado completamente diferente del que suelen tener. Porque el entendimiento y la voluntad, que constituirían la esencia de Dios, estarían forzosamente tan alejados como los polos del entendimiento y de la voluntad humanos, de hecho, no tendrían nada en común con ellos sino el nombre; habría tanta correspondencia entre los dos como la que hay entre el Perro, la constelación celestial, y un perro, un animal que ladra. Esto lo demostraré de la siguiente manera. Si el entendimiento pertenece a la naturaleza divina, no puede estar en la naturaleza, como generalmente se piensa que es la nuestra, posterior o simultánea a las cosas entendidas, en cuanto que Dios es anterior a todas las cosas en razón de su causalidad (Proposición 16 Corol. Contra esto: está lo que sucede cuando la verdad y la esencia formal de las cosas es tal como es, porque existe por representación como tal en el entendimiento de Dios. Por lo tanto, el entendimiento de Dios, en cuanto se concibe como esencia de Dios, es en realidad la causa de las cosas, tanto de su esencia como de su existencia. Esto parece haber sido reconocido por aquellos que han afirmado que el intelecto de Dios, la voluntad de Dios y el poder de Dios, son uno y el mismo. Por lo tanto, como el entendimiento de Dios es la única causa de las cosas, es decir, tanto de su esencia como de su existencia, es necesario que difiera de ellas en cuanto a su esencia y en cuanto a su existencia. En efecto, una causa difiere de la cosa que causa, precisamente en la cualidad que ésta obtiene de la primera.

Por ejemplo, un hombre es la causa de la existencia de otro hombre, pero no de su esencia (porque esta última es una verdad eterna), y, por lo tanto, los dos hombres pueden ser completamente similares en esencia, pero deben ser diferentes en existencia; y por lo tanto, si cesa la existencia de uno de ellos, no cesará necesariamente también la existencia del otro; Pero si la esencia de uno pudiera ser destruida y falsa, la esencia del otro también sería destruida. Por lo tanto, una cosa que es causa tanto de la esencia como de la existencia de un efecto dado, debe diferir de este efecto tanto en cuanto a su esencia como en cuanto a su existencia. Ahora bien, el entendimiento de Dios es la causa de la esencia y de la existencia de nuestro entendimiento; Por lo tanto, el entendimiento de Dios, en cuanto se concibe como esencia divina, difiere de nuestro entendimiento tanto en lo que se refiere a la esencia como en lo que se refiere a la existencia, y no puede concordar con él sino en el nombre, como dijimos antes. El razonamiento sería idéntico en el caso del testamento, como cualquiera puede ver fácilmente.

PUNTAL. XVIII. Dios es la morada y no la causa transitoria de todas las cosas.

Demostración: Todas las cosas que son, están en Dios, y deben ser concebidas por Dios (por la proposición 15), por lo tanto (por la proposición 16 Corol. Dios es la causa de las cosas que están en él. Este es nuestro primer punto. Además de Dios, no puede haber ninguna sustancia (por la proposición 14), que no sea nada en sí mismo fuera de Dios. Este es nuestro segundo punto. Dios, por lo tanto, es la morada interna y no la causa transitoria de todas las cosas. Q.E.D.

PUNTAL. XIX. Dios, y todos los atributos de Dios, son eternos.

Demostración: Dios (por la proposición 6) es la sustancia, que (por la proposición 1) existe necesariamente, es decir, (por la proposición 7) la existencia pertenece a su naturaleza, o (lo que es lo mismo) se sigue de su definición; por lo tanto, Dios es eterno (por Def. viii.). Por atributos de Dios hay que entender lo que (por 4/4 def.) expresa la esencia de la sustancia divina, es decir, lo que pertenece a la sustancia, es decir, lo que debe estar implicado en los atributos de la sustancia. Ahora bien, la eternidad pertenece a la naturaleza de la sustancia (como ya he mostrado en VII Proposición); Por lo tanto, la eternidad debe pertenecer a cada uno de los atributos, y así todos son eternos. Q.E.D.

Nota: Esta proposición es también evidente por la manera en que (en la Proposición 11) Demostré la existencia de Dios; es evidente, repito, por esa prueba, que la existencia de Dios, como su esencia, es una verdad eterna. Además, (en la Proposición 11 de mis "Principios de la Filosofía Cartesiana"), he probado la eternidad de Dios, de otra manera, que no necesito repetir aquí.

PUNTAL. XX. La existencia de Dios y su esencia son una y la misma.

Demostración: Dios y todos sus atributos son eternos, es decir, cada uno de sus atributos expresa la existencia. Por lo tanto, los mismos atributos de Dios que explican su esencia eterna, explican al mismo tiempo su existencia eterna, es decir, lo que constituye la esencia de Dios constituye al mismo tiempo su existencia. Por lo tanto, la existencia de Dios y la esencia de Dios son una y la misma cosa. Q.E.D.

Corolario. De aquí se sigue que la existencia de Dios, como su esencia, es una verdad eterna.

Corolario. En segundo lugar, se sigue que Dios y todos los atributos de Dios son inmutables. Pues si pueden ser cambiados con respecto a la existencia, también deben poder ser cambiados con respecto a la esencia, es decir, obviamente, ser cambiados de verdaderos a falsos, lo cual es absurdo.

PUNTAL. XXI. Todas las cosas que se siguen de la naturaleza absoluta de cualquier atributo de Dios deben existir siempre y ser infinitas, o, en otras palabras, son eternas e infinitas por el dicho atributo.

Demostración: Concebir, si es posible (suponiendo que se niegue la proposición), que algo en algún atributo de Dios pueda seguirse de la naturaleza absoluta de dicho atributo, y que al mismo tiempo sea finito y tenga una existencia o duración condicionada; por ejemplo, la idea de Dios expresada en el atributo pensamiento. Ahora bien, el pensamiento, en cuanto que se supone que es un atributo de Dios, es necesariamente (por la proposición 11) infinito en su naturaleza. Pero, en la medida en que posee la idea de Dios, se supone finito. Sin embargo, no puede concebirse como finito, a menos que esté limitado por el pensamiento (por Def. II); pero no está limitada por el pensamiento mismo, en cuanto ha constituido la idea de Dios (pues hasta ahora se supone que es finita); por lo tanto, está limitada por el pensamiento, en cuanto que no ha constituido la idea de Dios, la cual, sin embargo (por la proposición 1/1) debe existir necesariamente.

Por lo tanto, hemos admitido que el pensamiento no constituye la idea de Dios, y, por consiguiente, la idea de Dios no se sigue naturalmente de su naturaleza en cuanto que es pensamiento absoluto (pues se concibe como constituyente, y también como no constituyente, la idea de Dios), lo cual está en contra de nuestra hipótesis. Por lo tanto, si la idea de Dios expresada en el atributo pensamiento, o incluso cualquier otra cosa en cualquier atributo de Dios (pues podemos tomar cualquier ejemplo, ya que la prueba es de aplicación universal) se sigue de la necesidad de la naturaleza absoluta de dicho atributo, dicha cosa debe ser necesariamente infinita, que era nuestro primer punto.

Además, una cosa que se sigue así de la necesidad de la naturaleza de cualquier atributo no puede tener una duración limitada. Pues si puede suponer que una cosa que se sigue de la necesidad de la naturaleza de algún atributo exista en algún atributo de Dios, por ejemplo, la idea de Dios expresada en el atributo pensamiento, y supongamos que en algún momento no ha existido, o que está a punto de no existir.

Ahora bien, siendo el pensamiento un atributo de Dios, debe existir necesariamente sin cambios (por la Proposición 11 y por la Proposición 2 Corolario); y más allá de los límites de la duración de la idea de Dios (suponiendo que ésta en algún momento no hubiera existido, o que no fuera a existir), el pensamiento habría existido forzosamente sin la idea de Dios, lo cual es contrario a nuestra hipótesis, porque suponíamos que, dado el pensamiento, la idea de Dios fluía necesariamente de él. Por lo tanto, la idea de Dios expresada en el pensamiento, o cualquier cosa que se siga necesariamente de la naturaleza absoluta de algún atributo de Dios, no puede tener una duración limitada, sino que a través de dicho atributo es eterna, que es nuestro segundo punto. Tenga en cuenta que la misma proposición puede afirmarse de cualquier cosa que, en cualquier atributo, se siga necesariamente de la naturaleza absoluta de Dios.

PUNTAL. XXII. Todo lo que se sigue de cualquier atributo de Dios, en cuanto que es modificado por una modificación, que existe necesariamente y como infinito, por medio de dicho atributo, debe existir también necesariamente y como infinito.

Demostración: La prueba de esta proposición es semejante a la de la precedente.

PUNTAL. XXIII. Todo modo, que existe a la vez necesariamente y como infinito, debe seguirse necesariamente de la naturaleza absoluta de algún atributo de Dios, o de un atributo modificado por una modificación que existe necesariamente, y como infinito.

Demostración: Existe un modo en otra cosa, por la cual debe ser concebido (por 5), es decir, (por 1/5), sólo existe en Dios, y sólo por Dios puede ser concebido. Por lo tanto, si un modo se concibe como necesariamente existente e infinito, necesariamente debe ser inferido o percibido por algún atributo de Dios, en cuanto que tal atributo se concibe como expresión de la infinitud y necesidad de la existencia, es decir, de la eternidad (Def. VIII); es decir, en la medida en que se considera absolutamente. Por lo tanto, un modo que existe necesariamente como infinito debe seguirse de la naturaleza absoluta de algún atributo de Dios, ya sea inmediatamente (Pr. 1xi) o por medio de alguna modificación, que se sigue de la naturaleza absoluta de dicho atributo; es decir, (por la proposición XXII), que existe necesariamente y como infinito.

PUNTAL. XXIV. La esencia de las cosas producidas por Dios no implica la existencia.

Demostración: Esta proposición se deduce por la definición 1. En efecto, aquello de lo que la naturaleza (considerada en sí misma) implica la existencia es causada por sí misma, y existe por la sola necesidad de su propia naturaleza.

Corolario: De aquí se sigue que Dios no sólo es la causa de que las cosas lleguen a existir, sino también de que continúen existiendo, es decir, en fraseología escolástica, Dios es causa del ser de las cosas (essendi rerum). Porque, ya sea que las cosas existan o no existan, siempre que contemplamos su esencia, vemos que no implica ni existencia ni duración; En consecuencia, no puede ser la causa ni de lo uno ni de lo otro. Dios debe ser la única causa, en cuanto sólo a él pertenece la existencia. (Prop. xiv. Corolario. i.) Q.E.D.

PUNTAL. XXV. Dios es la causa eficiente no sólo de la existencia de las cosas, sino también de su esencia.

Demostración: Si se niega esto, entonces Dios no es la causa de la esencia de las cosas; y, por lo tanto, la esencia de las cosas puede concebirse sin Dios. Esto (por la Proposición xv) es absurdo. Por lo tanto, Dios es la causa de la esencia de las cosas. Q.E.D.

Nota: Esta proposición se sigue más claramente de la Proposición 16. Pues es evidente que, dada la naturaleza divina, es necesario inferir de ella la esencia de las cosas, no menos que su existencia; en una palabra, es necesario llamar a Dios causa de todas las cosas, en el mismo sentido en que se le llama causa de sí mismo. Esto se aclarará aún más con el siguiente corolario.

Corolario: Las cosas individuales no son más que modificaciones de los atributos de Dios, o modos por los cuales los atributos de Dios se expresan de una manera fija y definida. La prueba aparece en la Proposición xv. y Def. v.

PUNTAL. XXVI. Una cosa que está condicionada a obrar de una manera determinada, ha sido necesariamente condicionada así por Dios; y lo que no ha sido condicionado por Dios no puede condicionarse a sí mismo a actuar.

Demostración: Aquello por lo que se dice que las cosas están condicionadas a obrar de un modo determinado es necesariamente algo positivo (esto es evidente); por lo tanto, Dios, por la necesidad de su naturaleza, es causa eficiente tanto en su esencia como en su existencia (Proposiciones xxv y 16); Este es nuestro primer punto. Nuestro segundo punto se infiere claramente de ello. Porque si una cosa que no ha sido condicionada por Dios pudiera condicionarse a sí misma, la primera parte de nuestra prueba sería falsa, y esto, como hemos demostrado, es absurdo.

PUNTAL. XXVII. Una cosa, que ha sido condicionada por Dios para actuar de una manera particular, no puede volverse incondicionada.

Demostración: Esta proposición se deduce del tercer axioma.

PUNTAL. XXVIII. Toda cosa individual, o todo lo que es finito y tiene una existencia condicionada, no puede existir ni ser condicionado a obrar, a menos que esté condicionado para la existencia y la acción por una causa distinta de ella misma, que también es finita y tiene una existencia condicionada; Y del mismo modo, esta causa no puede a su vez existir ni ser condicionada a obrar, a menos que esté condicionada para la existencia y la acción por otra causa, que también es finita y tiene una existencia condicionada, y así sucesivamente hasta el infinito.

Demostración: Todo lo que está condicionado a existir y a obrar, ha sido así condicionado por Dios (por la Proposición 26 y por el Corolario XXIV).

Pero lo que es finito, y tiene una existencia condicionada, no puede ser producido por la naturaleza absoluta de ningún atributo de Dios; porque todo lo que se sigue de la naturaleza absoluta de cualquier atributo de Dios es infinito y eterno (por la Proposición 11). Por lo tanto, debe seguirse de algún atributo de Dios, en la medida en que dicho atributo se considera como modificado de alguna manera; porque la substancia y los modos constituyen la suma total de la existencia (por Ax. i. y Def. iii, v.), mientras que los modos no son más que modificaciones de los atributos de Dios. Pero de Dios, o de cualquiera de sus atributos, en cuanto éste es modificado por una modificación infinita y eterna, no puede seguirse una cosa condicionada. Por lo tanto, es necesario que se siga de la existencia y de la acción de Dios o de uno de sus atributos, o que esté condicionada a ella, en cuanto que estos últimos sean modificados por alguna modificación que sea finita y tenga una existencia condicionada. Este es nuestro primer punto. Por otra parte, esta causa o esta modificación (por la razón por la que establecimos la primera parte de esta prueba) debe a su vez estar condicionada por otra causa, que también es finita y tiene una existencia condicionada, y, además, esta última por otra (por la misma razón); y así sucesivamente (por la misma razón) hasta el infinito. Q.E.D.

Como ciertas cosas deben ser producidas inmediatamente por Dios, es decir, aquellas cosas que se siguen necesariamente de su naturaleza absoluta, por medio de estos atributos primarios, que, sin embargo, no pueden existir ni concebirse sin Dios, se sigue: Que Dios es absolutamente la causa próxima de las cosas inmediatamente producidas por él. Digo absolutamente, no de su tipo, como se suele decir. En efecto, los efectos de Dios no pueden existir ni concebirse sin causa (Proposición 15 y 1/44). Corolario). 2. Que no se puede llamar propiamente a Dios la causa remota de las cosas individuales, sino para distinguirlas de lo que produce inmediatamente, o más bien de lo que se sigue de su naturaleza absoluta. Porque, por causa remota, entendemos una causa que no está de ninguna manera unida al efecto. Pero todas las cosas que son, están en Dios, y dependen de Dios de tal manera, que sin él no pueden ser ni ser concebidas.

PUNTAL. XXIX. Nada en el universo es contingente, sino que todas las cosas están condicionadas a existir y obrar de una manera particular por la necesidad de la naturaleza divina.

Demostración: Todo lo que es, está en Dios (Proposición 15). Pero a Dios no se le puede llamar una cosa contingente. Porque (por la Proposición 11) él existe necesariamente, y no contingentemente. Los modos de la naturaleza divina se siguen de ella necesariamente, y no contingentemente (Proposición 16); y así se siguen, ya sea que consideremos la naturaleza divina absolutamente, o que la consideremos de alguna manera condicionada para obrar (Proposición XXVII). Dios no es sólo la causa de estos modos, en cuanto que simplemente existen (por la proposición 24 Corolario), sino también en cuanto que se consideran condicionados para operar de un modo determinado (proposición 26). Si no están condicionados por Dios

(Proposición XXVI), es imposible, y no contingente, que se condicione a sí mismos; Por el contrario, si están condicionados por Dios, es imposible, y no contingente, que se hagan incondicionados. Por lo tanto, todas las cosas están condicionadas por la necesidad de la naturaleza divina, no sólo para existir, sino también para existir y obrar de una manera particular, y no hay nada que sea contingente. Q.E.D.

Nota: Antes de proseguir, quiero explicar aquí lo que debemos entender por naturaleza considerada como activa (natura naturans) y naturaleza considerada como pasiva (natura naturata). Digo para explicarlo, o más bien para llamarle la atención, porque creo que, por lo dicho, está suficientemente claro que por naturaleza, considerada como activa, debemos entender lo que está en sí y se concibe por sí mismo, o aquellos atributos de la sustancia que expresan la esencia eterna e infinita, en otras palabras (Proposición 14: Corolario. i., y Prop. xvii., Corolario. ii) Dios, en la medida en que es considerado como causa libre.

Por naturaleza pasiva entiendo todo lo que se sigue de la necesidad de la naturaleza de Dios, o de cualquiera de los atributos de Dios, es decir, todos los modos de los atributos de Dios, en cuanto que se consideran como cosas que están en Dios, y que sin Dios no pueden existir ni concebirse.

PUNTAL. XXX. El entendimiento, en función (actu) finito, o en función infinito, debe comprender los atributos de Dios y las modificaciones de Dios, y nada más.

Demostración: Una idea verdadera debe concordar con su objeto (Ax. VI); En otras palabras (obviamente), lo que está contenido en el entendimiento en la representación debe ser necesariamente concedido en la naturaleza. Pero en la naturaleza (por 1/4 Corolario) no hay más sustancia que Dios, ni más modificación que las que están en Dios y no pueden ser ni concebirse sin Dios. Luego el entendimiento, en función finito, o en función infinita, debe comprender los atributos de Dios y las modificaciones de Dios, y nada más. Q.E.D.

PUNTAL. XXXI. El entendimiento en función, ya sea finito o infinito, como voluntad, deseo, amor, etcétera., debe referirse a la naturaleza pasiva y no a la naturaleza activa.

Demostración: Por entendimiento no se entiende el pensamiento absoluto, sino sólo un cierto modo de pensar, que difiere de otros modos, como el amor, el deseo, etcétera., y que, por lo tanto (por 5 de/Def.) requiere ser concebido por el pensamiento absoluto. Debe ser concebido (por Proposición 15 y Definición 6), por algún atributo de Dios que exprese la esencia eterna e infinita del pensamiento, de tal manera que sin tal atributo no pueda ser ni ser concebido. Por lo tanto, debe referirse a la naturaleza pasiva más que a la naturaleza activa, como también a los otros modos de pensar. Q.E.D.

Al hablar del entendimiento en función, no admito aquí que exista el entendimiento en potencia, sino que, queriendo evitar toda confusión, quiero hablar sólo de lo que percibimos más claramente, es decir, del acto mismo del entendimiento, que nada se percibe más claramente. En efecto, no podemos percibir nada sin aumentar nuestro conocimiento del acto de entender.

PUNTAL. XXXII. La voluntad no puede llamarse causa libre, sino sólo causa necesaria.

Demostración: La voluntad no es más que un modo particular de pensar, como el entendimiento; por lo tanto, (por la proposición 28) ninguna volición puede existir ni estar condicionada a obrar, a menos que esté condicionada por alguna causa distinta de ella misma, la cual está condicionada por una tercera causa, y así hasta el infinito. Pero si se supone que es infinita, también debe ser condicionada a existir y obrar por Dios, no en virtud de que sea sustancia absolutamente infinita, sino en virtud de que posea un atributo que exprese la esencia infinita y eterna del pensamiento (por la proposición 23). Así, como quiera que se conciba, ya sea como finita o como infinita, requiere una causa por la cual debe ser condicionada para existir y obrar, y así (por defecto VII) no puede llamarse causa libre, sino sólo causa necesaria o constreñida. Q.E.D.

Corolario. I.—De donde se sigue, en primer lugar, que Dios no obra según la libertad de la voluntad.

Corolario. De aquí se sigue, en segundo lugar, que la voluntad y el entendimiento están en la misma relación con la naturaleza de Dios que el movimiento, el reposo y absolutamente todos los fenómenos naturales que deben ser condicionados por Dios para existir y obrar de una manera particular. En efecto, la voluntad, como las demás, tiene necesidad de una causa, por la cual está condicionada a existir y obrar de una manera particular. Y aunque, cuando se concede la voluntad o el entendimiento, puede seguirse un número infinito de resultados, sin embargo, no se puede decir por eso que Dios obre por la libertad de la voluntad, como tampoco el número infinito de resultados del movimiento y del reposo nos justificaría al decir que el movimiento y el reposo actúan por el libre albedrío. Por lo tanto, la voluntad no pertenece a Dios más que cualquier otra cosa en la naturaleza, sino que está en la misma relación con él que el movimiento, el reposo, etcétera., que hemos demostrado que se sigue de la necesidad de la naturaleza divina y que está condicionada por ella para existir y obrar de una manera particular.

PUNTAL. XXXIII. Las cosas no podrían haber sido creadas por Dios de ninguna manera ni en ningún orden diferente del que de hecho ha existido.

Demostración: Todas las cosas se siguen necesariamente de la naturaleza de Dios (Prop. 16), y por la naturaleza de Dios están condicionadas a existir y actuar de un modo particular (Proposición 29). Por lo tanto, si las cosas hubieran podido ser de una naturaleza diferente, o haber sido condicionadas a actuar de una manera diferente, de modo que el orden de la naturaleza hubiera sido diferente, la naturaleza de Dios también habría podido ser diferente de lo que es ahora; y por lo tanto (por la Proposición 11) que también habría existido forzosamente una naturaleza diferente, y por consiguiente habría podido haber dos o más Dioses. Esto (por la Proposición 14, Corolario i) es absurdo. Luego las cosas no pudieron ser creadas por Dios de otra manera, etcétera. Q.E.D.

Nota I: Puesto que he demostrado así, más claramente que el sol al mediodía, que no hay nada que justifique que llamemos contingentes a las cosas, quiero explicar brevemente qué significado daremos a la palabra contingente; pero primero explicaré las palabras necesario e imposible.

Una cosa se llama necesaria o en cuanto a su esencia o en cuanto a su causa; En efecto, la existencia de una cosa se sigue necesariamente, o de su esencia y definición, o de una causa eficiente dada. Por razones análogas se dice que una cosa es imposible; es decir, en la medida en que su esencia o definición implica una contradicción, o porque no se concede ninguna causa externa que esté condicionada a producir tal efecto; Pero una cosa no puede llamarse contingente, sino en relación con la imperfección de nuestro conocimiento.

Una cosa de la que no sabemos si la esencia implica o no una contradicción, o de la que, sabiendo que no implica una contradicción, todavía dudamos de la existencia, porque el orden de las causas se nos escapa, tal cosa, digo, no puede parecernos ni necesaria ni imposible. Por eso lo llamamos contingente o posible.

De lo que hemos dicho se deduce claramente que las cosas han sido creadas por Dios en la más alta perfección, en cuanto que se han seguido necesariamente de una naturaleza perfectísima. Esto no prueba ninguna imperfección en Dios, porque nos ha obligado a afirmar su perfección. De esta proposición contraria se deduce claramente (como acabo de demostrar) que Dios no es supremamente perfecto, porque si las cosas hubieran sido creadas de otra manera, tendríamos que asignar a Dios una naturaleza diferente de la que estamos obligados a atribuirle por la consideración de un ser absolutamente perfecto.

No dudo que muchos considerarán esta idea como absurda, y se negarán a renunciar a contemplarla, simplemente porque están acostumbrados a asignar a Dios una libertad muy diferente de la que hemos deducido (Def. 7). Le asignan, en suma, el libre albedrío absoluto. Sin embargo, también estoy convencido de que si tales personas reflexionan sobre el asunto y sopesan debidamente en sus mentes nuestra serie de proposiciones, rechazarán la libertad que ahora atribuyen a Dios, no sólo como una molestia, sino también como un gran impedimento para el conocimiento organizado. No hay necesidad de que repita lo que he dicho en la nota a la Proposición xvii. Pero, por el bien de mis adversarios, mostraré además que, aunque se admita que la voluntad pertenece a la esencia de Dios, sin embargo, se sigue de su perfección que las cosas no pudieron haber sido creadas por él de otra manera que son, o en un orden diferente; esto se demuestra fácilmente, si reflexionamos sobre lo que nuestros mismos oponentes conceden, a saber, que depende únicamente del decreto y la voluntad de Dios, que cada cosa sea lo que es. Si fuera de otra manera, Dios no sería la causa de todas las cosas. Además, que todos los decretos de Dios han sido ratificados desde toda la eternidad por Dios mismo. Si fuera de otra manera, Dios sería condenado por imperfección o cambio. Pero en la eternidad no existe tal cosa como cuándo, antes o después; De aquí se sigue únicamente de la perfección de Dios que Dios nunca puede decretar, o nunca pudo haber decretado otra cosa que lo que es; que Dios no existía antes de sus decretos, y no existiría sin ellos. Pero, se dice, suponiendo que Dios hubiera hecho un universo diferente, o que hubiera ordenado otros decretos desde toda la eternidad acerca de la naturaleza y su orden, no podríamos por ello concluir ninguna imperfección en Dios. Pero las personas que dicen esto deben admitir que Dios puede cambiar sus decretos. En efecto, si Dios hubiera ordenado decretos sobre la naturaleza y su orden diferentes de los que ha ordenado, es decir, si hubiera querido y concebido algo diferente sobre la naturaleza, habría tenido forzosamente un entendimiento diferente del que tiene, y también una voluntad diferente. Pero si fuera lícito atribuir a Dios un entendimiento diferente y una voluntad diferente, sin que se alterara su esencia ni su perfección, ¿qué le impediría cambiar los decretos que ha hecho sobre las cosas creadas y, sin embargo, permanecer perfecto? En efecto, su entendimiento y voluntad acerca de las cosas creadas y su orden son los mismos en cuanto a su esencia y perfección, cualquiera que sea su concepción.

Además, todos los filósofos que he leído admiten que el entendimiento de Dios es enteramente actual, y en absoluto potencial; como también admiten que el intelecto de Dios, y la voluntad de Dios, y la esencia de Dios son idénticos, se deduce que, si Dios hubiera tenido un intelecto real diferente y una voluntad diferente, su esencia también habría sido diferente; y así, como concluí al principio, si las cosas hubieran sido creadas por Dios de una manera diferente de la que ha obtenido, el entendimiento y la voluntad de Dios, es decir, (como se admite) su esencia habría sido forzosamente diferente, lo cual es absurdo.

Como estas cosas no pudieron haber sido creadas por Dios de otra manera que no sea de la manera y el orden reales que han prevalecido; y como la verdad de esta proposición se sigue de la suprema perfección de Dios; no podemos tener ninguna razón sólida para persuadirnos a nosotros mismos de creer que Dios no quiso crear todas las cosas que estaban en su entendimiento, y crearlas en la misma perfección con que las había entendido.

Pero, se dirá, no hay en las cosas perfección ni imperfección; lo que hay en ellos, y lo que hace que sean llamados perfectos o imperfectos, buenos o malos, depende únicamente de la voluntad de Dios. Si Dios así lo hubiera querido, podría haber hecho que lo que ahora es perfección fuera imperfección extrema, y viceversa. ¿Qué es tal afirmación, sino una declaración abierta de que Dios, que necesariamente entiende lo que quiere, puede hacer que él entienda las cosas de manera diferente de la manera en que las entiende? Esto (como acabamos de mostrar) es el colmo del absurdo. Por lo tanto, puedo dirigir el argumento contra sus patronos, de la siguiente manera: Todas las cosas dependen del poder de Dios. Para que las cosas fueran diferentes de lo que son, la voluntad de Dios tendría que ser necesariamente diferente. Pero la voluntad de Dios no puede ser diferente (como acabamos de demostrar muy claramente) de la perfección de Dios. Por lo tanto, tampoco las cosas pueden ser diferentes. Confieso que la teoría que somete todas las cosas a la voluntad de una deidad indiferente, y afirma que todas dependen de su fiat, está menos lejos de la verdad que la teoría de aquellos que sostienen que Dios actúa en todas las cosas con el fin de promover lo que es bueno. En efecto, estas últimas personas parecen establecer algo más allá de Dios, que no depende de Dios, sino que Dios, al actuar, mira como un modelo, o a lo que aspira como una meta determinada. Este no es más que otro nombre para someter a Dios al dominio del destino, un completo absurdo con respecto a Dios, a quien hemos demostrado como la primera y única causa libre de la esencia de todas las cosas y también de su existencia. Por lo tanto, no necesito dedicar tiempo a refutar tales teorías descabelladas.

PUNTAL. XXXIV. El poder de Dios es idéntico a su esencia.

Demostración: De la sola necesidad de la esencia de Dios se sigue que Dios es causa de sí mismo (1/1/1) y de todas las cosas (1/4/1/4). Por lo tanto, la potencia de Dios, por la cual él y todas las cosas son y obran, es idéntica a su esencia. Q.E.D.

PUNTAL. XXXV. Todo lo que concebimos como en el poder de Dios, existe necesariamente.

Demostración: Todo lo que está en poder de Dios debe ser comprendido en su esencia de tal manera que se siga necesariamente de él y, por lo tanto, exista necesariamente. Q.E.D.

PUNTAL. XXXVI. No hay causa de cuya naturaleza no se siga algún efecto.

Demostración: Todo lo que existe expresa la naturaleza o esencia de Dios de una manera determinada y condicionada (por la Proposición 25 Corolario); es decir, (por la proposición 34), todo lo que existe, expresa de una manera condicionada el poder de Dios, que es la causa de todas las cosas, por lo tanto, debe seguirse necesariamente un efecto (por la proposición 16). Q.E.D.

APÉNDICE:

En lo que antecede he explicado la naturaleza y propiedades de Dios. He demostrado que él existe necesariamente, que es uno: que es, y actúa únicamente por la necesidad de su propia naturaleza; que él es la causa libre de todas las cosas, y cómo lo es; que todas las cosas están en Dios, y dependen de él de tal manera, que sin él no podrían existir ni ser concebidas; por último, que todas las cosas están predeterminadas por Dios, no por su libre albedrío o decreto absoluto, sino por la naturaleza misma de Dios o poder infinito. Además, cuando la ocasión lo ha permitido, he tenido cuidado de eliminar los prejuicios que pudieran impedir la comprensión de mis demostraciones. Sin embargo, todavía subsisten no pocos conceptos erróneos, que podrían y pueden resultar obstáculos muy graves para la comprensión de la concatenación de las cosas, tal como lo he explicado anteriormente. Por lo tanto, he creído que valía la pena llevar estos conceptos erróneos ante el tribunal de la razón.

Todas estas opiniones nacen de la noción comúnmente sostenida de que todas las cosas en la naturaleza actúan como los hombres mismos, es decir, con un fin en mente. Se acepta como cierto que Dios mismo dirige todas las cosas a una meta definida (pues se dice que Dios hizo todas las cosas para el hombre, y para que el hombre pudiera adorarlo). Por lo tanto, consideraré esta opinión, preguntándome primero por qué obtiene credibilidad general y por qué todos los hombres son naturalmente tan propensos a adoptarla. en segundo lugar, señalaré su falsedad; y, por último, mostraré cómo ha dado lugar a prejuicios sobre el bien y el mal, el bien y el mal, la alabanza y la culpa, el orden y la confusión, la belleza y la fealdad, y cosas por el estilo. Sin embargo, no es éste el lugar para deducir estos conceptos erróneos de la naturaleza de la mente humana: bastará aquí, si asumo como punto de partida, lo que debería admitirse universalmente, a saber, que todos los hombres nacen ignorantes de las causas de las cosas, que todos tienen el deseo de buscar lo que les es útil. y que son conscientes de tal deseo. De aquí se sigue, en primer lugar, que los hombres se creen libres en la medida en que son conscientes de sus voliciones y deseos, y ni siquiera sueñan, en su ignorancia, con las causas que los han dispuesto a desear y desear. En segundo lugar, que los hombres hacen todas las cosas por un fin, es decir, por lo que les es útil y lo que buscan. De este modo, sólo buscan el conocimiento de las causas finales de los acontecimientos, y cuando éstas se conocen, se contentan como si no tuvieran motivo de ulterior duda. Si no pueden aprender tales causas de fuentes externas, se ven obligados a considerar sí mismos y a reflexionar sobre el fin que les habría inducido personalmente a producir el acontecimiento dado, y así necesariamente juzgan otras naturalezas por la suya propia. Además, a medida que encuentran en sí mismos y fuera de sí mismos muchos medios que les ayudan no poco en la búsqueda de lo que es útil, por ejemplo, los ojos para ver, los dientes para masticar, las hierbas y los animales para dar alimento, el sol para dar luz, el mar para criar peces, etcétera., llegan a considerar toda la naturaleza como un medio para obtener tales comodidades. Ahora bien, como saben que encontraron estas comodidades y no las hicieron, creen que tienen motivos para creer que algún otro ser las ha hecho para su uso. Como consideran las cosas como medios, no pueden creer que sean creadas por ellos mismos; Pero, a juzgar por los medios que están acostumbrados a preparar, están obligados a creer en algún gobernante o gobernantes del universo dotados de libertad humana, que han dispuesto y adaptado todo para el uso humano. Están obligados a estimar la naturaleza de tales gobernantes (no teniendo información sobre el tema) de acuerdo con su propia naturaleza, y por lo tanto afirman que los dioses ordenaron todo para el uso del hombre, con el fin de vincular al hombre a sí mismos y obtener de él el más alto honor. De aquí también se deduce que cada uno pensó por sí mismo, según sus capacidades, un modo diferente de adorar a Dios, para que Dios lo amara más que a sus semejantes, y dirigiera todo el curso de la naturaleza para la satisfacción de su ciega codicia y su insaciable avaricia. Así, el prejuicio se convirtió en superstición y echó raíces profundas en la mente humana; y por esta razón todos se esforzaban con el mayor celo por comprender y explicar las causas finales de las cosas; Pero en su empeño por demostrar que la naturaleza no hace nada en vano, es decir, nada que sea inútil para el hombre, sólo parecen haber demostrado que la naturaleza, los dioses y los hombres están locos juntos. Considerad, os ruego, el resultado: entre los muchos auxilios de la naturaleza, estaban obligados a encontrar algunos obstáculos, como tormentas, terremotos, enfermedades, etcétera.: así declararon que tales cosas suceden, porque los dioses están enojados por algún mal hecho a ellos por los hombres, o por alguna falta cometida en su culto. La experiencia protestaba día tras día y mostraba con infinitos ejemplos, que la buena y la mala fortuna caen en la suerte de piadosos e impíos por igual; Sin embargo, no abandonarían su inveterado prejuicio, porque les era más fácil clasificar tales contradicciones entre otras cosas desconocidas de cuya utilidad eran ignorantes, y así conservar su condición real e innata de ignorancia, que destruir todo el tejido de su razonamiento y comenzar de nuevo. Por lo tanto, establecieron como axioma que los juicios de Dios trascienden con mucho el entendimiento humano. Semejante doctrina bien podría haber bastado para ocultar la verdad a la raza humana por toda la eternidad, si las matemáticas no hubieran proporcionado otro estándar de verdad al considerar únicamente la esencia y las propiedades de las figuras sin tener en cuenta sus causas finales. Hay otras razones (que no necesito mencionar aquí) además de las matemáticas, que podrían haber hecho que las mentes de los hombres se dirigieran a estos prejuicios generales, y los hayan llevado al conocimiento de la verdad.

Ya he explicado suficientemente mi primer punto. No hay necesidad de demostrar extensamente que la naturaleza no tiene un objetivo particular a la vista, y que las causas finales son meras invenciones humanas. Esto, creo, es ya bastante evidente, tanto por las causas y fundamentos en los que he demostrado que se basan tales prejuicios, como por la Proposición XVI y el Corolario de la Proposición 32, y, de hecho, todas las proposiciones en las que he demostrado que todo en la naturaleza procede de una especie de necesidad, y con la mayor perfección. Sin embargo, añadiré algunas observaciones, con el fin de derribar por completo esta doctrina de una causa final. Lo que es realmente una causa, lo considera como un efecto, y viceversa: hace que lo que es por naturaleza primero sea último, y lo que es más alto y más perfecto sea más imperfecto. Pasando por alto las cuestiones de causa y prioridad como evidentes por sí mismas, se desprende claramente de las Utilerías. XXI., XXII., XXII. que el efecto más perfecto es el que es producido inmediatamente por Dios; El efecto que requiere para su producción varias causas intermedias es, en este aspecto, más imperfecto. Pero si las cosas que fueron hechas inmediatamente por Dios fueron hechas para permitirle alcanzar su fin, entonces las cosas que vienen después, por las cuales fueron hechas las primeras, son necesariamente las más excelentes de todas.

Esta doctrina suprime la perfección de Dios, pues si Dios obra por un objeto, necesariamente desea algo que le falta. Ciertamente, los teólogos y los metafísicos hacen una distinción entre el objeto de la necesidad y el objeto de la asimilación; sin embargo, confiesan que Dios hizo todas las cosas para sí mismo, no para causa de la creación. Son incapaces de señalar nada anterior a la creación, excepto a Dios mismo, como un objeto por el cual Dios debe actuar, y por lo tanto se ven impulsados a admitir (como claramente deben hacerlo), que Dios carecía de aquellas cosas para cuyo logro creó los medios, y además que las deseaba.

No debemos dejar de notar que los seguidores de esta doctrina, ansiosos de mostrar su talento para asignar causas finales, han importado un nuevo método de argumentación en prueba de su teoría, a saber, una reducción, no a lo imposible, sino a la ignorancia; demostrando así que no tienen otro método para exponer su doctrina. Por ejemplo, si una piedra cae de un techo sobre la cabeza de alguien, y lo mata, ellos demostrarán con su nuevo método, que la piedra cayó con el fin de matar al hombre; porque, si por voluntad de Dios no había caído con ese objeto, ¿cómo podrían haber sucedido tantas circunstancias (y a menudo hay muchas circunstancias concurrentes) todas juntas por casualidad? Tal vez usted responda que el evento se debe al hecho de que el viento soplaba, y el hombre caminaba en esa dirección. "Pero, ¿por qué", insistirán, "soplaba el viento, y por qué el hombre en ese mismo momento caminaba en esa dirección?" Si usted responde de nuevo que el viento se había levantado porque el mar había comenzado a agitarse el día anterior, ya que el tiempo había sido previamente calmado, y que el hombre había sido invitado por un amigo, volverán a insistir: "¿Pero por qué estaba agitado el mar, y por qué el hombre fue invitado en ese momento?" De modo que proseguirán sus preguntas de causa en causa, hasta que por fin te refugies en la voluntad de Dios, en otras palabras, en el santuario de la ignorancia. Así, de nuevo, cuando examinan la estructura del cuerpo humano, se asombran; y siendo ignorantes de las causas de una obra de arte tan grande, concluyen que ha sido modelada, no mecánicamente, sino por habilidad divina y sobrenatural, y ha sido compuesta de tal manera que una parte no dañará a otra.

Por lo tanto, cualquiera que busque las verdaderas causas de los milagros y se esfuerce por comprender los fenómenos naturales como un ser inteligente, y no por mirarlos como un tonto, es menospreciado y denunciado como un hereje impío por aquellos a quienes las masas adoran como intérpretes de la naturaleza y de los dioses. Tales personas saben que, con la eliminación de la ignorancia, el asombro que constituye su único medio disponible para probar y preservar su autoridad también se desvanecería. Pero ahora dejo este tema y paso a mi tercer punto.

Después de que los hombres se persuadieron a sí mismos de que todo lo que es creado es creado para su bien, se vieron obligados a considerar como la cualidad principal en todo lo que es más útil para ellos, y a considerar las mejores de todas las cosas que tienen el efecto más beneficioso para la humanidad. Además, estaban obligados a formar nociones abstractas para la explicación de la naturaleza de las cosas, como la bondad, la maldad, el orden, la confusión, el calor, el frío, la belleza, la deformidad, etcétera.; Y de la creencia de que son agentes libres surgieron las nuevas nociones de alabanza y culpa, pecado y mérito.

De estas últimas hablaré más adelante, cuando trate de la naturaleza humana; Lo primero lo explicaré brevemente aquí.

Han llamado bueno a todo lo que conduce a la salud y al culto a Dios, y a todo lo que obstaculiza estos objetos que han calificado de malos; Y en la medida en que los que no comprenden la naturaleza de las cosas no verifican los fenómenos de ninguna manera, sino que se limitan a imaginarlos de alguna manera, y confunden su imaginación con entendimiento, tales personas creen firmemente que hay un orden en las cosas, siendo realmente ignorantes tanto de las cosas como de su propia naturaleza. Cuando los fenómenos son de tal clase, que la impresión que causan en nuestros sentidos requiere poco esfuerzo de imaginación, y por consiguiente pueden ser fácilmente recordados, decimos que están bien ordenados; por el contrario, que están enfermos, ordenados o confusos. Además, como las cosas que se pueden imaginar fácilmente nos son más agradables, los hombres prefieren el orden a la confusión, como si hubiera algún orden en la naturaleza, excepto en relación con nuestra imaginación, y dicen que Dios ha creado todas las cosas en orden; así, sin saberlo, atribuyendo la imaginación a Dios, a no ser que, en efecto, quisieran que Dios previó la imaginación humana, y lo dispuso todo, de modo que se pudiera imaginar más fácilmente. Si ésta fuera su teoría, tal vez no se dejarían intimidar por el hecho de que encontramos un número infinito de fenómenos, que superan con mucho nuestra imaginación, y muchos otros que confunden su debilidad. Pero ya se ha dicho bastante sobre este tema. Las otras nociones abstractas no son más que modos de imaginar, en los que la imaginación se ve afectada de manera diferente: aunque sean consideradas por los ignorantes como los principales atributos de las cosas, en la medida en que creen que todo fue creado para ellos mismos; y, según les afecte, estilizan el estilo bueno o malo, sano o podrido y corrompido. Por ejemplo, si el movimiento que los objetos que vemos comunicar a nuestros nervios es conducente a la salud, los objetos que lo causan se llaman hermosos; Si se excita un movimiento contrario, se les llama feos.

Las cosas que se perciben a través de nuestro sentido del olfato se llaman fragantes o fétidas; si a través de nuestro gusto, dulce o amargo, lleno de sabor o insípido; si a través de nuestro tacto, duro o blando, áspero o liso, &c.

Se dice que todo lo que afecta a nuestros oídos da lugar a ruido, sonido o armonía. En este último caso, hay hombres lo suficientemente lunáticos como para creer que incluso Dios mismo se complace en la armonía; Y no faltan filósofos que se han persuadido de que el movimiento de los cuerpos celestes da origen a la armonía, todos los cuales ejemplos muestran suficientemente que cada uno juzga de las cosas según el estado de su cerebro, o más bien confunde las cosas con las formas de su imaginación. Ya no debemos maravillarnos de que hayan surgido todas las controversias que hemos presenciado, y finalmente el escepticismo: porque, aunque los cuerpos humanos concuerdan en muchos aspectos, sin embargo, en muchos otros difieren; de modo que lo que a uno le parece bueno a otro, a otro le parece malo; Lo que a uno le parece bien ordenado, a otro le parece confuso; Lo que es agradable a uno desagrada a otro, y así sucesivamente. No necesito enumerar más, porque no es este el lugar para tratar el tema en profundidad, y también porque el hecho es suficientemente conocido. Comúnmente se dice: "Tantos hombres, tantas mentes; cada uno es sabio a su manera; Los cerebros difieren tan completamente como los paladares". Todo lo cual muestran los proverbios que los hombres juzgan de las cosas según su disposición mental, y más bien imaginan que entienden, porque, si entendieran los fenómenos, como lo atestiguan los matemáticos, se convencerían, si no se atraen, de lo que he insistido.

Ahora hemos percibido que todas las explicaciones comúnmente dadas de la naturaleza son meros modos de imaginar, y no indican la verdadera naturaleza de nada, sino sólo la constitución de la imaginación; y, aunque tienen nombres, como si fueran entidades, que existen externamente a la imaginación, las llamo entidades imaginarias más que reales; y, por lo tanto, todos los argumentos contra nosotros extraídos de tales abstracciones son fácilmente refutables.

Muchos argumentan de esta manera. Si todas las cosas se siguen de una necesidad de la naturaleza absolutamente perfecta de Dios, ¿por qué hay tantas imperfecciones en la naturaleza? Tales como, por ejemplo, las cosas se corrompen hasta el punto de la putrefacción, la deformidad repugnante, la confusión, el mal, el pecado, etcétera. Pero estos razonadores, como he dicho, son fácilmente refutables, porque la perfección de las cosas no se ha de contar más que por su propia naturaleza y poder; Las cosas no son más o menos perfectas en la medida en que deleitan u ofenden los sentidos humanos, o en la medida en que son útiles o repugnantes a la humanidad. A los que preguntan por qué Dios no creó a todos los hombres de tal manera que sólo se gobiernen por la razón, no les respondo sino esto: porque no le faltó materia para la creación de todos los grados de perfección, desde lo más alto hasta lo más bajo; o, más estrictamente, porque las leyes de su naturaleza son tan vastas que bastan para la producción de todo lo concebible por una inteligencia infinita, como he demostrado en la Proposición 16.

Tales son los conceptos erróneos que me he propuesto señalar; Si hay más de la misma clase, cada uno puede disiparlos fácilmente por sí mismo con la ayuda de un poco de reflexión.

PARTE II.

SOBRE LA NATURALEZA Y EL ORIGEN DE LA MENTE

PREFACIO

Paso ahora a explicar los resultados, que necesariamente deben seguirse de la esencia de Dios, o del ser eterno e infinito; no todos ellos (porque probamos en la primera parte, Proposición 16, que un número infinito debe seguirse de infinitas maneras), sino sólo aquellos que son capaces de conducirnos, por así decirlo de la mano, al conocimiento de la mente humana y a su más alta bienaventuranza.

DEFINICIONES

DEFINICIÓN I. Por cuerpo entiendo un modo que expresa de una manera determinada la esencia de Dios, en cuanto que es considerado como una cosa extensa. (Véase Pt. i., Prop. xxv., Corol.)

DEFINICIÓN II. Considero cómo perteneciente a la esencia de una cosa lo que, siendo dado, la cosa es necesariamente dada también, y, siendo quitada, la cosa es necesariamente quitada también; En otras palabras, aquello sin lo cual la cosa, y lo que a su vez sin la cosa, no puede ser ni ser concebido.

DEFINICIÓN III. Por idea entiendo la concepción mental que es formada por la mente como una cosa pensante.

Explicación: Digo concepto más bien que percepción, porque la palabra percepción parece implicar que el alma es pasiva con respecto al objeto; mientras que la concepción parece expresar una actividad de la mente.

DEFINICIÓN IV. Por idea adecuada entiendo una idea que, en la medida en que se considera en sí misma, sin relación con el objeto, tiene todas las propiedades o marcas intrínsecas de una idea verdadera.

Explicación: Digo intrínseco para excluir la marca que es extrínseca, a saber, la concordancia entre la idea y su objeto (ideatum).

DEFINICIÓN V. La duración es la continuación indefinida de lo que existe.

Explicación: Digo indefinida porque no puede determinarse por la existencia misma de la cosa existente, ni por su causa eficiente, que da necesariamente la existencia de la cosa, pero no la quita.

DEFINICIÓN VI. Realidad y perfección las utilizo como términos sinónimos.

DEFINICIÓN VII. Por cosas particulares me refiero a las cosas que son finitas y tienen una existencia condicionada; pero si varias cosas individuales concurren en una acción, de modo que todas son simultáneamente el efecto de una sola causa, las considero a todas, en la medida en que son una sola cosa particular.

AXIOMAS

I. La esencia del hombre no implica la existencia necesaria, es decir, puede suceder, en el orden de la naturaleza, que tal o cual hombre exista o no exista.

II. El hombre piensa.

III. Los modos de pensar, como el amor, el deseo o cualquier otra de las pasiones, no tienen lugar, a menos que haya en el mismo individuo una idea de la cosa amada, deseada, etcétera. Pero la idea puede existir sin la presencia de ningún otro modo de pensamiento.

IV. Percibimos que cierto cuerpo se ve afectado de muchas maneras.

V. No sentimos ni percibimos cosas particulares, excepto cuerpos y modos de pensamiento.

N.B. Los postulados se dan después de la conclusión de la Proposición xiii.

PROPUESTAS

PUNTAL. I. El pensamiento es un atributo de Dios, o Dios es una cosa pensante.

Demostración: Los pensamientos particulares, o este y aquel pensamiento, son modos que, de cierta manera condicionada, expresan la naturaleza de Dios (Pt. I, Proposición 25 Corolario). Por lo tanto, Dios posee el atributo (Pt. i, Def. v.) del cual el concepto está involucrado en todos los pensamientos particulares, estos últimos concebidos por él. El pensamiento, por lo tanto, es uno de los atributos infinitos de Dios, que expresan la esencia eterna e infinita de Dios (Pt. i., Def. vi.). En otras palabras, Dios es una cosa pensante. Q.E.D.

Esta proposición es también evidente por el hecho de que somos capaces de concebir un ser pensante infinito. Porque, en la medida en que un ser pensante es concebido como pensando más pensamientos, así también se concibe como conteniendo más realidad o perfección. Por lo tanto, un ser que puede pensar un número infinito de cosas de un número infinito de maneras, es, necesariamente, en cuanto al pensar, infinito. Por lo tanto, como sólo por la consideración del pensamiento concebimos un ser infinito, el pensamiento es necesariamente (Pt. 1, definitivamente, 4 y VI) uno de los atributos infinitos de Dios, como quisiéramos demostrar.

PUNTAL. II. La extensión es un atributo de Dios, o Dios es una cosa extendida.

Demostración: La prueba de esta proposición es semejante a la de la última.

PUNTAL. III. En Dios existe necesariamente la idea no sólo de su esencia, sino también de todas las cosas que se siguen necesariamente de su esencia.

Demostración: Dios (por la primera proposición de esta parte) puede pensar un número infinito de cosas de infinitas maneras, o (lo que es lo mismo, por la proposición 16 a.1/1) puede formarse la idea de su esencia y de todas las cosas que necesariamente se siguen de ella. Ahora bien, todo lo que está en el poder de Dios es necesariamente (Pt. 1 Proposición 35). Por lo tanto, una idea tal como estamos considerando es necesariamente, y sólo en Dios. Q.E.D. (Parte I., Prop. xv.)

La multitud entiende por el poder de Dios el libre albedrío de Dios y el derecho sobre todas las cosas que existen, las cuales, por consiguiente, se consideran generalmente como contingentes. Porque se dice que Dios tiene el poder de destruir todas las cosas y reducirlas a la nada. Además, el poder de Dios se compara muy a menudo con el poder de los reyes. Pero hemos refutado esta doctrina (Pt. 1, Proposición 32, Corolarios I y 2), y hemos demostrado (Parte I, Proposición 16) que Dios obra por la misma necesidad por la que se entiende a sí mismo; En otras palabras, así como de la necesidad de la naturaleza divina (como todos admiten) que Dios se entiende a sí mismo, así también se sigue por la misma necesidad que Dios realiza actos infinitos de infinitas maneras. Demostramos además (Parte I, Proposición 34), que el poder de Dios es idéntico a la esencia de Dios en acción; por lo tanto, es tan imposible para nosotros concebir a Dios como no actuante, como concebirlo como inexistente. Si pudiéramos profundizar en el tema, podría señalar que el poder que comúnmente se atribuye a Dios no es sólo humano (como muestra de que Dios es concebido por la multitud como un hombre, o a semejanza de un hombre), sino que implica una negación del poder. Sin embargo, no estoy dispuesto a pasar por el mismo terreno tan a menudo. Sólo ruego al lector una y otra vez que repase con frecuencia en su mente lo que he dicho en la Parte I de la Proposición 16. hasta el final. Nadie podrá comprender lo que quiero decir, a menos que tenga cuidado escrupuloso de no confundir el poder de Dios con el poder humano y el derecho de los reyes.

PUNTAL. IV. La idea de Dios, de la que se siguen infinitas cosas de infinitas maneras, sólo puede ser una.

Demostración: El entendimiento infinito no comprende otra cosa que los atributos de Dios y sus modificaciones (I parte por 1/3). Ahora bien, Dios es uno (Primera parte, Proposición 14, Corolario). Por lo tanto, la idea de Dios, de la que se siguen infinitas cosas de infinitos modos, no puede ser más que una. Q.E.D.

PUNTAL. V. El ser real de las ideas posee a Dios como su causa, sólo en la medida en que es considerado como cosa pensante, no en cuanto se despliega en cualquier otro atributo; es decir, las ideas, tanto de los atributos de Dios como de las cosas particulares, no poseen como causa eficiente sus objetos (ideata) o las cosas percibidas, sino a Dios mismo en cuanto cosa pensante.

Demostración: Esta proposición se deduce claramente de la proposición III. de esta Parte. Allí llegamos a la conclusión de que Dios puede formarse la idea de su esencia, y de todas las cosas que se siguen necesariamente de ella, sólo porque es una cosa pensante, y no porque sea el objeto de su propia idea. Por lo tanto, el ser actual de las ideas posee por causa a Dios, en cuanto que es cosa pensante. Se puede probar de otra manera de la siguiente manera: el ser real de las ideas es (evidentemente) un modo de pensamiento, es decir, un modo que expresa en cierto modo la naturaleza de Dios, en cuanto que es una cosa pensante, y por lo tanto (1/1 proposición X) no implica el concepto de ningún otro atributo de Dios. y, por consiguiente (por la primera parte, capítulo IV) no es el efecto de ningún atributo sino el pensamiento. Por lo tanto, el ser actual de las ideas tiene a Dios como su causa, en cuanto que es considerado como cosa pensante, etcétera. Q.E.D.

PUNTAL. VI. Los modos de cualquier atributo dado son causados por Dios, en la medida en que él es considerado a través del atributo del cual son modos, y no en la medida en que él es considerado a través de cualquier otro atributo.

Demostración: Cada atributo se concibe por sí mismo, sin ningún otro (Parte I, Proposición X); Por lo tanto, los modos de cada atributo implican el concepto de ese atributo, pero no de ningún otro. Así, pues, son causados por Dios sólo en cuanto que él es considerado a través del atributo cuyos modos son, y no en cuanto es considerado a través de cualquier otro. Q.E.D.

Corolario: Por lo tanto, el ser actual de las cosas, que no son modos de pensar, no se sigue de la naturaleza divina, porque esa naturaleza tiene un conocimiento previo de las cosas. Las cosas representadas en las ideas se siguen y se derivan de su atributo particular, de la misma manera y con la misma necesidad que las ideas se siguen (según lo que hemos demostrado) del atributo del pensamiento.

PUNTAL. VII. El orden y la conexión de las ideas es el mismo que el orden y la conexión de las cosas.

Demostración: Esta proposición es evidente por la primera parte (Ax. iv. Porque la idea de todo lo que es causado depende del conocimiento de la causa, de la cual es un efecto.

Corolario: Por lo tanto, la potencia de pensar de Dios es igual a su potencia de acción realizada, es decir, todo lo que se sigue de la naturaleza infinita de Dios en el mundo de la extensión (formaliter), se sigue sin excepción en el mismo orden y conexión de la idea de Dios en el mundo del pensamiento (objetivo).

Antes de proseguir, quiero recordar lo que se ha señalado más arriba, a saber, que todo lo que puede ser percibido por el entendimiento infinito como constitutivo de la esencia de la sustancia, pertenece en su totalidad a una sola sustancia; por consiguiente, la substancia pensando y la substancia extendida son una y la misma sustancia, comprendida ahora por un solo atributo. ahora por el otro. Así, también, un modo de extensión y la idea de ese modo son una y la misma cosa, aunque expresada de dos maneras. Esta verdad parece haber sido vagamente reconocida por aquellos judíos que sostenían que Dios, el intelecto de Dios y las cosas entendidas por Dios son idénticas. Por ejemplo, un círculo que existe en la naturaleza, y la idea de un círculo que existe, que también está en Dios, son una y la misma cosa que se muestra a través de diferentes atributos. Así, ya sea que concebamos la naturaleza bajo el atributo de extensión, o bajo el atributo del pensamiento, o bajo cualquier otro atributo, encontraremos el mismo orden, o una misma cadena de causas, es decir, las mismas cosas que se siguen en ambos casos.

Dije que Dios es la causa de una idea, por ejemplo, de la idea de un círculo, en cuanto que es una cosa pensante; y de un círculo, en la medida en que es una cosa extensa, simplemente porque el ser real de la idea de un círculo sólo puede ser percibido como una causa próxima a través de otro modo de pensar, y éste a su vez a través de otro, y así hasta el infinito; De modo que, mientras consideramos las cosas como modos de pensar, debemos explicar el orden de toda la naturaleza, o toda la cadena de causas, sólo por el atributo del pensamiento. Y, en la medida en que consideramos las cosas como modos de extensión, debemos explicar el orden de toda la naturaleza sólo a través de los atributos de la extensión; y así sucesivamente, en el caso de los demás atributos. Por lo tanto, Dios es realmente la causa de las cosas tal como son en sí mismas, en cuanto que consta de atributos infinitos. No puedo, por ahora, explicar más claramente lo que quiero decir.

PUNTAL. VIII. Las ideas de cosas particulares, o de modos, que no existen, deben ser comprendidas en la idea infinita de Dios, de la misma manera que las esencias formales de las cosas o modos particulares están contenidas en los atributos de Dios.

Demostración: Esta proposición es evidente por la última; Se entiende más claramente en la nota anterior.

Corolario: Por lo tanto, mientras las cosas particulares no existan sino en cuanto están comprendidas en los atributos de Dios, sus representaciones en el pensamiento o en las ideas no existen sino en la medida en que existe la idea infinita de Dios; y cuando se dice que las cosas particulares existen, no sólo en cuanto que están implicadas en los atributos de Dios, sino también en cuanto que se dice que continúan, sus ideas implicarán también la existencia, a través de la cual se dice que continúan.

Si alguno desea un ejemplo que arroje más luz sobre esta cuestión, me temo que no podré darle ninguno que explique adecuadamente la cosa de que hablo aquí, por cuanto es única; sin embargo, trataré de ilustrarlo en la medida de lo posible. La naturaleza de un círculo es tal que si cualquier número de líneas rectas se cruzan dentro de él, los rectángulos formados por sus segmentos serán iguales entre sí; Por lo tanto, infinitos rectángulos iguales están contenidos en un círculo. Sin embargo, no puede decirse que exista ninguno de estos rectángulos, sino en la medida en que existe el círculo; Tampoco puede decirse que exista la idea de ninguno de estos rectángulos, sino en la medida en que están comprendidos en la idea del círculo. Concedamos que, de este número infinito de rectángulos, sólo existen dos. Las ideas de estos dos no sólo existen, en la medida en que están contenidas en la idea del círculo, sino también en la medida en que implican la existencia de esos rectángulos; por lo que se distinguen de las ideas restantes de los rectángulos restantes.

PUNTAL. IX. La idea de una cosa individual que existe en acto es causada por Dios, no en cuanto que es infinito, sino en cuanto que se le considera afectado por otra idea de una cosa que existe en acto, de la que es causa, en cuanto que es afectado por una tercera idea. y así hasta el infinito.

Demostración: La idea de que una cosa individual existe realmente es un modo individual de pensar, y es distinta de otros modos (por el Corolario y nota a la proposición VIII de esta parte); así, por lo tanto, en la proposición 6 de esta parte, es causada por Dios, sólo en cuanto que es cosa pensante. Pero no (por la Proposición 28 de la primera parte) en cuanto que es una cosa que piensa absolutamente, sino sólo en la medida en que se le considera afectado por otro modo de pensar; Y él es la causa de esto último, como afectado por un tercero, y así hasta el infinito. Ahora bien, el orden y conexión de las ideas es (por la Proposición VII de este libro) lo mismo que el orden y conexión de las causas. Por lo tanto, de una idea individual dada es la causa otra idea individual, o Dios, en cuanto que es considerado como modificado por esa idea; y de esta segunda idea Dios es la causa, en cuanto que es afectado por otra idea, y así hasta el infinito. Q.E.D.

Corolario: Todo lo que sucede en el objeto individual de una idea cualquiera, su conocimiento está en Dios, sólo en la medida en que él tiene la idea del objeto.

Demostración: Todo lo que sucede en el objeto de una idea, su idea está en Dios (por la proposición III de esta parte), no en cuanto que es infinito, sino en cuanto que es considerado como afectado por otra idea de una cosa individual (por la proposición última); pero (por la Proposición VII de esta parte) el orden y conexión de las ideas es lo mismo que el orden y conexión de las cosas. Por lo tanto, el conocimiento de lo que tiene lugar en cualquier objeto individual estará en Dios, sólo en la medida en que él tenga la idea de ese objeto. Q.E.D.

PUNTAL. X. El ser de la sustancia no pertenece a la esencia del hombre, es decir, la sustancia no constituye el ser real del hombre.

[2] "Forma"

Demostración: El ser de la sustancia implica la existencia necesaria (primera parte por VII). Por lo tanto, si el ser de la sustancia pertenece a la esencia del hombre, concedida la substancia, el hombre sería necesariamente concedido también (por 2/2) y, por consiguiente, el hombre existiría necesariamente, lo cual es absurdo (por 2/1). Hacha. i.). Por lo tanto, &c. Q.E.D.

Esta proposición puede probarse también por I.V., en la que se demuestra que no puede haber dos sustancias de la misma naturaleza; Porque, como puede haber muchos hombres, el ser de la sustancia no es lo que constituye el ser real del hombre. Además, la proposición es evidente por las otras propiedades de la sustancia, a saber, que la sustancia es por su naturaleza infinita, inmutable, indivisible, etcétera., como cada uno puede ver por sí mismo.

Corolario: De aquí se sigue que la esencia del hombre está constituida por ciertas modificaciones de los atributos de Dios. En efecto, el ser de la sustancia no pertenece a la esencia del hombre. Por lo tanto, esa esencia (por i. 15) es algo que está en Dios, y que sin Dios no puede ser ni ser concebido, ya sea una modificación (i. 25. Corolario), o un modo que expresa la naturaleza de Dios de una cierta manera condicionada.

Todos deben admitir con seguridad que nada puede ser ni ser concebido sin Dios. Todos los hombres están de acuerdo en que Dios es la única causa de todas las cosas, tanto de su esencia como de su existencia; es decir, Dios no es sólo la causa de las cosas en cuanto a su hecho (secundum fieri), sino también en cuanto a su ser (secundum esse).

Al mismo tiempo, muchos afirman que aquello sin lo cual una cosa no puede ser ni ser concebida, pertenece a la esencia de esa cosa; por lo cual creen que, o bien la naturaleza de Dios pertenece a la esencia de las cosas creadas, o bien que las cosas creadas pueden ser o ser concebidas sin Dios; o bien, como es más probable que sea el caso, sostienen doctrinas inconsistentes. Creo que la causa de tal confusión es principalmente que no se atienen al orden adecuado del pensamiento filosófico. La naturaleza de Dios, sobre la que hay que reflexionar en primer lugar, en cuanto que es anterior tanto en el orden del conocimiento como en el orden de la naturaleza, la han tomado por última en el orden del conocimiento, y han puesto en primer lugar lo que llaman los objetos de la sensación; Por lo tanto, mientras consideran los fenómenos naturales, no prestan atención en absoluto a la naturaleza divina, y cuando después aplican su mente al estudio de la naturaleza divina, son completamente incapaces de recordar las primeras hipótesis, con las que han recubierto el conocimiento de los fenómenos naturales, en la medida en que tales hipótesis no ayudan a comprender la naturaleza divina. De modo que no es de extrañar que estas personas se contradigan libremente.

Sin embargo, paso por alto este punto. Mi intención era sólo dar una razón para no decir que aquello sin lo cual una cosa no puede ser o ser concebida, pertenece a la esencia de esa cosa: las cosas individuales no pueden ser o ser concebidas sin Dios, pero Dios no pertenece a su esencia. Dije que "consideré como perteneciente a la esencia de una cosa que, siendo dada, la cosa es necesariamente dada también, y que siendo eliminada, la cosa es necesariamente eliminada también; o aquello sin lo cual la cosa, y que a su vez sin la cosa no puede ser ni ser concebido". (II. Def. ii.)

PUNTAL. XI. El primer elemento, que constituye el ser real de la mente humana, es la idea de alguna cosa particular que existe realmente.

Demostración: La esencia del hombre (por el Corolario de la última proposición) está constituida por ciertos modos de los atributos de Dios, a saber: (por 2/2). Hacha. ii.), por los modos de pensar, de todos los cuales (por II. Hacha. iii) la idea es anterior en naturaleza, y, cuando la idea es dada, los otros modos (es decir, aquellos de los cuales la idea es anterior en naturaleza) deben estar en el mismo individuo (por el mismo axioma). Por lo tanto, una idea es el primer elemento que constituye la mente humana. Pero no la idea de una cosa inexistente, porque entonces (II. viii. Corolario.) No se puede decir que la idea misma exista; Por lo tanto, debe ser la idea de algo que realmente existe. Pero no de una cosa infinita. Porque una cosa infinita (I. xxi., xxii.), debe existir siempre necesariamente; esto (por II.

Hacha. i.) implican un absurdo. Por lo tanto, el primer elemento, que constituye el ser real de la mente humana, es la idea de algo que existe realmente. Q.E.D.

Corolario.—De aquí se sigue que el alma humana forma parte del entendimiento infinito de Dios; Así, cuando decimos que la mente humana percibe esto o aquello, afirmamos que Dios tiene esta o aquella idea, no en cuanto que es infinito, sino en cuanto se manifiesta a través de la naturaleza de la mente humana, o en cuanto constituye la esencia de la mente humana; y cuando decimos que Dios tiene tal o cual idea, no sólo en cuanto que constituye la esencia de la mente humana, sino también en cuanto que, simultáneamente con la mente humana, tiene la idea ulterior de otra cosa, afirmamos que la mente humana percibe una cosa en parte o inadecuadamente.

Nota: Aquí, no lo dudo, los lectores se pondrán de pie y recordarán muchas cosas que les harán vacilar; Por lo tanto, les ruego que me acompañen lentamente, paso a paso, y que no se pronuncien sobre mis declaraciones, hasta que hayan leído hasta el final.

PUNTAL. XII. Todo lo que sucede en el objeto de la idea, que constituye la mente humana, debe ser percibido por la mente humana, o necesariamente habrá una idea en la mente humana de dicho suceso. Es decir, si el objeto de la idea que constituye la mente humana es un cuerpo, nada puede tener lugar en ese cuerpo sin ser percibido por la mente.

Demostración: Todo lo que sucede en el objeto de una idea, su conocimiento está necesariamente en Dios (por 2/9. Corolario), en cuanto que se le considera afectado por la idea de dicho objeto, es decir, en cuanto que constituye la mente de cualquier cosa. Por lo tanto, todo lo que sucede en el objeto que constituye la idea de la mente humana, su conocimiento está necesariamente en Dios, en cuanto que constituye la esencia de la mente humana; es decir, (por II. xi. Corolario.) El conocimiento de dicha cosa estará necesariamente en la mente, en otras palabras, la mente lo percibe.

Nota: Esta proposición es también evidente, y se ha de entender más claramente a partir de II. VII., que véase.

PUNTAL. XIII. El objeto de la idea que constituye la mente humana es el cuerpo, es decir, un cierto modo de extensión que existe realmente, y nada más.

Demostración: Si el cuerpo no fuera objeto del alma humana, las ideas de las modificaciones del cuerpo no estarían en Dios (por 2/9. Corolario.) en virtud de que constituye nuestra mente, pero en virtud de que constituye la mente de otra cosa; es decir, (II. xi. Corolario.) las ideas de las modificaciones del cuerpo no estarían en nuestra mente: ahora (por II. Hacha. iv) Poseemos la idea de las modificaciones del cuerpo. Por lo tanto, el objeto de la idea que constituye el alma humana es el cuerpo, y el cuerpo tal como existe en acto (por 2/11). Si hubiera algún otro objeto de la idea que constituyera la mente además del cuerpo, entonces, como no puede existir nada de lo que no se siga algún efecto (por 1/36), necesariamente tendría que haber en nuestra mente una idea que sería el efecto de ese otro objeto (por 2/11); pero (I. Ax. v.) no existe tal idea. Por lo tanto, el objeto de nuestra mente es el cuerpo tal como existe, y nada más. Q.E.D.

Comprendemos, pues, no sólo que el alma humana está unida al cuerpo, sino también la naturaleza de la unión entre el alma y el cuerpo. Sin embargo, nadie será capaz de captar esto de manera adecuada o distinta, a menos que primero tenga un conocimiento adecuado de la naturaleza de nuestro cuerpo. Las proposiciones que hemos presentado hasta ahora han sido enteramente generales, aplicándose no más a los hombres que a otras cosas individuales, todas las cuales, aunque en diferentes grados, están animadas. [3] Porque de todas las cosas hay necesariamente una idea en Dios, de la cual Dios es la causa, de la misma manera que hay una idea del cuerpo humano; Así, pues, lo que hemos afirmado de la idea del cuerpo humano debe necesariamente afirmarse también de la idea de todo lo demás. Sin embargo, por otra parte, no podemos negar que las ideas, como los objetos, difieren unas de otras, siendo una más excelente que otra y conteniendo más realidad, así como el objeto de una idea es más excelente que el objeto de otra idea, y contiene más realidad.

[3] "Animata"

Por lo tanto, para determinar en qué difiere el alma humana de las demás cosas y en qué las supera, es necesario conocer la naturaleza de su objeto, es decir, del cuerpo humano. Lo que es esta naturaleza, no soy capaz de explicarlo aquí, ni es necesario para la prueba de lo que avanzo, que lo haga. Sólo diré en general que, en la medida en que un cuerpo dado es más apto que otros para realizar muchas acciones o recibir muchas impresiones a la vez, así también la mente, de la que es el objeto, es más apta que otros para formar muchas percepciones simultáneas; Y cuanto más dependen las acciones del cuerpo de sí mismo, y cuanto menos concurren otros cuerpos en su acción, tanto más apto es el espíritu del que es objeto de una comprensión distinta. De este modo, podemos reconocer la superioridad de una mente sobre las demás, y podemos ver además la causa de por qué sólo tenemos un conocimiento muy confuso de nuestro cuerpo, y también muchas cuestiones análogas, que deduciré de lo que se ha avanzado en las siguientes proposiciones. Por lo tanto, he creído conveniente explicar y probar más estrictamente mis afirmaciones actuales. Para ello, debo establecer como premisa algunas proposiciones acerca de la naturaleza de los cuerpos.

AXIOMA I. Todos los cuerpos están en movimiento o en reposo.

AXIOMA II. Todos los cuerpos se mueven a veces más lentamente, a veces más rápidamente.

LEMMA I. Los cuerpos se distinguen unos de otros en cuanto al movimiento y al reposo, a la rapidez y a la lentitud, y no en cuanto a la sustancia.

Demostración: La primera parte de esta proposición es, a mi entender, evidente. Que los cuerpos no se distinguen en cuanto a la sustancia, es evidente tanto en la Primera Parte como en la Primera Parte VIII. Se pone aún más claramente de manifiesto en la nota I. 15.

LEMMA II. Todos los organismos están de acuerdo en algunos aspectos.

Demostración: Todos los cuerpos concuerdan en el hecho de que implican el concepto de un mismo atributo (por 2/2/def. I). Además, en el hecho de que pueden moverse menos o más rápidamente, y pueden estar absolutamente en movimiento o en reposo.

LEMMA III. Un cuerpo en movimiento o en reposo debe ser determinado para moverse o descansar por otro cuerpo, cuyo otro cuerpo ha sido determinado para moverse o descansar por un tercer cuerpo, y ese tercero a su vez por un cuarto, y así sucesivamente hasta el infinito.

Demostración: Los cuerpos son cosas individuales (por 2/1/def.), que se distinguen unas de otras en cuanto al movimiento y al reposo; así, por lo tanto, (por 1/28) es necesario que cada uno esté determinado a moverse o a reposo por otra cosa individual, a saber, (por 2/6), por otro cuerpo, el cual también está en movimiento o en reposo (por 1/1). Y, a su vez, este cuerpo sólo puede haber sido puesto en movimiento o hecho descansar al ser determinado por un tercer cuerpo a moverse o descansar. Este tercer cuerpo a su vez por un cuarto, y así sucesivamente hasta el infinito. Q.E.D.

Corolario.- De aquí se sigue que un cuerpo en movimiento permanece en movimiento hasta que es determinado a un estado de reposo por algún otro cuerpo; y un cuerpo en reposo permanece así, hasta que es determinado a un estado de movimiento por algún otro cuerpo. Esto es, en efecto, evidente. Pues cuando supone, por ejemplo, que un cuerpo dado, A, está en reposo, y no tomo en consideración otros cuerpos en movimiento, no puedo afirmar nada acerca del cuerpo A, excepto que está en reposo. Si más tarde sucede que A está en movimiento, esto no puede haber resultado de que haya estado en reposo, porque no podría haber habido otra consecuencia que su permanencia en reposo. Si, por el contrario, A se da en movimiento, no podremos, en tanto que consideremos A solamente, afirmar nada acerca de él, excepto que está en movimiento. Si posteriormente se encuentra que A está en reposo, este reposo no puede ser el resultado del movimiento previo de A, ya que tal movimiento solo puede haber conducido a un movimiento continuo; por lo tanto, el estado de reposo debe haber resultado de algo que no estaba en A, es decir, de una causa externa que determina A a un estado de reposo.

Axioma I: Todos los modos en que un cuerpo es afectado por otro cuerpo, se siguen simultáneamente de la naturaleza del cuerpo afectado y del cuerpo que afecta; de modo que un mismo cuerpo puede ser movido de diferentes modos, según la diferencia en la naturaleza de los cuerpos que lo mueven; Por otro lado, diferentes cuerpos pueden ser movidos de diferentes modos por un mismo cuerpo.

Axioma II: Cuando un cuerpo en movimiento choca con otro cuerpo en reposo, al que no puede mover, retrocede para continuar su movimiento, y el ángulo formado por la línea de movimiento en el retroceso y el plano del cuerpo en reposo, sobre el que ha incidido el cuerpo en movimiento, será igual al ángulo formado por la línea de movimiento de incidencia y el mismo plano.

Hasta ahora sólo hemos hablado de los cuerpos más simples, que sólo se distinguen unos de otros por el movimiento y el reposo, la rapidez y la lentitud. Pasemos ahora a los cuerpos compuestos.

Definición: Cuando otros cuerpos de igual o diferente magnitud se ven obligados por otros cuerpos a permanecer en contacto, o si se mueven a la misma o diferente velocidad, de modo que sus movimientos mutuos conserven entre sí una cierta relación fija, decimos que tales cuerpos están unidos y que juntos componen un solo cuerpo o individuo. que se distingue de otros cuerpos por el hecho de esta unión.

Axioma III: En la medida en que las partes de un individuo, o de un cuerpo compuesto, estén en contacto en una superficie mayor o menor, admitirán con mayor o menor dificultad ser movidas de su posición; En consecuencia, el individuo, con mayor o menor dificultad, será llevado a asumir otra forma. Aquellos cuerpos, cuyas partes están en contacto sobre grandes superficies, se llaman duros; Aquellos, cuyas partes están en contacto sobre superficies pequeñas, se llaman blandos; Aquellos cuyas partes están en movimiento entre sí, se llaman fluidos.

LEMMA IV. Si de un cuerpo o individuo, compuesto de varios cuerpos, se separan ciertos cuerpos, y si, al mismo tiempo, un número igual de otros cuerpos de la misma naturaleza ocupan su lugar, el individuo conservará su naturaleza como antes, sin ningún cambio en su actualidad (forma).

Demostración: Los cuerpos no se distinguen en cuanto a la sustancia: lo que constituye la actualidad (formam) de un individuo consiste (por la última definición) en la unión de los cuerpos; Pero esta unión, aunque haya un cambio continuo de cuerpos, se mantendrá (según nuestra hipótesis); El individuo, por lo tanto, conservará su naturaleza como antes, tanto en lo que respecta a la sustancia como en lo que respecta al modo. Q.E.D.

LEMMA V. Si las partes que componen un individuo se hacen más grandes o más pequeñas, pero en tal proporción, que todas conservan las mismas relaciones mutuas de movimiento y reposo, el individuo conservará aún su naturaleza original, y su actualidad no cambiará.

Demostración.—Lo mismo que para el último Lema.

LEMMA VI. Si ciertos cuerpos que componen un individuo se ven obligados a cambiar el movimiento que tienen en una dirección por el movimiento en otra dirección, pero de tal manera que puedan continuar sus movimientos y su comunicación mutua en las mismas relaciones que antes, el individuo conservará su propia naturaleza sin ningún cambio de su actualidad.

Demostración: Esta proposición es evidente por sí misma, porque se supone que el individuo retiene todo lo que, en su definición, hemos hablado como su ser real.

LEMMA VII. Además, el individuo así compuesto conserva su naturaleza, ya sea, como un todo, en movimiento o en reposo, ya sea que se mueva en esta o aquella dirección; siempre y cuando cada parte conserve su movimiento y conserve su comunicación con las demás partes como antes.

Demostración: Esta proposición es evidente por la definición de individuo que precede al lema IV.

Vemos así cómo un individuo compuesto puede ser afectado de muchas maneras diferentes, y conservar su naturaleza a pesar de ello. Hasta aquí hemos concebido a un individuo como compuesto de cuerpos que sólo se distinguen unos de otros por el movimiento y el reposo, la velocidad y la lentitud; es decir, de cuerpos del carácter más simple. Sin embargo, si ahora concebimos otro individuo compuesto de varios individuos de diversas naturalezas, encontraremos que el número de formas en que puede ser afectado, sin perder su naturaleza, se multiplicará grandemente. Cada una de sus partes constaría de varios cuerpos, y por lo tanto (por el lema VI) cada parte admitiría, sin cambio en su naturaleza, un movimiento más rápido o más lento, y por consiguiente sería capaz de transmitir sus movimientos más rápidamente o más lentamente a las partes restantes. Si, además, concebimos una tercera clase de individuos compuesta de individuos de esta segunda clase, encontraremos que pueden ser afectados de un número aún mayor de maneras sin cambiar su realidad. Podemos fácilmente proceder así hasta el infinito y concebir la naturaleza entera como un individuo, cuyas partes, es decir, todos los cuerpos, varían de infinitas maneras, sin ningún cambio en el individuo como un todo. Me sentiría obligado a explicar y demostrar este punto con más detenimiento si estuviera escribiendo un tratado especial sobre el cuerpo. Pero ya he dicho que tal no es mi objeto; Sólo he tocado la cuestión porque me permite probar fácilmente lo que tengo en mente.

POSTULADOS

I. El cuerpo humano está compuesto de una serie de partes individuales, de diversa naturaleza, cada una de las cuales es en sí misma extremadamente compleja.

II. De las partes individuales que componen el cuerpo humano, algunas son fluidas, otras blandas, otras duras.

III. Las partes individuales que componen el cuerpo humano, y por consiguiente el cuerpo humano mismo, son afectadas de diversas maneras por los cuerpos externos.

IV. El cuerpo humano tiene necesidad de la conservación de una serie de otros cuerpos, por medio de los cuales es continuamente, por así decirlo, regenerado.

V. Cuando un cuerpo externo determina que la parte fluida del cuerpo humano choca a menudo con otra parte blanda, cambia la superficie de esta última y, por así decirlo, deja la impresión del cuerpo externo que la impulsa.

VI. El cuerpo humano puede mover cuerpos externos y disponerlos de diversas maneras.

PUNTAL. XIV. La mente humana es capaz de percibir un gran número de cosas, y lo es en la medida en que su cuerpo es capaz de recibir un gran número de impresiones.

Demostración: El cuerpo humano (por 3/3 y 6) es afectado de muchas maneras por los cuerpos externos, y es capaz de afectar de muchas maneras a los cuerpos externos. Pero (por 2/11) la mente humana debe percibir todo lo que sucede en el cuerpo humano; La mente humana es, por lo tanto, capaz de percibir un gran número de cosas, y lo es en proporción, etcétera. Q.E.D.

PUNTAL. XV. La idea, que constituye el ser real de la mente humana, no es simple, sino que está compuesta de un gran número de ideas.

Demostración: La idea que constituye el ser real del alma humana es la idea del cuerpo (por 2/13), que se compone de un gran número de partes individuales complejas. Pero hay necesariamente en Dios la idea de cada una de las partes de las que se compone el cuerpo (por 2/8). Corolario.); por lo tanto, (por 2/7), la idea del cuerpo humano se compone de estas numerosas ideas de sus partes componentes. Q.E.D.

PUNTAL. XVI. La idea de todo modo en que el cuerpo humano es afectado por cuerpos externos, debe involucrar la naturaleza del cuerpo humano, y también la naturaleza del cuerpo externo.

Demostración: Todos los modos en que un cuerpo dado es afectado, se siguen de la naturaleza del cuerpo afectado, y también de la naturaleza del cuerpo que afecta (por el Ax. I, según el Corolario del Lemma III), por lo que su idea también implica necesariamente (por I. Ax. 4) la naturaleza de ambos cuerpos; Por lo tanto, la idea de todo modo, en el que el cuerpo humano es afectado por cuerpos externos, implica la naturaleza del cuerpo humano y del cuerpo externo. Q.E.D.

Corolario I: De aquí se sigue, en primer lugar, que el alma humana percibe la naturaleza de una variedad de cuerpos, junto con la naturaleza del suyo propio.

Corolario II: De aquí se sigue, en segundo lugar, que las ideas que tenemos de los cuerpos exteriores indican más bien la constitución de nuestro propio cuerpo que la naturaleza de los cuerpos exteriores. He ilustrado ampliamente esto en el Apéndice de la Parte I.

PUNTAL. XVII. Si el cuerpo humano es afectado de una manera que involucra la naturaleza de cualquier cuerpo externo, la mente humana considerará dicho cuerpo externo como realmente existente, o como presente para sí mismo, hasta que el cuerpo humano sea afectado de tal manera, que excluya la existencia o la presencia de dicho cuerpo externo.

Demostración: Esta proposición es evidente por sí misma, pues mientras el cuerpo humano continúe siendo afectado de esta manera, el alma humana (por 2/11) considerará esta modificación del cuerpo, es decir, tendrá la idea de que el modo existe realmente, y esta idea implica la naturaleza del cuerpo externo. En otras palabras, tendrá la idea que no excluye, sino que postula la existencia o presencia de la naturaleza del cuerpo externo; por lo tanto, la mente (por 2/16, Corolario, 1) considerará el cuerpo externo como si existiera realmente, hasta que sea afectado, etcétera. Q.E.D.

Corolario: El alma puede considerar como presentes los cuerpos externos por los cuales el cuerpo humano ha sido afectado una vez, aunque ya no existan o estén presentes.

Demostración: Cuando los cuerpos externos determinan las partes fluidas del cuerpo humano, de modo que a menudo inciden con las partes blandas, cambian la superficie de las últimas (Ap V.); por lo tanto, (Ax. ii., después del Corolario de Lemma iii.) se refractan de ella de una manera diferente de la que seguían antes de tal cambio; y, además, cuando después incidan en las nuevas superficies por su propio movimiento espontáneo, se refractarán de la misma manera, como si hubieran sido impulsadas hacia esas superficies por cuerpos externos; por consiguiente, mientras continúen siendo refractados de esta manera, afectarán al cuerpo humano de la misma manera, de la cual la mente (por 2/11) volverá a tomar conocimiento, es decir, (por 2/17), la mente volverá a considerar el cuerpo externo como presente, y lo hará tan a menudo como las partes fluidas del cuerpo humano inciden en las superficies mencionadas por su propio movimiento espontáneo. Por lo tanto, aunque los cuerpos externos, por los cuales el cuerpo humano ha sido afectado en otro tiempo, ya no existan, la mente los considerará como presentes, tantas veces como se repita esta acción del cuerpo. Q.E.D.

Vemos así cómo sucede, como sucede a menudo, que consideramos como presentes muchas cosas que no lo son. Es posible que el mismo resultado se produzca por otras causas; pero creo que me basta con haber indicado aquí una posible explicación, tan bien como si hubiera señalado la verdadera causa. De hecho, no creo estar muy lejos de la verdad, porque todas mis suposiciones se basan en postulados, que descansan, casi sin excepción, en la experiencia, que no pueden ser controvertidos por aquellos que han demostrado, como nosotros, que el cuerpo humano, tal como lo sentimos, existe (Corolario después de II. Por otra parte (II. vii. Corol., II. xvi. Corolario. ii.), comprendemos claramente cuál es la diferencia entre la idea, por ejemplo, de Pedro, que constituye la esencia de la mente de Pedro, y la idea de dicho Pedro, que está en otro hombre, digamos, Pablo. La primera responde directamente a la esencia del propio cuerpo de Pedro, y sólo implica la existencia mientras Pedro existe; esto último indica más bien la disposición del cuerpo de Pablo que la naturaleza de Pedro, y, por lo tanto, mientras dure esta disposición del cuerpo de Pablo, la mente de Pablo considerará a Pedro como presente para sí misma, aunque ya no exista. Además, para conservar la fraseología usual, las modificaciones del cuerpo humano, de las cuales las ideas representan cuerpos externos tal como están presentes para nosotros, las llamaremos imágenes de las cosas, aunque no recuerden la figura de las cosas. Cuando la mente considera los cuerpos de esta manera, decimos que imagina. Llamaré aquí la atención sobre el hecho, para indicar dónde reside el error, de que las imaginaciones de la mente, consideradas en sí mismas, no contienen error. La mente no se equivoca en el mero acto de imaginar, sino sólo en la medida en que se la considera sin la idea, lo que excluye la existencia de las cosas que imagina que están presentes para ella. Si el espíritu, al mismo tiempo que imagina las cosas inexistentes como presentes para él, es al mismo tiempo consciente de que no existen realmente, este poder de la imaginación debe atribuirse a la eficacia de su naturaleza, y no a un defecto, especialmente si esta facultad de la imaginación depende únicamente de su propia naturaleza, es decir, (por la primera definición de VII). si esta facultad de la imaginación es libre.

PUNTAL. XVIII. Si el cuerpo humano ha sido afectado una vez por dos o más cuerpos al mismo tiempo, cuando la mente imagina después alguno de ellos, se acordará inmediatamente de los otros también.

Demostración.—La mente (II. xvii. Corolario.) imagina un cuerpo cualquiera, porque el cuerpo humano es afectado y dispuesto por las impresiones de un cuerpo externo, de la misma manera que es afectado cuando algunas de sus partes son actuadas por dicho cuerpo externo; pero (según nuestra hipótesis) el cuerpo estaba entonces dispuesto de tal manera, que la mente imaginaba dos cuerpos a la vez; Por lo tanto, también en el segundo caso imaginará dos cuerpos a la vez, y la mente, cuando imagina uno, recordará inmediatamente el otro. Q.E.D.

Nota: Ahora vemos claramente lo que es la memoria. Es simplemente una cierta asociación de ideas que involucra la naturaleza de las cosas fuera del cuerpo humano, asociación que surge en la mente de acuerdo con el orden y la asociación de las modificaciones (afecciones) del cuerpo humano. Digo, en primer lugar, que es una asociación de aquellas ideas que se refieren a la naturaleza de las cosas fuera del cuerpo humano, no de ideas que responden a la naturaleza de las cosas dichas: las ideas de las modificaciones del cuerpo humano son, en sentido estricto (por 2/16), las que involucran la naturaleza tanto del cuerpo humano como de los cuerpos externos. Digo, en segundo lugar, que esta asociación surge según el orden y asociación de las modificaciones del cuerpo humano, para distinguirla de la asociación de ideas que surge del orden del entendimiento, por el cual el alma percibe las cosas por sus causas primeras, y que en todos los hombres es la misma. Y de aquí se comprende con mayor claridad por qué el espíritu, a partir del pensamiento de una cosa, ha de llegar inmediatamente al pensamiento de otra cosa, que no tiene ninguna semejanza con la primera; por ejemplo, a partir del pensamiento de la palabra pomum (una manzana), un romano llegaría inmediatamente al pensamiento de la manzana de la fruta, que no tiene ninguna semejanza con el sonido articulado en cuestión, ni nada en común con él, excepto que el cuerpo del hombre ha sido afectado a menudo por estas dos cosas; es decir, que el hombre ha oído a menudo la palabra pomum, mientras miraba el fruto; Del mismo modo, cada hombre pasará de un pensamiento a otro, según su hábito haya ordenado las imágenes de las cosas en su cuerpo. Porque un soldado, por ejemplo, cuando ve las huellas de un caballo en la arena, pasará inmediatamente del pensamiento de un caballo al pensamiento de un jinete, y de allí al pensamiento de la guerra, etcétera.; mientras que un campesino pasará del pensamiento de un caballo al pensamiento de un arado, un campo, etcétera. De este modo, cada hombre seguirá esta o aquella línea de pensamiento, según que haya tenido el hábito de juntar y asociar las imágenes mentales de las cosas de esta o aquella manera.

PUNTAL. XIX. La mente humana no tiene conocimiento del cuerpo, y no sabe que existe, excepto a través de las ideas de las modificaciones por las cuales el cuerpo es afectado.

Demostración: El alma humana es la idea o conocimiento mismo del cuerpo humano (por 2/13), que está en Dios en cuanto que se le considera afectado por otra idea de una cosa particular que existe realmente, o en cuanto que el cuerpo humano tiene necesidad de muchos cuerpos por los cuales es. por así decirlo, continuamente regenerado; y el orden y conexión de las ideas es el mismo que el orden y la conexión de las causas (II. vii.); esta idea estará, por tanto, en Dios, en la medida en que se le considere afectado por las ideas de muchas cosas particulares. Así, Dios tiene la idea del cuerpo humano, o conoce el cuerpo humano, en cuanto que es afectado por muchas otras ideas, y no en cuanto constituye la naturaleza de la mente humana; es decir, (por II. xi. Corolario), la mente humana no conoce el cuerpo humano. Pero las ideas de las modificaciones del cuerpo están en Dios, en cuanto que él constituye la naturaleza de la mente humana, o la mente humana percibe esas modificaciones (por 2/11) y, por consiguiente (por 2/16) el cuerpo humano mismo, y como si existiera realmente; Por lo tanto, la mente sólo percibe hasta ahora el cuerpo humano. Q.E.D.

PUNTAL. XX. La idea o conocimiento de la mente humana está también en Dios, siguiendo en Dios de la misma manera, y estando referida a Dios de la misma manera, como la idea o conocimiento del cuerpo humano.

Demostración: El pensamiento es un atributo de Dios (por 2/1); por lo tanto, es necesario que en Dios haya necesariamente en Dios la idea del pensamiento mismo y de todas sus modificaciones, y por consiguiente también del alma humana (por 2/11). Esta idea o conocimiento de la mente no se sigue de Dios en cuanto que es infinito, sino en cuanto que es afectado por otra idea de una cosa individual (por 2/9). Pero el orden y la conexión de las ideas es lo mismo que el orden y la conexión de las causas; por lo tanto, esta idea o conocimiento de la mente está en Dios y se refiere a Dios, de la misma manera que la idea o conocimiento del cuerpo. Q.E.D.

PUNTAL. XXI. Esta idea de la mente está unida a la mente de la misma manera que la mente está unida al cuerpo.

Demostración: Que el alma está unida al cuerpo, lo hemos demostrado por el hecho de que el cuerpo es el objeto de la mente (por 2/11 y 13); Y así, por la misma razón, la idea de la mente debe estar unida a su objeto, es decir, a la mente, de la misma manera que la mente está unida al cuerpo. Q.E.D.

Esta proposición se comprende mucho más claramente por lo que hemos dicho en la nota a II. VII. Allí mostramos que la idea del cuerpo y del cuerpo, es decir, de la mente y del cuerpo (por 2/13), son uno y el mismo individuo, concebido ora bajo el atributo del pensamiento, ora bajo el atributo de la extensión; Por lo tanto, la idea de la mente y la mente misma son una y la misma cosa, que se concibe bajo un mismo atributo, a saber, el pensamiento. La idea de la mente, repito, y la mente misma están en Dios por la misma necesidad y se siguen de él de la misma potencia de pensar. Estrictamente hablando, la idea de la mente, es decir, la idea de una idea, no es más que la cualidad distintiva (forma) de la idea en la medida en que se concibe como un modo de pensamiento sin referencia al objeto; Si un hombre sabe algo, por ese mismo hecho sabe que lo sabe, y al mismo tiempo sabe que sabe que lo sabe, y así hasta el infinito. Pero de esto me ocuparé más adelante.

PUNTAL. XXII. La mente humana percibe no sólo las modificaciones del cuerpo, sino también las ideas de tales modificaciones.

Demostración: Las ideas de las ideas de las modificaciones se siguen en Dios de la misma manera, y se refieren a Dios de la misma manera que las ideas de dichas modificaciones. Esto se demuestra de la misma manera que II. xx. Pero las ideas de las modificaciones del cuerpo están en la mente humana (II. xii.), es decir, en Dios, en cuanto que constituye la esencia de la mente humana; por lo tanto, las ideas de estas ideas estarán en Dios, en la medida en que Él tenga el conocimiento o la idea de la mente humana, es decir, (por 2/11), estarán en la mente humana misma, la cual, por lo tanto, percibe no sólo las modificaciones del cuerpo, sino también las ideas de tales modificaciones. Q.E.D.

PUNTAL. XXIII. La mente no se conoce a sí misma, sino en cuanto percibe las ideas de las modificaciones del cuerpo.

Demostración: La idea o conocimiento de la mente (por 2/2) se sigue en Dios de la misma manera, y se refiere a Dios de la misma manera que la idea o conocimiento del cuerpo. Pero como la mente humana no conoce el cuerpo humano mismo, es decir, (por 2/11). Corolario), ya que el conocimiento del cuerpo humano no se refiere a Dios, en cuanto que constituye la naturaleza de la mente humana; por lo tanto, tampoco se refiere a Dios el conocimiento de la mente, en cuanto que él constituye la esencia de la mente humana; por lo tanto (por el mismo Corol.

II. xi.), la mente humana hasta ahora no tiene conocimiento de sí misma. Además, las ideas de las modificaciones por las que el cuerpo es afectado, se refieren a la naturaleza del cuerpo humano mismo (por 2/16), es decir, (por 2/13), concuerdan con la naturaleza del espíritu; Por lo tanto, el conocimiento de estas ideas implica necesariamente el conocimiento de la mente; pero (por la última Proposición) el conocimiento de estas ideas está en la mente humana misma; Por lo tanto, hasta ahora la mente humana sólo tiene conocimiento de sí misma. Q.E.D.

PUNTAL. XXIV. La mente humana no implica un conocimiento adecuado de las partes que componen el cuerpo humano.

Demostración: Las partes que componen el cuerpo humano no pertenecen a la esencia de ese cuerpo, sino en cuanto que comunican sus movimientos entre sí en una cierta relación fija (por 3/Lemma), no en cuanto que pueden ser considerados como individuos sin relación con el cuerpo humano. Las partes del cuerpo humano son individuos altamente complejos (Lema i), cuyas partes (Lema iv) pueden separarse del cuerpo humano sin destruir de ninguna manera la naturaleza y la cualidad distintiva de este último, y pueden comunicar sus movimientos (Ax. i., después de Lema iii) a otros cuerpos en otra relación; por lo tanto, (por 2/3) la idea o conocimiento de cada parte estará en Dios, en cuanto (por 2/9) se le considera afectado por otra idea de una cosa particular, la cual es anterior en el orden de la naturaleza a la parte mencionada (por 2/7). Podemos afirmar lo mismo de cada una de las partes de cada individuo que componen el cuerpo humano; por lo tanto, el conocimiento de cada una de las partes que componen el cuerpo humano está en Dios, en cuanto que él está afectado por muchas ideas de las cosas, y no en cuanto tiene sólo la idea del cuerpo humano, es decir, la idea que constituye la naturaleza de la mente humana (por 2/1iii); por lo tanto, (II. xi. Corolario), la mente humana no implica un conocimiento adecuado del cuerpo humano. Q.E.D.

PUNTAL. XXV. La idea de cada modificación del cuerpo humano no implica un conocimiento adecuado del cuerpo externo.

Demostración: Hemos demostrado que la idea de una modificación del cuerpo humano implica la naturaleza de un cuerpo externo, en cuanto que ese cuerpo externo condiciona al cuerpo humano de una manera dada. Pero, en cuanto que el cuerpo exterior es un individuo, que no tiene referencia al cuerpo humano, el conocimiento o idea de él está en Dios (por 2/9), en cuanto que se considera a Dios afectado por la idea de otra cosa, que es naturalmente anterior a dicho cuerpo exterior. Por lo tanto, el conocimiento adecuado del cuerpo exterior no está en Dios, en cuanto que tiene la idea de la modificación del cuerpo humano; En otras palabras, la idea de la modificación del cuerpo humano no implica un conocimiento adecuado del cuerpo externo. Q.E.D.

PUNTAL. XXVI. La mente humana no percibe ningún cuerpo externo como realmente existente, excepto a través de las ideas de las modificaciones de su propio cuerpo.

Demostración: Si el cuerpo humano no es afectado en modo alguno por un determinado cuerpo exterior, tampoco la idea del cuerpo humano, es decir, la mente humana, está afectada en modo alguno por la idea de la existencia de dicho cuerpo exterior, ni percibe de ninguna manera su existencia. Pero, en la medida en que el cuerpo humano es afectado de alguna manera por un cuerpo externo dado, hasta aquí (por 2/66 y Corol) percibe ese cuerpo externo. Q.E.D.

Corolario: En la medida en que la mente humana imagina un cuerpo externo, no tiene un conocimiento adecuado de él.

Demostración: Cuando el alma humana considera los cuerpos exteriores a través de las ideas de las modificaciones de su propio cuerpo, decimos que imagina (véase 2/171 nota);

Ahora bien, la mente sólo puede imaginar los cuerpos externos como si existieran realmente. Por lo tanto, en la medida en que el alma imagina los cuerpos externos, no tiene un conocimiento adecuado de ellos. Q.E.D.

PUNTAL. XXVII. La idea de cada modificación del cuerpo humano no implica un conocimiento adecuado del cuerpo humano mismo.

Demostración: Toda idea de modificación del cuerpo humano implica la naturaleza del cuerpo humano, en cuanto que el cuerpo humano es considerado como afectado de una manera determinada (por 2/16). Pero, en la medida en que el cuerpo humano es un individuo que puede ser afectado de muchas otras maneras, la idea de dicha modificación, etcétera. Q.E.D.

PUNTAL. XXVIII. Las ideas de las modificaciones del cuerpo humano, en la medida en que se refieren sólo a la mente humana, no son claras y distintas, sino confusas.

Demostración: Las ideas de las modificaciones del cuerpo humano se refieren a la naturaleza tanto del cuerpo humano como de los cuerpos externos (por 2/16); deben involucrar la naturaleza no sólo del cuerpo humano, sino también de sus partes; porque las modificaciones son modos (post. III), por los cuales las partes del cuerpo humano y, por consiguiente, el cuerpo humano en su conjunto son afectadas. Pero el conocimiento adecuado de los cuerpos exteriores, así como de las partes que componen el cuerpo humano, no está en Dios, en cuanto que es considerado como afectado por la mente humana, sino en cuanto que es considerado como afectado por otras ideas. Estas ideas de modificaciones, en la medida en que se refieren únicamente a la mente humana, son como consecuencias sin premisas, en otras palabras, ideas confusas. Q.E.D.

Nota: De la misma manera, se demuestra que la idea que constituye la naturaleza del alma humana no es, cuando se considera en sí misma, clara y distinta; Lo mismo sucede con la idea de la mente humana y las ideas de las ideas de las modificaciones del cuerpo humano, en la medida en que se refieren sólo a la mente, como todo el mundo puede ver fácilmente.

PUNTAL. XXIX. La idea de la idea de cada modificación del cuerpo humano no implica un conocimiento adecuado de la mente humana.

Demostración: La idea de una modificación del cuerpo humano (por 2/27) no implica un conocimiento adecuado de dicho cuerpo, es decir, no expresa adecuadamente su naturaleza; es decir, (por 2/13) no concuerda adecuadamente con la naturaleza de la mente; por lo tanto, (I. Ax. vi) la idea de esta idea no expresa adecuadamente la naturaleza de la mente humana, o no implica un conocimiento adecuado de la misma.

Corolario: De aquí se sigue que el alma humana, cuando percibe las cosas según el orden común de la naturaleza, no tiene un conocimiento adecuado, sino sólo confuso y fragmentario de sí mismo, de su propio cuerpo y de los cuerpos exteriores. En efecto, el alma no se conoce a sí misma sino en cuanto percibe las ideas de las modificaciones del cuerpo (por 2/23). Sólo percibe su propio cuerpo (II. xix.) a través de las ideas de las modificaciones, y sólo percibe los cuerpos externos por los mismos medios; así, en la medida en que tiene tales ideas de modificación, no tiene un conocimiento adecuado de sí mismo (2/29), ni de su propio cuerpo (2/xxvii), ni de los cuerpos externos (2/2v), sino sólo un conocimiento fragmentario y confuso de ellos (2/28 y nota). Q.E.D.

Digo expresamente que el alma no tiene un conocimiento adecuado, sino sólo confuso de sí mismo, de su propio cuerpo y de los cuerpos externos, siempre que percibe las cosas según el orden común de la naturaleza; es decir, siempre que se determine desde fuera, es decir, por el juego fortuito de las circunstancias, considerar esto o aquello; no en los momentos en que se determina desde dentro, es decir, por el hecho de considerar varias cosas a la vez, para comprender sus puntos de concordancia, diferencia y contraste. Siempre que se determina de alguna manera desde adentro, considera las cosas clara y distintamente, como mostraré más adelante.

PUNTAL. XXX. Sólo podemos tener un conocimiento muy inadecuado de la duración de nuestro cuerpo.

Demostración: La duración de nuestro cuerpo no depende de su esencia (por 2/2). Hacha. i.), ni sobre la naturaleza absoluta de Dios (I. xxi.). Pero (por 1/28) está condicionada a existir y operar por causas, las cuales, a su vez, están condicionadas a existir y operar en una relación fija y definida por otras causas, siendo estas últimas a su vez condicionadas por otras, y así sucesivamente hasta el infinito. La duración de nuestro cuerpo depende, por tanto, del orden común de la naturaleza, o de la constitución de las cosas. Ahora bien, cualquiera que sea la forma en que una cosa esté constituida, el conocimiento adecuado de esa cosa está en Dios, en cuanto que tiene las ideas de todas las cosas, y no en cuanto que sólo tiene la idea del cuerpo humano. (II. ix. Corolario.) Por lo tanto, el conocimiento de la duración de nuestro cuerpo es en Dios muy insuficiente, en cuanto que sólo se le considera como constitutivo de la naturaleza del alma humana; es decir, (II. xi. Corolario), este conocimiento es muy inadecuado para nuestra mente. Q.E.D.

PUNTAL. XXXI. Sólo podemos tener un conocimiento muy inadecuado de la duración de las cosas particulares externas a nosotros mismos.

Demostración: Cada cosa particular, como el cuerpo humano, debe estar condicionada por otra cosa particular para existir y operar en una relación fija y definida; Esta otra cosa particular debe estar igualmente condicionada por una tercera, y así sucesivamente hasta el infinito. (I. xxviii.) Como hemos demostrado en la proposición precedente, de esta propiedad común de las cosas particulares, sólo tenemos un conocimiento muy insuficiente de la duración de nuestro cuerpo; Debemos sacar una conclusión similar con respecto a la duración de las cosas particulares, a saber, que sólo podemos tener un conocimiento muy inadecuado de la duración de las mismas. Q.E.D.

Corolario: De aquí se sigue que todas las cosas particulares son contingentes y perecederas. Porque no podemos tener una idea adecuada de su duración (por la última proposición), y esto es lo que debemos entender por la contingencia y el carácter perecedero de las cosas. (I. xxxiii., nota i.) Pues (por 1/29), excepto en este sentido, nada es contingente.

PUNTAL. XXXII. Todas las ideas, en cuanto se refieren a Dios, son verdaderas.

Demostración: Todas las ideas que están en Dios concuerdan en todo con sus objetos (por 2/7. Corolario), por lo tanto (I. Ax. vi.) todas son verdaderas. Q.E.D.

PUNTAL. XXXIII. No hay nada positivo en las ideas, lo que hace que se las llame falsas.

Demostración: Si esto se niega, concebir, si es posible, un modo positivo de pensar, que constituya la cualidad distintiva de la falsedad. Semejante modo de pensar no puede estar en Dios (II. xxxii.); fuera de Dios no puede ser ni ser concebida (I. xv.). Luego no hay nada positivo en las ideas que haga que se las llame falsas. Q.E.D.

PUNTAL. XXXIV. Toda idea que en nosotros es absoluta o adecuada y perfecta, es verdadera.

Demostración: Cuando decimos que una idea en nosotros es adecuada y perfecta, decimos, en otras palabras (por 2/11).

Corolario), que la idea es adecuada y perfecta en Dios, en la medida en que constituye la esencia de nuestra mente; por consiguiente (por 2/32) decimos que tal idea es verdadera. Q.E.D.

PUNTAL. XXXV. La falsedad consiste en la privación del conocimiento, que implican ideas inadecuadas, fragmentarias o confusas.

Demostración: No hay nada positivo en las ideas que haga que se las llame falsas (por 2/33); Pero la falsedad no puede consistir en una simple privación (porque se dice que las mentes, no los cuerpos, erran y se equivocan), ni puede consistir en una ignorancia absoluta, porque la ignorancia y el error no son idénticos; Consiste, pues, en la privación del conocimiento, que implican ideas inadecuadas, fragmentarias o confusas. Q.E.D.

Nota.—En la nota a II. xvii. Expliqué cómo el error consiste en la privación del conocimiento, pero para arrojar más luz sobre el tema daré un ejemplo. Por ejemplo, los hombres se equivocan al creerse libres; Su opinión se compone de la conciencia de sus propias acciones y de la ignorancia de las causas por las que están condicionados. Su idea de libertad, por lo tanto, es simplemente su ignorancia de cualquier causa para sus acciones. En cuanto a su afirmación de que las acciones humanas dependen de la voluntad, se trata de una mera frase sin ninguna idea que corresponda a ella. Lo que es la voluntad, y cómo mueve el cuerpo, ninguno de ellos lo sabe; Aquellos que se jactan de tal conocimiento, y fingen moradas y habitaciones para el alma, suelen provocar risa o disgusto. Así, de nuevo, cuando miramos al sol, nos imaginamos que está distante de nosotros unos doscientos pies; Este error no reside únicamente en esta fantasía, sino en el hecho de que, mientras imaginamos así, no conocemos la verdadera distancia del sol ni la causa de la fantasía. Porque, aunque después sepamos que el sol está distante de nosotros más de seiscientos de los diámetros de la tierra, no obstante nos imaginamos que está cerca; Porque no nos imaginamos el sol como cerca de nosotros, porque ignoremos su verdadera distancia, sino porque la modificación de nuestro cuerpo implica la esencia del sol, en la medida en que dicho cuerpo es afectado por él.

PUNTAL. XXXVI. Las ideas inadecuadas y confusas se siguen por la misma necesidad, como las ideas adecuadas o claras y distintas.

Demostración: Todas las ideas están en Dios (por 1/5), y en cuanto se refieren a Dios son verdaderas (por 2/32) y (por 2/7). Corolario.) Adecuado; por lo tanto, no hay ideas confusas o inadecuadas, excepto con respecto a una mente particular (cf. II. xxiv. y xxviii.); por lo tanto, todas las ideas, sean adecuadas o inadecuadas, se siguen de la misma necesidad (por 2/6). Q.E.D.

PUNTAL. XXXVII. Lo que es común a todos (cf. Lema II, arriba), y que es igualmente en una parte y en el todo, no constituye la esencia de ninguna cosa en particular.

Demostración: Si esto se niega, concebid, si es posible, que constituye la esencia de alguna cosa particular; por ejemplo, la esencia de B. Entonces (II. Def. ii.) no puede existir ni concebirse sin B; Pero esto va en contra de nuestra hipótesis. Por lo tanto, no pertenece a la esencia de B, ni constituye la esencia de ninguna cosa en particular. Q.E.D.

PUNTAL. XXXVIII. Las cosas que son comunes a todos, y que son igualmente en una parte y en el todo, no pueden concebirse sino adecuadamente.

Demostración: Supongamos que A es algo que es común a todos los cuerpos y que está igualmente presente en la parte de cualquier cuerpo dado y en el todo. Yo digo que A no puede ser concebido sino de manera adecuada. Pues la idea de ello en Dios será necesariamente adecuada (por 2/7. Corolario), tanto en cuanto que Dios tiene la idea del cuerpo humano, como también en cuanto tiene la idea de las modificaciones del cuerpo humano, que (por 2/16, xxv., xxvii.) implican en parte la naturaleza del cuerpo humano y la naturaleza de los cuerpos exteriores; es decir, (por 2/1/13), la idea en Dios será necesariamente adecuada, tanto en la medida en que constituye la mente humana, como en la medida en que tiene las ideas que están en la mente humana. Por lo tanto, la mente (II. xi. Corolario.) necesariamente percibe a A adecuadamente, y tiene esta percepción adecuada, tanto en la medida en que se percibe a sí mismo, como en la medida en que percibe su propio cuerpo o cualquier cuerpo externo, sin que A pueda ser concebido de ninguna otra manera. Q.E.D.

Corolario: De aquí se sigue que hay ciertas ideas o nociones comunes a todos los hombres; Porque (por el lema ii) todos los cuerpos están de acuerdo en ciertos aspectos, los cuales (por la proposición anterior) deben ser percibidos adecuada o clara y distintamente por todos.

PUNTAL. XXXIX. Lo que es común y propiedad del cuerpo humano y de los demás cuerpos que suelen afectar al cuerpo humano, y que está presente por igual en cada una de las partes de uno de ellos o en el todo, será representado por una idea adecuada en la mente.

Demostración: Si A es lo que es común y una propiedad del cuerpo humano y de los cuerpos externos, y que está igualmente presente en el cuerpo humano y en los cuerpos externos mencionados, en cada parte de cada cuerpo externo y en el todo, habrá una idea adecuada de A en Dios (por 2/7. Corolario), tanto en cuanto tiene la idea del cuerpo humano, como en la medida en que tiene las ideas de los cuerpos externos dados. Concedámonos ahora que el cuerpo humano es afectado por un cuerpo externo a través de aquello con lo que tiene en común, a saber, A; la idea de esta modificación implicará la propiedad A (II. xvi.), y por lo tanto (II. vii. Corolario.) la idea de esta modificación, en la medida en que implica la propiedad A, será adecuada en Dios, en la medida en que Dios es afectado por la idea del cuerpo humano; es decir, (II. xiii.), en cuanto constituye la naturaleza de la mente humana; por lo tanto, (II. xi. Corolario.) Esta idea también es adecuada en la mente humana. Q.E.D.

Corolario: De aquí se sigue que el alma está capacitada para percibir adecuadamente más cosas en la medida en que su cuerpo tiene más en común con los demás cuerpos.

PUNTAL. XL. Todas las ideas que hay en la mente que se siguen de las ideas que en ella son adecuadas, también son adecuadas en sí mismas.

Demostración: Esta proposición es evidente por sí misma. En efecto, cuando decimos que una idea en la mente humana se sigue de las ideas que en ella son adecuadas, decimos, en otras palabras (por 2/11). Corolario), que una idea está en el entendimiento divino, de la cual Dios es la causa, no en cuanto que es infinito, ni en cuanto que es afectado por las ideas de muchas cosas particulares, sino sólo en cuanto constituye la esencia de la mente humana.

He expuesto así la causa de esas nociones que son comunes a todos los hombres y que forman la base de nuestro raciocinio. Pero hay otras causas de ciertos axiomas o nociones, que sería oportuno exponer con este método nuestro; Pues así se vería qué nociones son más útiles que otras, y qué nociones apenas tienen utilidad en absoluto. Además, debemos ver qué nociones son comunes a todos los hombres, y qué nociones son sólo claras y distintas para aquellos que están libres de prejuicios, y debemos detectar aquellas que son infundadas. Una vez más, debemos discernir de dónde derivan su origen las nociones llamadas secundarias y, por consiguiente, los axiomas en los que se fundan, y otros puntos de interés relacionados con estas cuestiones. Pero he decidido pasar el tema aquí, en parte porque lo he dejado para otro tratado, en parte porque temo cansar al lector con una prolijidad demasiado grande. Sin embargo, para no omitir nada que sea necesario conocer, expondré brevemente las causas, de donde se derivan los términos llamados trascendentales, como Ser, Cosa, Algo. Estos términos nacieron del hecho de que el cuerpo humano, siendo limitado, sólo es capaz de formar distintamente un cierto número de imágenes (lo que es una imagen lo expliqué en la nota II. xvii) dentro de sí mismo al mismo tiempo; Si se supera este número, las imágenes comenzarán a confundirse; Si se excede en gran medida este número de imágenes, de las cuales el cuerpo es capaz de formarse distintamente dentro de sí mismo, todas se confundirán por completo unas con otras. Siendo esto así, es evidente (de II. Proposición xvii. Corolario., y xviii.) que la mente humana puede imaginar claramente tantas cosas simultáneamente, como su cuerpo puede formar imágenes simultáneamente. Cuando las imágenes se vuelven completamente confusas en el cuerpo, la mente también imagina todos los cuerpos confusamente, sin ninguna distinción, y los comprenderá, por así decirlo, bajo un atributo, a saber, bajo el atributo de Ser, Cosa, etcétera. La misma conclusión puede sacarse del hecho de que las imágenes no son siempre igualmente vívidas, y de otras causas análogas, que no es necesario explicar aquí; Para el propósito que tenemos en mente, es suficiente que consideremos uno solo. Todo puede reducirse a esto: que estos términos representan ideas en el más alto grado confusas. De causas semejantes nacen las nociones que llamamos generales, como hombre, caballo, perro, etcétera. Surgen, a saber, del hecho de que en la mente humana se forman simultáneamente tantas imágenes, por ejemplo, de los hombres, que las facultades de la imaginación se descomponen, no en absoluto, sino en la medida en que la mente pierde la cuenta de las pequeñas diferencias entre los individuos (por ejemplo, el color, el tamaño, etcétera). y su número definido, y sólo imagina claramente que: en la que todos los individuos, en cuanto que el cuerpo es afectado por ellos, están de acuerdo; porque ese es el punto, en que cada uno de los dichos individuos afectó principalmente al cuerpo; Esto lo expresa la mente con el nombre de hombre, y esto lo predica de un número infinito de individuos particulares. Porque, como hemos dicho, es incapaz de imaginar el número determinado de individuos. Debemos, sin embargo, tener en cuenta que estas nociones generales no son formadas por todos los hombres de la misma manera, sino que varían en cada individuo según varíe el punto en que el cuerpo ha sido afectado más a menudo y que la mente imagina o recuerda más fácilmente. Por ejemplo, los que más a menudo han mirado con admiración la estatura del hombre, entenderán por el nombre de hombre a un animal de estatura erguida; Aquellos que se han acostumbrado a considerar algún otro atributo, se formarán una imagen general diferente del hombre, por ejemplo, que el hombre es un animal risueño, un animal de dos patas sin plumas, un animal racional, y así, en otros casos, cada uno se formará imágenes generales de las cosas según el hábito de su cuerpo.

No es de extrañar, pues, que entre los filósofos, que tratan de explicar las cosas de la naturaleza sólo por las imágenes que se forman de ellas, hayan surgido tantas controversias.

De todo lo que se ha dicho anteriormente se deduce claramente que, en muchos casos, percibimos y formamos nuestras nociones generales: (1.) De las cosas particulares representadas a nuestro intelecto fragmentariamente, confusamente y sin orden a través de nuestros sentidos (II. xxix. Corolario.); Me he conformado con llamar a tales percepciones con el nombre de conocimiento a partir de las meras sugestiones de la experiencia. [4]

[4] Una frase baconiana.
Nov. Org. Aph. 100.
[Pollock, p. 126, n.]

(2) A partir de los símbolos, por ejemplo, del hecho de haber leído u oído ciertas palabras, recordamos las cosas y formamos ciertas ideas acerca de ellas, semejantes a aquellas a

través de las cuales imaginamos las cosas (2/18. nota). A estos dos modos de considerar las cosas los llamaré conocimiento del primer tipo, opinión o imaginación. (3.) Del hecho de que tenemos nociones comunes a todos los hombres, e ideas adecuadas de las propiedades de las cosas (II. Corolario., xxxix. y Corol. y XL.); a esto lo llamo razón y conocimiento del segundo tipo. Además de estos dos tipos de conocimiento, existe, como demostraré más adelante, un tercer tipo de conocimiento, al que llamaremos intuición. Este tipo de conocimiento procede de una idea adecuada de la esencia absoluta de ciertos atributos de Dios al conocimiento adecuado de la esencia de las cosas. Ilustraré los tres tipos de conocimiento con un solo ejemplo. Se dan tres números para encontrar un cuarto, que será para el tercero como el segundo para el primero. Los comerciantes, sin vacilar, multiplican el segundo por el tercero, y dividen el producto por el primero; ya sea porque no han olvidado la regla que recibieron de un maestro sin ninguna prueba, o porque la han probado a menudo con números simples, o en virtud de la prueba de la proposición decimonovena del libro séptimo de Euclides, es decir, en virtud de la propiedad general de las proporcionales.

Pero con números muy simples no hay necesidad de esto. Por ejemplo, si se da uno, dos, tres, todos pueden ver que el cuarto proporcional es seis; Y esto es mucho más claro, porque inferimos el cuarto número de una comprensión intuitiva de la relación que tiene el primero con el segundo.

PUNTAL. XLI. El conocimiento de la primera clase es la única fuente de falsedad, el conocimiento de la segunda y tercera clase es necesariamente verdadero.

Demostración: Al conocimiento de la primera clase hemos asignado (en la nota precedente) todas aquellas ideas que son inadecuadas y confusas; por lo tanto, este tipo de conocimiento es la única fuente de falsedad (II. xxxv.). Además, asignamos a la segunda y tercera clases de conocimiento aquellas ideas que son adecuadas; por lo tanto, estas clases son necesariamente verdaderas (por 2/34). Q.E.D.

PUNTAL. XLII. El conocimiento de la segunda y tercera clase, no el conocimiento de la primera clase, nos enseña a distinguir lo verdadero de lo falso.

Demostración: Esta proposición es evidente por sí misma. Aquel que sabe distinguir entre lo verdadero y lo falso, debe tener una idea adecuada de lo verdadero y lo falso. Es decir, debe conocer lo verdadero y lo falso por medio de la segunda o tercera clase de conocimiento.

PUNTAL. XLIII. El que tiene una idea verdadera, sabe simultáneamente que tiene una idea verdadera, y no puede dudar de la verdad de la cosa percibida.

Demostración: Una idea verdadera en nosotros es una idea adecuada en Dios, en cuanto que se manifiesta por la naturaleza del alma humana (por 2/11). Corolario). Supongamos que hay en Dios, en la medida en que se manifiesta a través de la mente humana, una idea adecuada, A. La idea de esta idea también debe estar necesariamente en Dios, y ser referida a él de la misma manera que la idea A (por 2/2, cuya demostración es de aplicación universal). Pero se supone que la idea A se refiere a Dios, en la medida en que se manifiesta a través de la mente humana; por lo tanto, la idea de la idea A debe ser referida a Dios de la misma manera; es decir, (por II. xi. Corolario.), la idea adecuada de la idea A estará en la mente, que tiene la idea adecuada A; por lo tanto, el que tiene una idea adecuada o conoce una cosa verdaderamente (por 2/34), debe tener al mismo tiempo una idea adecuada o un conocimiento verdadero de su conocimiento; Es decir, obviamente, hay que estar seguro. Q.E.D.

Nota.—Lo expliqué en la nota a II. XXI. Qué se entiende por idea de idea; Pero podemos notar que la proposición precedente es en sí misma suficientemente clara. Nadie que tenga una idea verdadera ignora que una idea verdadera implica la más alta certeza. Porque tener una idea verdadera no es más que otra expresión para conocer una cosa perfectamente, o lo mejor posible. Nadie, en efecto, puede dudar de esto, a menos que piense que una idea es algo sin vida, como un cuadro en un panel, y no un modo de pensar, es decir, el acto mismo de entender. ¿Y quién, pregunto, puede saber que entiende algo, a menos que primero lo entienda? En otras palabras, ¿quién puede saber que está seguro de una cosa, a menos que primero esté seguro de esa cosa? Además, ¿qué puede haber más claro y más cierto que una idea verdadera como norma de verdad? Así como la luz se muestra a sí misma y a las tinieblas, así también la verdad es un estándar tanto de sí misma como de la falsedad.

Creo haber respondido suficientemente a estas preguntas, a saber, que si una idea verdadera se distingue de una idea falsa, sólo en la medida en que se dice que está de acuerdo con su objeto, una idea verdadera no tiene más realidad ni perfección que una idea falsa (ya que las dos sólo se distinguen por una marca extrínseca); Por consiguiente, tampoco el hombre que tiene una idea verdadera tendrá ventaja sobre el que sólo tiene ideas falsas. Además, ¿cómo es que los hombres tienen ideas falsas? Por último, ¿cómo puede alguien estar seguro de que tiene ideas que concuerdan con sus objetos? Estas preguntas, repito, las he respondido suficientemente. La diferencia entre una idea verdadera y una idea falsa es clara: de lo dicho en II. XXXV., el primero se relaciona con el segundo como el ser se relaciona con el no ser. Las causas de la falsedad las he expuesto muy claramente en II. xix. y II. XXXV. con la nota. De lo que allí se dice, se hace evidente la diferencia entre un hombre que tiene ideas verdaderas y un hombre que sólo tiene ideas falsas. En cuanto a la última cuestión, acerca de cómo un hombre puede estar seguro de que tiene ideas que concuerdan con sus objetos, acabo de señalar, con abundante claridad, que su conocimiento surge del simple hecho de que tiene una idea que corresponde a su objeto, en otras palabras, que la verdad es su propia norma.

Podemos añadir que nuestra mente, en la medida en que percibe las cosas verdaderamente, es parte del intelecto infinito de Dios (2/11). Corolario.); por lo tanto, las ideas claras y distintas de la mente son necesariamente tan verdaderas como las ideas de Dios.

PUNTAL. XLIV. No está en la naturaleza de la razón considerar las cosas como contingentes, sino como necesarias.

Demostración: Está en la naturaleza de la razón percibir las cosas verdaderamente (por 2/11), es decir, (por 1/2/6), tal como son en sí mismas, es decir, (por 1/29), no como contingentes, sino como necesarias. Q.E.D.

Corolario I: De aquí se sigue que sólo por medio de nuestra imaginación consideramos las cosas como contingentes, ya sea en el futuro o en el pasado.

Nota: Cómo surge este modo de ver las cosas, lo explicaré brevemente. Ya hemos mostrado (por 2/47 y Corolario) que el alma considera siempre las cosas como presentes para sí misma, aunque no existan, hasta que surjan algunas causas que excluyan su existencia y presencia. Más adelante (por 2/18) hemos demostrado que, si el cuerpo humano ha sido afectado una vez por dos cuerpos externos simultáneamente, la mente, cuando imagina después uno de dichos cuerpos externos, recordará inmediatamente el otro, es decir, considerará ambos como presentes para sí, a menos que surjan causas que excluyan su existencia y presencia. Además, nadie duda de que imaginamos el tiempo, por el hecho de que imaginamos que los cuerpos se mueven unos más lentamente que otros, unos más rápidamente, otros a la misma velocidad. Así, supongamos que un niño vio ayer a Pedro por primera vez por la mañana, a Pablo al mediodía y a Simón por la tarde; luego, que hoy vuelve a ver a Pedro por la mañana. Es evidente, desde II. Proposición XVIII, que tan pronto como vea la luz de la mañana, se imaginará que el sol recorrerá las mismas partes del cielo que cuando lo vio el día anterior; en otras palabras, imaginará un día completo, y, junto con su imaginación de la mañana, imaginará a Pedro; al mediodía, se imaginará a Pablo; y con la noche, imaginará a Simón, es decir, imaginará la existencia de Pablo y Simón en relación con un tiempo futuro; por otra parte, si ve a Simón por la noche, referirá a Pedro y a Pablo a un tiempo pasado, imaginándolos simultáneamente con la imaginación de un tiempo pasado. Si en algún momento sucediera que en otra noche el niño viera a Santiago en lugar de a Simón, a la mañana siguiente asociará con su imaginación de la noche a veces a Simón, a veces a Santiago, no a los dos juntos, porque se supone que el niño ha visto, por la noche, a uno u otro de ellos, no a los dos juntos. Por lo tanto, su imaginación vacilará; Y, con la imaginación de las tardes futuras, asociará primero una, luego la otra, es decir, las imaginará en el futuro, ninguna de ellas como segura, pero ambas como contingentes. Esta vacilación de la imaginación será la misma si la imaginación se refiere a las cosas que así contemplamos, en relación con el tiempo pasado o con el tiempo presente; por consiguiente, podemos imaginar las cosas como contingentes, ya sea que se refieran al tiempo presente, pasado o futuro.

Corolario II: Está en la naturaleza de la razón percibir las cosas bajo una cierta forma de eternidad (sub quâdam æternitatis specie).

Demostración: Está en la naturaleza de la razón considerar las cosas no como contingentes, sino como necesarias (por 2/17). La razón percibe esta necesidad de las cosas (por 2/11) verdaderamente, es decir, (por 1/4 Ax., tal como es en sí misma. Pero (por 1/16) esta necesidad de las cosas es la necesidad misma de la naturaleza eterna de Dios; Por lo tanto, está en la naturaleza de la razón considerar las cosas bajo esta forma de eternidad. Podemos añadir que las bases de la razón son las nociones (por 2/38) que responden a cosas comunes a todas y que (por 2/37) no responden a la esencia de ninguna cosa particular, las cuales, por lo tanto, deben concebirse sin ninguna relación con el tiempo, bajo una cierta forma de eternidad.

PUNTAL. XLV. Toda idea de todo cuerpo, o de toda cosa particular que existe realmente, implica necesariamente la esencia eterna e infinita de Dios.

Demostración: La idea de que una cosa particular existe efectivamente implica necesariamente tanto la existencia como la esencia de dicha cosa (por 2/8). Ahora bien, las cosas particulares no pueden concebirse sin Dios (por 1/5); pero, en la medida en que tienen a Dios como su causa, en la medida en que se le considera bajo el atributo del cual las cosas en cuestión son modos, sus ideas deben implicar necesariamente (I. Ax. 4) el concepto de los atributos de esas ideas, es decir, la esencia eterna e infinita de Dios. Q.E.D.

Por existencia no entiendo aquí la duración, es decir, la existencia en cuanto se concibe abstractamente y como una cierta forma de cantidad. Hablo de la naturaleza misma de la existencia, que se asigna a las cosas particulares, porque se siguen en número infinito y de modo infinito de la necesidad eterna de la naturaleza de Dios (I. 16). Hablo, repito, de la existencia misma de las cosas particulares, en cuanto que están en Dios. En efecto, aunque cada cosa particular esté condicionada por otra cosa particular para existir de un modo determinado, sin embargo, la fuerza por la que cada cosa particular persevera en existir se sigue de la necesidad eterna de la naturaleza de Dios (cf. I. 24. Corolario).

PUNTAL. XLVI. El conocimiento de la esencia eterna e infinita de Dios, que toda idea implica, es adecuado y perfecto.

Demostración.– La prueba de la última proposición es universal; y ya sea que una cosa se considere como una parte o como un todo, la idea de ella, ya sea del todo o de una parte (por la última Proposición), involucrará la esencia eterna e infinita de

Dios. Por tanto, lo que da conocimiento de la esencia eterna e infinita de Dios, es común a todos, y es igualmente en la parte y en el todo; por lo tanto, (II. xxxviii.) este conocimiento será adecuado. Q.E.D.

PUNTAL. XLVII. La mente humana tiene un conocimiento adecuado de la esencia eterna e infinita de Dios.

Demostración: El alma humana tiene ideas (por 2/22), a partir de las cuales se percibe a sí misma (por 2/23) y a su propio cuerpo (por 2/19) y cuerpos externos (por 2/16). Corolario. I. y II. xvii.) como realmente existente; por lo tanto, (por 2/44 y xlvi) tiene un conocimiento adecuado de la esencia eterna e infinita de Dios. Q.E.D.

De aquí se deduce que la esencia infinita y la eternidad de Dios son conocidas por todos. Ahora bien, como todas las cosas están en Dios y son concebidas por medio de Dios, podemos inferir de este conocimiento muchas cosas que podemos conocer adecuadamente, y podemos formar esa tercera clase de conocimiento de la que hablamos en la nota a II. XL, y de cuya excelencia y uso tendremos ocasión de hablar en la parte V. Los hombres no tienen un conocimiento tan claro de Dios como lo tienen de las nociones generales, porque son incapaces de imaginar a Dios como lo hacen con los cuerpos, y también porque han asociado el nombre de Dios con imágenes de cosas que tienen la costumbre de ver. como, en efecto, apenas pueden dejar de hacerlo, siendo, como son, hombres, y continuamente afectados por cuerpos externos. Muchos errores, en verdad, pueden atribuirse a este punto, a saber, que no aplicamos nombres a las cosas correctamente. Por ejemplo, cuando un hombre dice que las líneas trazadas desde el centro de un círculo hasta su circunferencia no son iguales, entonces, en todo caso, atribuye a la palabra círculo un significado diferente del que le asignan los matemáticos. De la misma manera, cuando los hombres cometen errores de cálculo, tienen un conjunto de cifras en su mente y otro en el papel. Si pudiéramos ver dentro de sus mentes, no cometen un error; Parece que lo hacen, porque pensamos que tienen los mismos números en su mente que en el papel. Si esto no fuera así, no creeríamos que estaban en un error, como tampoco yo pensé que estaba equivocado un hombre, a quien recientemente oí exclamar que su vestíbulo había volado hacia la gallina de un vecino, porque su significado me pareció suficientemente claro. Han surgido muchas controversias por el hecho de que los hombres no explican correctamente su significado, o no interpretan correctamente el significado de los demás. Porque, de hecho, al contradecirse rotundamente, asumen ahora un lado, ahora otro, del argumento, para oponerse a las opiniones que consideran erróneas y absurdas en sus oponentes.

PUNTAL. XLVIII. En la mente no hay absoluto ni libre albedrío; Pero la mente está determinada a desear esto o aquello por una causa, que también ha sido determinada por otra causa, y esta última por otra causa, y así hasta el infinito.

Demostración: La mente es un modo fijo y determinado de pensar (por 2/11), por lo tanto, no puede ser la causa libre de sus acciones (por 1/7). Corolario. ii.); En otras palabras, no puede tener una facultad absoluta de volición positiva o negativa; pero (por 1/28) debe ser determinada por una causa, que también ha sido determinada por otra causa, y esta última por otra, etcétera. Q.E.D.

De la misma manera se demuestra que no hay en el espíritu ninguna facultad absoluta de entender, desear, amar, etcétera. De donde se sigue que estas facultades y otras semejantes son, o bien completamente ficticias, o son simplemente términos abstractos y generales, como los que estamos acostumbrados a juntar a partir de cosas particulares. Así, el intelecto y la voluntad están en la misma relación con esta o aquella idea, o con esta o aquella volición, como la "lapidez" con esta o aquella piedra, o como el "hombre" con Pedro y Pablo. La causa que lleva a los hombres a considerarse libres ha sido expuesta en el

Apéndice de la Parte I. Pero, antes de proseguir, quisiera hacer notar aquí que, por la voluntad de afirmar y decidir, me refiero a la facultad, no al deseo. Me refiero, repito, a la facultad por la cual la mente afirma o niega lo que es verdadero o falso, no al deseo, con el cual la mente desea o se aparta de una cosa dada. Después de haber demostrado que estas facultades nuestras son nociones generales que no pueden distinguirse de los casos particulares en que se basan, debemos indagar si las voliciones mismas son algo distinto de las ideas de las cosas. Debemos indagar, digo, si hay en la mente alguna afirmación o negación más allá de lo que la idea, en cuanto que es una idea, implica. Sobre este tema véase la siguiente proposición, y II. Def. iii., para que no se sugiera la idea de las imágenes. Porque por ideas no me refiero a las imágenes que se forman en el fondo del ojo o en medio del cerebro, sino a las concepciones del pensamiento.

PUNTAL. XLIX. No hay en el espíritu volición, ni afirmación, ni negación, sino lo que implica una idea, en cuanto que es una idea.

Demostración: No hay en el alma ninguna facultad absoluta de volición positiva o negativa, sino sólo voliciones particulares, a saber, tal o cual afirmación y tal o cual negación. Pensemos ahora en una volición particular, a saber, el modo de pensar por el cual la mente afirma que los tres ángulos interiores de un triángulo son iguales a dos ángulos rectos. Esta afirmación implica la concepción o idea de un triángulo, es decir, sin la idea de un triángulo no se puede concebir. Es lo mismo decir que el concepto A debe implicar el concepto B, como decir que A no puede concebirse sin B. Además, esta afirmación no puede hacerse (II. Hacha. iii.) sin la idea de un triángulo. Por lo tanto, esta afirmación no puede ser ni ser concebida, sin la idea de un triángulo. De nuevo, esta idea de un triángulo debe implicar esta misma afirmación, a saber, que sus tres ángulos interiores son iguales a dos ángulos rectos. Por lo tanto, y viceversa, esta idea de triángulo no puede ser ni ser concebida sin esta afirmación, por lo tanto, esta afirmación pertenece a la esencia de la idea de un triángulo, y no es nada más. Lo que hemos dicho de esta volición (en la medida en que la hemos seleccionado al azar) puede decirse de cualquier otra volición, a saber, que no es más que una idea. Q.E.D.

Corolario: La voluntad y el entendimiento son una misma cosa.

Demostración: La voluntad y el entendimiento no son nada más que las voliciones y las ideas individuales (por 2/118 y nota). Pero una volición particular y una idea particular son una y la misma cosa (según la proposición anterior); Por lo tanto, la voluntad y el entendimiento son una y la misma cosa. Q.E.D.

Nota: De este modo hemos eliminado la causa que comúnmente se asigna al error. Pues ya hemos demostrado más arriba que la falsedad consiste únicamente en la privación del conocimiento, que implica ideas fragmentarias y confusas. Por lo tanto, una idea falsa, en cuanto que es falsa, no implica certeza. Cuando decimos, pues, que un hombre consiente en lo que es falso y que no tiene dudas sobre el tema, no decimos que esté seguro, sino sólo que no duda, o que consiente en lo que es falso, en cuanto que no hay razones que hagan vacilar su imaginación (ver II. 1liv. nota). Así, aunque se suponga que el hombre consiente en lo que es falso, nunca diremos que es seguro. Pues por certeza entendemos algo positivo (por 2/13 y nótese), no simplemente la ausencia de duda.

Sin embargo, a fin de que la proposición precedente pueda ser completamente explicada, llamaré la atención sobre algunos puntos adicionales, y además responderé a las objeciones que puedan presentarse contra nuestra doctrina. Por último, para eliminar todo escrúpulo, he creído oportuno señalar algunas de las ventajas que se derivan de ello. Digo "algunos", porque se apreciarán mejor por lo que expondremos en la quinta parte.

Empiezo, pues, por el primer punto, y advierto a mis lectores que hagan una distinción precisa entre una idea o concepción de la mente y las imágenes de las cosas que imaginamos. Es necesario, además, que distingan entre la idea y la palabra, con lo cual significamos las cosas. Estas tres cosas, a saber, las imágenes, las palabras y las ideas, son confundidas por muchas personas, o bien no se distinguen con suficiente exactitud o cuidado, y por lo tanto, la gente está generalmente en la ignorancia de cuán absolutamente necesario es el conocimiento de esta doctrina de la voluntad, tanto para los propósitos filosóficos como para el sabio ordenamiento de la vida. Los que piensan que las ideas consisten en imágenes que se forman en nosotros por el contacto con los cuerpos exteriores, se persuaden de que las ideas de esas cosas, de las que no podemos formarnos una imagen mental, no son ideas, sino sólo invenciones que inventamos por el libre decreto de nuestra voluntad; Así, consideran las ideas como si fueran imágenes inanimadas en un panel y, llenos de este concepto erróneo, no ven que una idea, en tanto que es una idea, implica una afirmación o una negación. Por otra parte, los que confunden las palabras con las ideas, o con la afirmación que implica una idea, piensan que pueden desear algo contrario a lo que sienten, afirman o niegan. Este concepto erróneo será fácilmente desechado por aquel que reflexione sobre la naturaleza del conocimiento, y viendo que de ninguna manera implica el concepto de extensión, comprenderá claramente que una idea (siendo un modo de pensar) no consiste en la imagen de nada, ni en palabras. La esencia de las palabras y de las imágenes se reúne por medio de movimientos corporales, que de ninguna manera implican la concepción del pensamiento.

Estas pocas palabras sobre este tema serán suficientes: por lo tanto, pasaré a considerar las objeciones que pueden surgir contra nuestra doctrina. De éstas, la primera la proponen aquellos que piensan que la voluntad tiene un alcance más amplio que el entendimiento, y que, por lo tanto, es diferente de él. La razón por la que creen que la voluntad tiene un alcance más amplio que el entendimiento, es que afirman que no tienen necesidad de un aumento en su facultad de asentimiento, es decir, de afirmación o negación, para asentir a una infinidad de cosas que no percibimos, sino que tienen necesidad de un aumento en su facultad de entendimiento. De este modo, la voluntad se distingue del entendimiento, siendo este último finito y el primero infinito. En segundo lugar, se puede objetar que la experiencia parece enseñarnos con especial claridad que somos capaces de suspender nuestro juicio antes de asentir a las cosas que percibimos; Esto se confirma por el hecho de que nadie se dice engañado, en la medida en que percibe algo, sino sólo en la medida en que asiente o disiente.

Por ejemplo, el que finge un caballo alado, no por eso admite que exista un caballo alado; Es decir, no se engaña, a menos que admita además que existe un caballo alado. Por lo tanto, nada parece enseñarse más claramente por la experiencia que el hecho de que la voluntad o facultad de asentimiento es libre y diferente de la facultad de entendimiento. En tercer lugar, se puede objetar que una afirmación no contiene, aparentemente, más realidad que otra; En otras palabras, que no parecemos necesitar para afirmar que lo que es verdadero es verdad, mayor poder que para afirmar que lo que es falso es verdad. Sin embargo, hemos visto que una idea tiene más realidad o perfección que otra, porque así como los objetos son unos más excelentes que otros, así también las ideas de ellos son unas más excelentes que otras; Esto también parece indicar una diferencia entre el entendimiento y la voluntad. En cuarto lugar, se puede objetar: si el hombre no actúa por libre albedrío, ¿qué sucederá si los incentivos para la acción están igualmente equilibrados, como en el caso del de Buridan? ¿Perecerá de hambre y de sed? Si digo que lo haría, pareceré tener en mis pensamientos un o la estatua de un hombre en lugar de un hombre real. Si digo que no lo haría, entonces determinaría su propia acción y, en consecuencia, poseería la facultad de ir y hacer lo que quisiera. También podrían plantearse otras objeciones, pero, como no estoy obligado a poner en evidencia todo lo que alguien pueda soñar, me dedicaré únicamente a la tarea de refutar las que he mencionado, y eso lo más brevemente posible.

A la primera objeción respondió que admito que la voluntad tiene un alcance más amplio que el entendimiento, si por entendimiento se entiende sólo ideas claras y distintas; pero niego que la voluntad tenga un alcance más amplio que las percepciones y la facultad de formar conceptos; ni veo por qué la facultad de la volición debe llamarse infinita, como tampoco la facultad de sentir, porque, así como somos capaces por la misma facultad de la volición de afirmar un número infinito de cosas (una después de la otra, porque no podemos afirmar un número infinito simultáneamente), así también podemos, por la misma facultad de sentir, Siente o percibe (en sucesión) un número infinito de cuerpos. Si se dice que hay un número infinito de cosas que no podemos percibir, respondo que no podemos llegar a tales cosas con ningún pensamiento, ni, por consiguiente, con ninguna facultad de volición. Pero, todavía se puede insistir, si Dios quisiera hacer que los percibiéramos, estaría obligado a dotarnos de una mayor facultad de percepción, pero no de una mayor facultad de volición de la que ya tenemos. Esto es lo mismo que decir que, si Dios quisiera hacer que entendiéramos un número infinito de otras entidades, sería necesario que nos diera una comprensión mayor, pero no una idea más universal de entidad que la que ya tenemos, para poder captar tales entidades infinitas. Hemos demostrado que la voluntad es una entidad o idea universal, por medio de la cual explicamos todas las voliciones particulares, es decir, lo que es común a todas esas voliciones.

Puesto que nuestros adversarios sostienen que esta idea, común o universal a todas las voliciones, es una facultad, no es de extrañar que afirmen que tal facultad se extienda hasta el infinito, más allá de los límites del entendimiento, pues lo universal se predica por igual de uno, de muchos y de un número infinito de individuos.

A la segunda objeción respondo negando que tengamos la facultad libre de suspender nuestro juicio, pues cuando decimos que alguien suspende su juicio, sólo queremos decir que ve, que no percibe adecuadamente el asunto en cuestión. La suspensión del juicio es, por lo tanto, estrictamente hablando, una percepción, y no el libre albedrío. Para ilustrar este punto, supongamos que un niño imagina un caballo y no percibe nada más. En la medida en que esta imaginación implica la existencia del caballo (II. xvii. Corolario), y el muchacho no percibe nada que excluya la existencia del caballo, necesariamente considerará el caballo como presente: no podrá dudar de su existencia, aunque no esté seguro de ella. Tenemos experiencia diaria de tal estado de cosas en sueños; y no creo que haya nadie que sostenga que, mientras está soñando, tiene el libre poder de suspender su juicio sobre las cosas de su sueño, y hacer que no sueñe las cosas que sueña que ve; Sin embargo, sucede que incluso en sueños suspendemos nuestro juicio, es decir, cuando soñamos que estamos soñando.

Además, concedo que nadie puede ser engañado, en la medida en que se extiende la percepción real, es decir, concedo que las imaginaciones de la mente, consideradas en sí mismas, no implican error (II. xvii. nota); pero niego que un hombre, en el acto de la percepción, no haga ninguna afirmación. Porque, ¿cuál es la percepción de un caballo alado, sino afirmar que un caballo tiene alas? Si la mente no pudiera percibir nada más que el caballo alado, lo consideraría como presente para sí misma; no tendría razones para dudar de su existencia, ni ninguna facultad de disentir, a menos que la imaginación de un caballo alado se uniera a una idea que excluyera la existencia de dicho caballo, o a menos que la mente percibiera que la idea que posee de un caballo alado es inadecuada. en cuyo caso, o bien negará necesariamente la existencia de tal caballo, o bien tendrá necesariamente dudas sobre el tema.

Creo que ya he anticipado mi respuesta a la tercera objeción, a saber, que la voluntad es algo universal que se predica de todas las ideas, y que sólo significa lo que es común a todas las ideas, es decir, una afirmación, cuya esencia adecuada debe, por lo tanto, en la medida en que se concibe así en abstracto, estar en todas las ideas, y ser sólo en este aspecto el mismo en todas, no en la medida en que se considera que constituye la esencia de la idea, pues en este aspecto las afirmaciones particulares difieren unas de otras tanto como las ideas. Por ejemplo, la afirmación que implica la idea de un círculo difiere de la que implica la idea de un triángulo, tanto como la idea de un círculo difiere de la idea de un triángulo.

Además, niego rotundamente que necesitemos un poder igual de pensamiento para afirmar que lo que es verdadero es verdad, y para afirmar que lo que es falso es verdad. Estas dos afirmaciones, si consideramos la mente, están en la misma relación entre sí como ser y no ser; porque no hay nada positivo en las ideas que constituya la realidad real de la falsedad (II. xxxv. nota, y xlvii. nota).

Debemos, pues, concluir que nos engañamos fácilmente cuando confundimos los universales con los singulares, y las entidades de la razón y las abstracciones con las realidades. En cuanto a la cuarta objeción, estoy dispuesto a admitir que un hombre colocado en el equilibrio descrito (es decir, que no percibe nada más que hambre y sed, un cierto alimento y una cierta bebida, cada uno igualmente distante de él) moriría de hambre y sed. Si me preguntan si tal persona no debería ser considerada más bien un que un hombre; Respondo que no sé, ni sé cómo se debe considerar a un hombre que se ahorca a sí mismo, ni cómo debemos considerar a los niños, a los tontos, a los locos, etcétera.

Queda por señalar las ventajas del conocimiento de esta doctrina en relación con la conducta, y esto se puede deducir fácilmente de lo que se ha dicho. La doctrina es buena,

1. En cuanto nos enseña a obrar únicamente según el decreto de Dios, y a ser partícipes de la naturaleza divina, tanto más cuanto que realizamos acciones más perfectas y comprendemos más y más a Dios. Semejante doctrina no sólo tranquiliza completamente nuestro espíritu, sino que también nos muestra dónde está nuestra mayor felicidad o bienaventuranza, es decir, únicamente en el conocimiento de Dios, por medio del cual somos inducidos a actuar sólo como el amor y la piedad nos lo pidan. De este modo podemos comprender claramente cuán lejos de una verdadera estimación de la virtud están aquellos que esperan ser condecorados por Dios con grandes recompensas por su virtud y sus mejores acciones, como por haber soportado la más terrible esclavitud; como si la virtud y el servicio de Dios no fueran en sí mismos felicidad y perfecta libertad.

2. En cuanto nos enseña cómo debemos comportarnos con respecto a los dones de la fortuna, o cosas que no están en nuestro poder, y que no se siguen de nuestra naturaleza. Porque nos muestra que debemos esperar y soportar las sonrisas o los ceños fruncidos de la fortuna con un espíritu igual, ya que todas las cosas se siguen del decreto eterno de Dios por la misma necesidad, como se sigue de la esencia de un triángulo, que los tres ángulos son iguales a dos ángulos rectos.

3. Esta doctrina eleva la vida social, en cuanto nos enseña a no odiar a nadie, ni a despreciar, ni a ridiculizar, ni a envidiar, ni a enfadarse con nadie. Además, como nos dice que cada uno debe contentarse con lo suyo y ayudar a su prójimo, no por piedad, favor o superstición femenina, sino únicamente por la guía de la razón, según lo exijan el tiempo y la ocasión, como mostraré en la tercera parte.

4. Por último, esta doctrina confiere no poca ventaja a la comunidad; porque enseña cómo se debe gobernar y conducir a los ciudadanos, no para que se conviertan en esclavos, sino para que puedan hacer libremente las cosas que son mejores.

He cumplido así la promesa hecha al principio de esta nota, y así concluyo la segunda parte de mi tratado. Creo que en ello he explicado la naturaleza y las propiedades de la mente humana con suficiente extensión y, considerando la dificultad del tema, con suficiente claridad. He puesto una base, sobre la cual se pueden levantar muchas conclusiones excelentes de la mayor utilidad y de la más necesaria necesidad de ser conocidas, como se aclarará en parte en lo que sigue.

PARTE III.

SOBRE EL ORIGEN Y LA NATURALEZA DE LAS EMOCIONES

La mayoría de los escritores sobre las emociones y sobre la conducta humana parecen tratar más bien de asuntos externos a la naturaleza que de fenómenos naturales que siguen las leyes generales de la naturaleza. Parecen concebir al hombre como un reino dentro de otro reino, porque creen que perturba el orden de la naturaleza en lugar de seguirlo, que tiene un control absoluto sobre sus acciones y que está determinado únicamente por él mismo. Atribuyen las debilidades y la inconstancia humanas, no al poder de la naturaleza en general, sino a algún defecto misterioso en la naturaleza del hombre, del que por consiguiente se lamentan, ridiculizan, desprecian o, como suele suceder, maltratan: el que logra eliminar la debilidad de la mente humana más elocuentemente o más agudamente que sus semejantes, es considerado como un vidente. Sin embargo, no han faltado hombres muy excelentes (a cuyo trabajo e industria me confieso muy en deuda), que han escrito muchas cosas notables acerca del camino correcto de vida, y han dado muchos consejos sabios a la humanidad. Pero nadie, que yo sepa, ha definido la naturaleza y la fuerza de las emociones, y el poder de la mente contra ellas por su restricción.

No olvido que el ilustre Descartes, aunque creía que la mente tiene poder absoluto sobre sus acciones, se esforzó por explicar las emociones humanas por sus causas primarias y, al mismo tiempo, por señalar un camino por el cual la mente podría alcanzar el dominio absoluto sobre ellas. Sin embargo, en mi opinión, no logra nada más que una demostración de la agudeza de su propio gran intelecto, como mostraré en el lugar apropiado. Por el momento, deseo volver a aquellos que prefieren abusar o ridiculizar las emociones humanas antes que comprenderlas. Tales personas pensarán, sin duda, que es extraño que yo trate de tratar el vicio y la locura humanos geométricamente, y que deseen exponer con un razonamiento rígido aquellos asuntos contra los que claman como repugnantes a la razón, frívolos, absurdos y terribles. Sin embargo, ese es mi plan. Nada sucede en la naturaleza, que pueda atribuirse a un defecto en ella; porque la naturaleza es siempre la misma, y en todas partes una y la misma en su eficacia y poder de acción; es decir, las leyes y ordenanzas de la naturaleza, por las que todas las cosas suceden y cambian de una forma a otra, son en todas partes y siempre las mismas; de modo que debería haber un solo y el mismo método para comprender la naturaleza de todas las cosas, a saber, a través de las leyes y reglas universales de la naturaleza. Así, las pasiones del odio, de la ira, de la envidia, etcétera., consideradas en sí mismas, se derivan de esta misma necesidad y eficacia de la naturaleza; Responden a ciertas causas determinadas, por las cuales se entienden, y poseen ciertas propiedades tan dignas de ser conocidas como las propiedades de cualquier otra cosa, de las cuales la contemplación en sí misma nos proporciona deleite. Trataré, por lo tanto, de la naturaleza y fuerza de las emociones de acuerdo con el mismo método que empleé hasta ahora en mis investigaciones acerca de Dios y la mente. Consideraré las acciones y los deseos humanos exactamente de la misma manera, como si me interesaran las líneas, los planos y los sólidos.

DEFINICIONES

I. Por causa adecuada, entiendo una causa a través de la cual su efecto puede ser percibido clara y distintamente. Por causa inadecuada o parcial entiendo una causa a través de la cual, por sí misma, no se puede entender su efecto.

II. Digo que actuamos cuando sucede algo que sucede, ya sea dentro de nosotros o externamente a nosotros, de lo cual somos la causa adecuada; Esto es (según la definición anterior) cuando a través de nuestra naturaleza sucede algo dentro de nosotros o fuera de nosotros, que sólo por nuestra naturaleza puede ser entendido clara y distintamente. Por otra parte, digo que somos pasivos con respecto a algo cuando ese algo tiene lugar dentro de nosotros, o se sigue de nuestra naturaleza externamente, siendo nosotros sólo la causa parcial.

III. Por emoción entiendo las modificaciones del cuerpo, por las cuales la potencia activa de dicho cuerpo se incrementa o disminuye, se ayuda o se constriñe, y también las ideas de tales modificaciones.

N.B. Si podemos ser la causa adecuada de cualquiera de estas modificaciones, entonces llamo a la emoción una actividad, de lo contrario, la llamo una pasión, o un estado en el que la mente es pasiva.

POSTULADOS

I. El cuerpo humano puede ser afectado de muchas maneras, por lo que su poder de actividad aumenta o disminuye, y también de otras maneras que no hacen que su poder de actividad sea mayor o menor.

N.B. Este postulado o axioma descansa en el postulado i. y en los lemas v y vii., que véanse después II. Xiii.

II. El cuerpo humano puede sufrir muchos cambios y, sin embargo, retener las impresiones o rastros de los objetos (cf. II. Post v.), y, por consiguiente, las mismas imágenes de las cosas (ver nota II. xvii.).

PUNTAL. I. Nuestra mente es en ciertos casos activa, y en ciertos casos pasiva. En la medida en que tiene ideas adecuadas, es necesariamente activo, y en la medida en que tiene ideas inadecuadas, es necesariamente pasivo.

Demostración: En cada mente humana hay algunas ideas adecuadas y algunas ideas que son fragmentarias y confusas (2/11, nota). Aquellas ideas que son adecuadas en la mente son adecuadas también en Dios, en la medida en que él constituye la esencia de la mente (II. xl. Corolario), y las que son inadecuadas en la mente son igualmente (por el mismo Corolario) adecuadas en Dios, no en cuanto que contiene en sí mismo la esencia de la mente dada solamente, sino en cuanto contiene, al mismo tiempo, las mentes de otras cosas. De nuevo, de cualquier idea dada debe seguirse necesariamente algún efecto (I. 36); de este efecto, Dios es la causa adecuada (por 3/4 de/2), no en cuanto que es infinito, sino en cuanto que se le concibe afectado por la idea dada (por 2/9). Pero de aquel efecto del cual Dios es la causa, en cuanto que es afectado por una idea que es adecuada en una mente dada, de ese efecto, repito, la mente en cuestión es la causa adecuada (II. Corolario). Por lo tanto, nuestro espíritu, en la medida en que tiene ideas adecuadas (por 3/2 de/s.), es en ciertos casos necesariamente activo; Este fue nuestro primer punto. Además, todo lo que se sigue necesariamente de la idea que es adecuada en Dios, no en virtud de que posea en sí mismo la mente de un solo hombre, sino en virtud de que contenga, junto con la mente de ese hombre, también las mentes de otras cosas, de tal efecto (2/1. Corolario.) La mente del hombre dado no es una causa adecuada, sino sólo parcial; así (por 3/2 por 2) el espíritu, en cuanto que tiene ideas inadecuadas, es en ciertos casos necesariamente pasivo; Este fue nuestro segundo punto. Por lo tanto, nuestra mente, etcétera. Q.E.D.

Corolario: De aquí se sigue que el alma es más o menos susceptible de ser actuada en la medida en que posee ideas inadecuadas y, por el contrario, es más o menos activa en la medida en que posee ideas adecuadas.

PUNTAL. II. El cuerpo no puede determinar la mente para pensar, ni la mente puede determinar el cuerpo para el movimiento o el reposo o cualquier estado diferente de estos, si es que lo hay.

Demostración: Todos los modos de pensar tienen por causa a Dios, en virtud de que es cosa pensante, y no en virtud de que se manifieste bajo cualquier otro atributo (por 2/6). Por lo tanto, lo que determina la mente al pensamiento es un modo de pensamiento, y no un modo de extensión; es decir, (II. Def. i.), no es cuerpo. Este fue nuestro primer punto. Por otra parte, el movimiento y el reposo de un cuerpo deben surgir de otro cuerpo, que también ha sido determinado a un estado de movimiento o reposo por un tercer cuerpo, y absolutamente todo lo que sucede en un cuerpo debe surgir de Dios, en la medida en que se le considera afectado por algún modo de extensión. y no por algún modo de pensamiento (II. vi.); es decir, no puede surgir de la mente, que es un modo de pensamiento. Este fue nuestro segundo punto. Luego el cuerpo no puede determinar la mente, etcétera. Q.E.D.

Nota.—Esto se aclara más por lo que se dijo en la nota a II. A saber, que la mente y el cuerpo son una y la misma cosa, concebida primero bajo el atributo del pensamiento, y en segundo lugar, bajo el atributo de la extensión. De aquí se sigue que el orden o concatenación de las cosas es idéntico, tanto si la naturaleza se concibe bajo un atributo como bajo el otro; En consecuencia, el orden de los estados de actividad y pasividad en nuestro cuerpo es simultáneo en la naturaleza con el orden de los estados de actividad y pasividad en la mente. La misma conclusión es evidente por la manera en que probamos II. Xii.

Sin embargo, aunque tal sea el caso, y aunque no haya más lugar para la duda, apenas puedo creer, hasta que el hecho sea probado por la experiencia, que los hombres puedan ser inducidos a considerar la cuestión con calma y justicia, tan firmemente están convencidos de que es simplemente por voluntad de la mente que el cuerpo se pone en movimiento o en reposo. o realiza una variedad de acciones dependiendo únicamente de la voluntad de la mente o del ejercicio del pensamiento. Sin embargo, hasta ahora nadie ha establecido los límites de las potencias del cuerpo, es decir, nadie ha aprendido todavía por la experiencia lo que el cuerpo puede realizar únicamente por las leyes de la naturaleza, en la medida en que se considera como una extensión. Nadie ha llegado hasta ahora a un conocimiento tan exacto del mecanismo corporal, que pueda explicar todas sus funciones; y no necesito llamar la atención sobre el hecho de que en los animales inferiores se observan muchas acciones que trascienden con mucho la sagacidad humana, y que los sonámbulos hacen muchas cosas en su sueño, que no se atreverían a hacer cuando están despiertos: estos ejemplos son suficientes para demostrar que el cuerpo puede, por las solas leyes de su naturaleza, hacer muchas cosas que maravillan a la mente.

Por otra parte, nadie sabe cómo o por qué medios la mente mueve el cuerpo, ni cuántos diversos grados de movimiento puede impartir al cuerpo, ni cuán rápidamente puede moverlo. Así, cuando los hombres dicen que tal o cual acción física tiene su origen en la mente, que tiene dominio sobre el cuerpo, están usando palabras sin significado, o están confesando en fraseología engañosa que ignoran la causa de dicha acción, y no se maravillan de ella.

Pero, dirán, ya sea que sepamos o no los medios por los cuales la mente actúa sobre el cuerpo, tenemos, en todo caso, experiencia del hecho de que, a menos que la mente humana esté en un estado apto para pensar, el cuerpo permanece inerte. Además, tenemos la experiencia de que sólo la mente puede determinar si hablamos o estamos en silencio, y una variedad de estados similares que, según decimos, dependen del decreto de la mente. Pero, en cuanto al primer punto, pregunto a tales objetores si la experiencia no enseña también que, si el cuerpo está inactivo, la mente es simultáneamente incapaz de pensar. Porque cuando el cuerpo está en reposo durante el sueño, la mente también se encuentra simultáneamente en un estado de letargo, y no tiene poder de pensar, como el que posee cuando el cuerpo está despierto. Por otra parte, creo que la experiencia de todos confirmará la afirmación de que la mente no es en todo momento igualmente apta para pensar sobre un tema dado, sino que según que el cuerpo esté más o menos apto para ser estimulado por la imagen de tal o cual objeto, así también la mente está más o menos apta para contemplar dicho objeto.

Pero, se dirá, es imposible que sólo de las leyes de la naturaleza, consideradas como sustancia extensa, podamos deducir las causas de los edificios, cuadros y cosas de esa clase, que sólo son producidas por el arte humano; ni el cuerpo humano, a menos que fuera determinado y guiado por la mente, sería capaz de construir un solo templo. Sin embargo, acabo de señalar que los objetores no pueden fijar los límites de la potencia del cuerpo, ni decir lo que se puede concluir de una consideración de su única naturaleza, mientras que tienen experiencia de muchas cosas que se realizan únicamente por las leyes de la naturaleza, que nunca habrían creído posibles si no fuera bajo la dirección de la mente: Tales son las acciones que realizan los sonámbulos mientras duermen, y las que sus ejecutantes admiran cuando están despiertos. Quisiera llamar la atención sobre el mecanismo del cuerpo humano, que supera con mucho en complejidad a todo lo que ha sido reunido por el arte humano, para no repetir lo que ya he demostrado, a saber, que de la naturaleza, bajo cualquier atributo que se la considere, se siguen resultados infinitos. En cuanto a la segunda objeción, sostengo que el mundo sería mucho más feliz si los hombres fueran tan capaces de guardar silencio como lo son de hablar. La experiencia demuestra abundantemente que los hombres pueden gobernar cualquier cosa más fácilmente que sus lenguas, y refrenar cualquier cosa más fácilmente que sus apetitos; Cuando sucede que muchos creen que sólo somos libres con respecto a los objetos que deseamos moderadamente, porque nuestro deseo por tales objetos puede ser fácilmente controlado por el pensamiento de otra cosa que recordamos con frecuencia, pero que de ninguna manera somos libres con respecto a lo que buscamos con emoción violenta, porque nuestro deseo no puede ser aliviado con el recuerdo de ninguna otra cosa. Sin embargo, a menos que tales personas hubieran demostrado por experiencia que hacemos muchas cosas de las que luego nos arrepentimos, y también que a menudo, cuando nos asaltan emociones contrarias, vemos lo mejor y seguimos lo peor, no habría nada que les impidiera creer que somos libres en todas las cosas. Así, un niño cree que por su propia voluntad desea leche, un niño enojado cree que desea venganza libremente, un niño tímido cree que desea huir libremente; Además, un hombre borracho cree que pronuncia por la libre decisión de su mente palabras que, cuando está sobrio, habría retenido de buena gana; así, también, un hombre delirante, una mujer parlanchina, un niño y otros de complexión similar, creen que hablan desde la libre decisión de su mente, cuando en realidad son incapaces de contener su impulso de hablar. La experiencia nos enseña, no menos claramente que la razón, que los hombres se creen libres, simplemente porque son conscientes de sus acciones e inconscientes de las causas por las que esas acciones están determinadas; Y, además, es evidente que los dictados de la mente no son más que otro nombre para los apetitos, y por lo tanto varían según el estado variable del cuerpo. Cada uno moldea sus acciones de acuerdo con su emoción, aquellos que son asaltados por emociones conflictivas no saben lo que desean; Aquellos que no son atacados por ninguna emoción son fácilmente influenciados de una manera u otra. Todas estas consideraciones muestran claramente que una decisión mental y un apetito corporal, o estado determinado, son simultáneos, o más bien son una misma cosa, que llamamos decisión, cuando se considera y se explica por el atributo del pensamiento, y un estado condicionado, cuando se considera bajo el atributo de extensión y se deduce de las leyes del movimiento y del reposo. Esto aparecerá aún más claramente en la secuela. Por el momento, deseo llamar la atención sobre otro punto, a saber, que no podemos actuar por decisión de la mente, a menos que tengamos un recuerdo de haberlo hecho. Por ejemplo, no podemos decir una palabra sin recordar que lo hemos hecho. Una vez más, no está dentro del libre poder de la mente recordar u olvidar una cosa a voluntad. Por lo tanto, la libertad del espíritu debe limitarse en todo caso a la facultad de pronunciar o no pronunciar algo que recuerde. Pero cuando soñamos que hablamos, creemos que hablamos por libre decisión de la mente, pero no hablamos, o, si lo hacemos, es por un movimiento espontáneo del cuerpo. De nuevo, soñamos que estamos ocultando algo, y parece que actuamos por la misma decisión de la mente que aquella, por la cual guardamos silencio cuando estamos despiertos acerca de algo que conocemos. Por último, soñamos que por la libre decisión de nuestra mente hacemos algo que no deberíamos atrevernos a hacer cuando estamos despiertos.

Ahora bien, me gustaría saber si hay en la mente dos clases de decisiones, una de las ilusorias y la otra de las libres. Si nuestra locura no nos lleva hasta aquí, necesariamente debemos admitir que la decisión de la mente, que se cree libre, no se distingue de la imaginación o de la memoria, y no es más que la afirmación de que una idea, por el hecho de ser una idea, implica necesariamente (2/14). Por lo tanto, estas decisiones de la mente nacen en la mente por la misma necesidad que las ideas de las cosas que existen en acto. Por lo tanto, aquellos que creen que hablan o guardan silencio o actúan de cualquier manera por la libre decisión de su mente, no hacen más que soñar con los ojos abiertos.

PUNTAL. III. Las actividades de la mente surgen únicamente de ideas adecuadas; Los estados pasivos de la mente dependen únicamente de ideas inadecuadas.

Demostración: El primer elemento, que constituye la esencia del espíritu, no es otra cosa que la idea del cuerpo realmente existente (por 2/11 y 13), que se compone de muchas otras ideas, de las cuales algunas son adecuadas y otras inadecuadas (por 2/2. Corol., II. XXXVIII. Corolario). Por lo tanto, todo lo que se sigue de la naturaleza de la mente y tiene la mente como causa próxima, a través de la cual debe ser comprendido, debe seguirse necesariamente de una idea adecuada o de una idea inadecuada. Pero en la medida en que el alma tiene ideas inadecuadas, es necesariamente pasiva; por lo tanto, las actividades de la mente se siguen únicamente de ideas adecuadas, y, por consiguiente, la mente sólo es pasiva en cuanto tiene ideas inadecuadas. Q.E.D.

Vemos, pues, que los estados pasivos no se atribuyen a la mente sino en la medida en que contiene algo que implica negación, o en cuanto que se la considera como una parte de la naturaleza que no puede ser percibida clara y distintamente por sí misma sin las demás partes; así podría demostrar que los estados pasivos se atribuyen a las cosas individuales de la misma manera que se atribuyen a la mente. y que no pueden ser percibidos de otra manera, sino que mi propósito es únicamente tratar de la mente humana.

PUNTAL. IV. Nada puede ser destruido, excepto por una causa externa a sí mismo.

Demostración: Esta proposición es evidente por sí misma, porque la definición de cualquier cosa afirma la esencia de esa cosa, pero no la niega; En otras palabras, postula la esencia de la cosa, pero no la quita. Por lo tanto, mientras consideremos sólo la cosa misma, sin tener en cuenta las causas externas, no podremos encontrar en ella nada que pueda destruirla. Q.E.D.

PUNTAL. Las cosas son naturalmente contrarias, es decir, no pueden existir en el mismo objeto, en cuanto que una es capaz de destruir a la otra.

Demostración: Si pudiese convenir o coexistir en un mismo objeto, entonces habría en dicho objeto algo que podría destruirlo; Pero esto, con la proposición anterior, es absurdo, por lo tanto, las cosas, etcétera. Q.E.D.

PUNTAL. VI. Cada cosa, en cuanto es en sí misma, se esfuerza por persistir en su propio ser.

Demostración: Las cosas individuales son modos por los cuales los atributos de Dios se expresan de un modo determinado (por 1/25). Corolario.); es decir, (I. xxxiv.), son cosas que expresan de una manera determinada el poder de Dios, por el cual Dios es y actúa; ahora bien, ninguna cosa contiene en sí misma nada por lo que pueda ser destruida o que pueda quitarle la existencia (por 3/4); pero, por el contrario, se opone a todo lo que pueda arrebatarle su existencia (III. v.). Por lo tanto, en la medida en que puede, y en la medida en que es en sí mismo, se esfuerza por persistir en su propio ser. Q.E.D.

PUNTAL. VII. El esfuerzo con el que cada cosa se esfuerza por persistir en su propio ser, no es otra cosa que la esencia real de la cosa en cuestión.

Demostración: De la esencia dada de cualquier cosa se siguen necesariamente ciertas consecuencias (por 1/36), y las cosas no tienen otra potencia que la que se sigue necesariamente de su naturaleza determinada (por 1/29); por lo tanto, la potencia de una cosa dada, o el esfuerzo por el cual, sola o con otras cosas, actúa, o se esfuerza por obrar, es decir, el poder o esfuerzo con el que se esfuerza por persistir en su propio ser, no es otra cosa que la esencia dada o real de la cosa de que se trata. Q.E.D.

PUNTAL. VIII. El esfuerzo por el cual una cosa se esfuerza por persistir en su propio ser, no implica un tiempo finito, sino un tiempo indefinido.

Demostración: Si se tratara de un tiempo limitado, que determinara la duración de la cosa, entonces se seguiría únicamente de esa potencia por la que la cosa existe, que la cosa no podría existir más allá de los límites de ese tiempo, sino que debía ser destruida; pero esto (III. iv.) es absurdo. Por lo tanto, el esfuerzo con el que existe una cosa no implica un tiempo determinado; pero, por el contrario, puesto que por el mismo poder por el que ya existe continuará siempre existiendo, a menos que sea destruido por alguna causa externa, este esfuerzo implica un tiempo indefinido.

PUNTAL. IX. La mente, tanto en la medida en que tiene ideas claras y distintas, como en la medida en que tiene ideas confusas, se esfuerza por persistir en su ser por un período indefinido, y de este esfuerzo es consciente.

Demostración: La esencia del alma está constituida por ideas adecuadas e inadecuadas (por 3/3), y por eso (por 3/7), tanto en cuanto que posee las primeras como en la medida en que posee las últimas, se esfuerza por persistir en su propio ser, y eso por un tiempo indefinido (por 3/8). Ahora bien, así como el alma es necesariamente consciente de sí misma por las ideas de las modificaciones del cuerpo, la mente es, por eso (por 3/7) consciente de su propio esfuerzo.

Nota: Este esfuerzo, cuando se refiere únicamente a la mente, se llama voluntad, y cuando se refiere a la mente y al cuerpo en conjunto, se llama apetito; De hecho, no es otra cosa que la esencia del hombre, de cuya naturaleza se siguen necesariamente todos los resultados que tienden a su conservación; y que el hombre ha sido así determinado a realizar.

Entre el apetito y el deseo no hay diferencia, salvo que el término deseo se aplica generalmente a los hombres, en cuanto que son conscientes de su apetito, y por consiguiente puede definirse así: El deseo es apetito con conciencia de él. De lo dicho se deduce, pues, que en ningún caso nos esforzamos, deseamos, anhelamos o deseamos algo porque lo consideremos bueno, sino que, por otra parte, consideramos que una cosa es buena, porque nos esforzamos por ella, la deseamos, la anhelamos o la deseamos.

PUNTAL. X. Una idea que excluye la existencia de nuestro cuerpo no puede ser postulada en nuestra mente, sino que es contraria a ella.

Demostración: Todo lo que puede destruir nuestro cuerpo no puede ser postulado en él (por 3/5). Por lo tanto, tampoco puede darse en Dios la idea de tal cosa, en cuanto que tiene la idea de nuestro cuerpo (por 2/9. Corolario.); es decir, (por 2/1/13), la idea de esa cosa no puede postularse como en nuestra mente, sino que, por el contrario, puesto que el primer elemento que constituye la esencia de la mente es la idea del cuerpo humano como realmente existente, se sigue que el primer y principal esfuerzo de nuestra mente es el esfuerzo por afirmar la existencia de nuestro cuerpo. Así, una idea que niega la existencia de nuestro cuerpo es contraria a nuestra mente, etcétera. Q.E.D.

PUNTAL. XI. Todo lo que aumenta o disminuye, ayuda o dificulta el poder de la actividad en nuestro cuerpo, la idea de ello aumenta o disminuye, ayuda o dificulta el poder del pensamiento en nuestra mente.

Demostración: Esta proposición se deduce claramente de II. vii. o de II. Xiv.

Así vemos que la mente puede sufrir muchos cambios, y puede pasar unas veces a un estado de mayor perfección, otras a un estado de menor perfección. Estos estados pasivos de transición nos explican las emociones de placer y dolor. Por placer, pues, en las siguientes proposiciones entenderé un estado pasivo en el que el alma pasa a una mayor perfección. Por dolor me referiré a un estado pasivo en el que la mente pasa a una perfección menor. A la emoción del placer en relación con el cuerpo y la mente juntos la llamaré estímulo (titillatio) o alegría (hilaritas), y a la emoción del dolor en la misma relación la llamaré sufrimiento o melancolía. Pero debemos tener en cuenta que el estímulo y el sufrimiento se atribuyen al hombre, cuando una parte de su naturaleza está más afectada que el resto, la alegría y la melancolía, cuando todas las partes están igualmente afectadas. Lo que entiendo por deseo lo he explicado en la nota a la Proposición IX. de esta parte; más allá de estas tres, no reconozco ninguna otra emoción primaria; A medida que promuevo, mostraré que todas las demás emociones surgen de estas tres. Pero, antes de seguir adelante, me gustaría explicar aquí con mayor extensión la proposición X de esta parte, a fin de que podamos comprender claramente cómo una idea es contraria a otra. En la nota a II. XVII. Hemos demostrado que la idea, que constituye la esencia de la mente, implica la existencia del cuerpo, en tanto que el cuerpo mismo existe. De nuevo, se deduce de lo que señalamos en el Corolario II. VIII, que la existencia presente de nuestra mente depende únicamente del hecho de que la mente implica la existencia real del cuerpo. Por último, hemos demostrado (por 2/7, 18 y nota) que la potencia de la mente, por medio de la cual imagina y recuerda cosas, depende también del hecho de que implica la existencia real del cuerpo. De donde se sigue que la existencia presente de la mente y su facultad de imaginar se eliminan tan pronto como la mente cesa de afirmar la existencia presente del cuerpo. Ahora bien, la causa por la que el alma deja de afirmar la existencia del cuerpo no puede ser la mente misma (por 3/4), ni tampoco el hecho de que el cuerpo deje de existir. Pues (por 2/6) la causa por la que la mente afirma la existencia del cuerpo, no es que el cuerpo haya comenzado a existir; Por lo tanto, por la misma razón, no cesa de afirmar la existencia del cuerpo, porque el cuerpo deja de existir; pero (por 2/17) este resultado se sigue de otra idea, que excluye la existencia presente de nuestro cuerpo y, por consiguiente, de nuestra mente, y que, por lo tanto, es contraria a la idea que constituye la esencia de nuestra mente.

PUNTAL. XII. La mente, en la medida de lo posible, se esfuerza por concebir aquellas cosas que aumentan o ayudan al poder de actividad en el cuerpo.

Demostración: En la medida en que el cuerpo humano es afectado de un modo que implica la naturaleza de cualquier cuerpo externo, el alma humana considerará ese cuerpo exterior como presente (por 2/77), y por consiguiente (por 2/7), en tanto que el alma humana considera un cuerpo externo como presente, es decir, (por 2/77), lo concibe, el cuerpo humano es afectado de un modo. que involucra la naturaleza de dicho cuerpo externo; así, en tanto que la mente concibe cosas que aumentan o ayudan a la potencia de actividad de nuestro cuerpo, el cuerpo se ve afectado en modos que aumentan o ayudan a su potencia de actividad (por 3/1); por consiguiente (por 3/11), la facultad de pensar de la mente se incrementa o se ayuda durante ese período. Así, en la medida de lo posible, la mente se esfuerza por imaginar tales cosas. Q.E.D.

PUNTAL. XIII. Cuando la mente concibe cosas que disminuyen o dificultan el poder de actividad del cuerpo, se esfuerza, en la medida de lo posible, por recordar las cosas que excluyen la existencia de las primeras cosas nombradas.

Demostración: Mientras la mente concibe algo de la clase aludida, el poder de la mente y del cuerpo se ve disminuido o constreñido (cf. III. Prueba); sin embargo, continuará concibiéndolo, hasta que la mente conciba algo más, que excluya su existencia presente (II. xvii.); es decir, (como acabo de mostrar), el poder de la mente y del cuerpo disminuye o se constriñe hasta que la mente concibe otra cosa que excluye la existencia de la primera cosa concebida; por lo tanto, la mente (por 3/9), en la medida de lo posible, se esforzará por concebir o recordar la última. Q.E.D.

Corolario: De aquí se sigue que el alma se abstiene de concebir las cosas que disminuyen o constriñen la potencia de sí misma y del cuerpo.

Nota: De lo dicho se deduce claramente la naturaleza del amor y del odio. El amor no es otra cosa que placer acompañado de la idea de una causa externa: el odio no es otra cosa que dolor acompañado de la idea de una causa externa. Vemos, además, que el que ama se esfuerza necesariamente por tener y tener presente el objeto de su amor; mientras que el que odia se esfuerza por eliminar y destruir el objeto de su odio. Pero trataré de estos asuntos con más detalle más adelante.

PUNTAL. XIV. Si la mente ha sido afectada una vez por dos emociones al mismo tiempo, siempre que sea afectada posteriormente por una de estas dos, también será afectada por la otra.

Demostración: Si el cuerpo humano ha sido afectado una vez por dos cuerpos a la vez, cada vez que el alma concibe uno de ellos, se acordará inmediatamente del otro (por 2/18). Pero las concepciones de la mente indican más bien las emociones de nuestro cuerpo que la naturaleza de los cuerpos externos (II. Corolario. ii.); por lo tanto, si el cuerpo y, por consiguiente, el alma han sido afectados una vez por dos emociones al mismo tiempo, siempre que sea afectado después por una de las dos, también será afectado por la otra.

PUNTAL. XV. Cualquier cosa puede, accidentalmente, ser causa de placer, dolor o deseo.

Demostración: Concedamos que el alma se ve afectada simultáneamente por dos afectos, de los cuales uno no aumenta ni disminuye su potencia de actividad, y el otro aumenta o disminuye dicho poder (por 3/1). De la proposición precedente se deduce que, siempre que el alma es afectada posteriormente por la primera, por su causa verdadera, que (por hipótesis) no aumenta ni disminuye su poder de acción, será al mismo tiempo afectada por la última, que aumenta o disminuye su poder de actividad, es decir, será afectada por el placer o el dolor. Así, la primera de las dos emociones será, no por sí misma, sino accidentalmente, la causa del placer o del dolor. De la misma manera también se puede demostrar fácilmente que una cosa puede ser accidentalmente la causa del deseo. Q.E.D.

Corolario: Por el simple hecho de que hayamos considerado una cosa con la emoción del placer o del dolor, aunque esa cosa no sea la causa eficiente de la emoción, podemos amarla u odiarla.

Demostración: Pues de este solo hecho se deduce (por 3/44) que el espíritu, al concebir después de dicha cosa, es afectado por el afecto del placer o del dolor, es decir, según que la potencia del alma y del cuerpo pueda aumentar o disminuir, etcétera. y, por consiguiente (3/11), según que la mente desee o se abstenga de concebirla (por 3/13. Corolario), en otras palabras (por 3/13), según que pueda amar u odiar lo mismo. Q.E.D.

De ahí que se entienda cómo puede suceder que amemos u odiemos una cosa sin que nos sea conocida ninguna causa de nuestro afecto; Simplemente, como se suele decir, de simpatía o antipatía. Deberíamos referirnos a la misma categoría a aquellos objetos que nos afectan placentera o dolorosamente, simplemente porque se parecen a otros objetos que nos afectan de la misma manera. Esto lo mostraré en la próxima Prop. Sé que ciertos autores, que fueron los primeros en introducir estos términos "simpatía" y "antipatía", quisieron significar con ello algunas cualidades ocultas en las cosas; sin embargo, creo que se nos puede permitir usar los mismos términos para indicar cualidades conocidas o manifiestas.

PUNTAL. XVI. Simplemente por el hecho de que concebimos que un objeto dado tiene algún punto de semejanza con otro objeto que suele afectar la mente placentera o dolorosamente, aunque el punto de semejanza no sea la causa eficiente de dichas emociones, todavía consideraremos el primer objeto nombrado con amor u odio.

Demostración: El punto de semejanza estaba en el objeto (por hipótesis), cuando lo mirábamos con placer o con dolor, así (por 3/14), cuando el alma es afectada por la imagen de él, será inmediatamente afectada por una u otra emoción y, por consiguiente, la cosa que percibimos que tiene el mismo punto de semejanza. será accidentalmente (III. xv.) una causa de placer o dolor. Así, pues, (por el Corolario que antecede), aunque el punto en que los dos objetos se asemejan entre sí no sea la causa eficiente de la emoción, sin embargo, consideraremos el primer objeto nombrado con amor u odio. Q.E.D.

PUNTAL. XVII. Si concebimos que una cosa que suele afectarnos dolorosamente tiene algún punto de semejanza con otra cosa que suele afectarnos con una emoción igualmente fuerte de placer, odiaremos la primera cosa nombrada, y al mismo tiempo la amaremos.

Demostración: La cosa dada es en sí misma causa de dolor, y en la medida en que la imaginamos con esta emoción, la odiaremos; además, en la medida en que concebimos que tiene algún punto de semejanza con otra cosa que suele afectarnos con una emoción de placer igualmente fuerte. lo amaremos con un impulso igualmente fuerte de placer (III. xvi.); De este modo, odiaremos y amaremos la misma cosa. Q.E.D.

Esta disposición del espíritu, que surge de dos emociones contrarias, se llama vacilación; se encuentra con las emociones en la misma relación que la duda con la imaginación (II. xliv. nota); La vacilación y la duda no difieren la una de la otra, excepto en la medida en que lo mayor difiere de lo menor. Pero hay que tener en cuenta que he deducido esta vacilación de las causas, que dan origen por sí mismas a una de las emociones, y a la otra accidentalmente. Lo he hecho para que se deduzcan más fácilmente de lo que ha pasado; pero no niego que la vacilación de la disposición provenga generalmente de un objeto, que es la causa eficiente de ambos afectos. El cuerpo humano está compuesto (por 2/1/1) de una variedad de partes individuales de diferente naturaleza, y por lo tanto (Ax.i. después de Lemma iii. después de II. xiii.) puede ser afectado en una variedad de maneras diferentes por un mismo cuerpo; Y a la inversa, así como una misma cosa puede ser afectada de muchas maneras, también puede afectar de muchas maneras diferentes a una misma parte del cuerpo. Por lo tanto, podemos concebir fácilmente que un mismo objeto puede ser la causa de muchas emociones contradictorias.

PUNTAL. XVIII. Un hombre es afectado tanto placentera o dolorosamente por la imagen de una cosa pasada o futura como por la imagen de una cosa presente.

Demostración: Mientras un hombre esté afectado por la imagen de algo, considerará esa cosa como presente, aunque no exista (por 2/77 y Corol), no la concebirá como pasada o futura, sino en la medida en que su imagen esté unida a la imagen del tiempo pasado o futuro (por 2/1liv). Por lo tanto, la imagen de una cosa, considerada sólo en sí misma, es idéntica, ya se refiera al tiempo pasado, al tiempo futuro o al tiempo presente; es decir, (II. xvi. La disposición o emoción del cuerpo es idéntica, ya sea que la imagen sea de una cosa pasada, futura o presente. Así, la emoción del placer o del dolor es la misma, ya sea que la imagen sea de una cosa pasada o futura. Q.E.D.

A una cosa la llamo pasada o futura, según que hayamos sido o seamos afectados por ella. Por ejemplo, según lo que lo hemos visto, o estamos a punto de verlo, según lo que nos ha recreado, o nos recreará, según nos ha dañado o nos dañará. Porque, tal como la concebimos así, afirmamos su existencia; es decir, el cuerpo no es afectado por ninguna emoción que excluya la existencia de la cosa, y por lo tanto (por 2/77) el cuerpo es afectado por la imagen de la cosa, de la misma manera que si la cosa estuviera realmente presente. Sin embargo, como suele suceder que aquellos que han tenido muchas experiencias vacilan mientras consideran una cosa como futura o pasada, y suelen tener dudas sobre su resultado (II. xliv. nota); De aquí se deduce que las emociones que surgen de imágenes similares de las cosas no son tan constantes, sino que generalmente son perturbadas por las imágenes de otras cosas, hasta que los hombres se aseguran de ello.

Nota II.—De lo que acabamos de decir, comprendemos lo que significan los términos Esperanza, Temor, Confianza, Desesperación, Alegría y Desilusión. [5] La esperanza no es otra cosa que un placer inconstante, que surge de la imagen de algo futuro o pasado, de lo cual aún no sabemos el resultado. El miedo, por otra parte, es un dolor inconstante que surge también de la imagen de algo sobre lo que dudamos. Si se elimina el elemento de la duda de estas emociones, la esperanza se convierte en confianza y el miedo en desesperación. En otras palabras, el placer o el dolor que surge de la imagen de algo con lo que hemos esperado o temido. De nuevo, el gozo es el placer que surge de la imagen de algo pasado del que hemos dudado. La decepción es el dolor opuesto a la alegría.

[5] Conscientiæ morsus,
así traducido por Mr.
Pollock.

PUNTAL. XIX. El que concibe que el objeto de su amor ha sido destruido, sentirá dolor; Si concibe que se conserva, sentirá placer.

Demostración: El espíritu, en la medida de lo posible, se esfuerza por concebir aquellas cosas que aumentan o ayudan a la potencia de actividad del cuerpo (por 3/11); en otras palabras (por 3/11), las cosas que ama. Pero la concepción es ayudada por las cosas que postulan la existencia de una cosa, y por el contrario se ve obstaculizada por las que excluyen la existencia de una cosa (por 2/77); por lo tanto, las imágenes de las cosas, que postulan la existencia de un objeto de amor, ayudan a la mente en su esfuerzo por concebir el objeto de amor, en otras palabras (por 3/11 nota), afectan a la mente placenteramente; Por el contrario, las cosas que excluyen la existencia de un objeto de amor obstaculizan el esfuerzo mental antes mencionado; En otras palabras, afectar la mente dolorosamente. Por lo tanto, el que concibe que el objeto de su amor ha sido destruido, sentirá dolor, etcétera. Q.E.D.

PUNTAL. XX. El que concibe que el objeto de su odio ha sido destruido, también sentirá placer.

Demostración: El espíritu (por 3/13) se esfuerza por concebir aquellas cosas que excluyen la existencia de las cosas por las que la facultad de actividad del cuerpo se ve disminuida o constreñida; es decir, (por 3/13), se esfuerza por concebir cosas que excluyan la existencia de lo que odia; por lo tanto, la imagen de una cosa, que excluye la existencia de lo que la mente odia, ayuda al esfuerzo mental antes mencionado, en otras palabras, (por 3/11 nota), afecta a la mente placenteramente. Así, aquel que concibe que el objeto de su odio ha sido destruido, sentirá placer. Q.E.D.

PUNTAL. XXI. El que concibe que el objeto de su amor es afectado placentera o dolorosamente, él mismo será afectado placentera o dolorosamente; y una u otra emoción será mayor o menor en el amante, según que sea mayor o menor en la cosa amada.

Demostración: Las imágenes de las cosas (como hemos demostrado en 1/11) que postulan la existencia del objeto de amor, ayudan al esfuerzo del espíritu por concebir dicho objeto. Pero el placer postula la existencia de algo que siente placer, tanto más cuanto mayor es el sentimiento del placer; porque es (III. xi. nota) una transición hacia una perfección mayor; Por lo tanto, la imagen del placer en el objeto de amor ayuda al esfuerzo mental del amante; es decir, afecta al amante placenteramente, y tanto más, en la medida en que esta emoción puede haber sido mayor en el objeto de amor. Este fue nuestro primer punto. Además, en la medida en que una cosa es afectada por el dolor, se destruye en esa medida, siendo la medida proporcional a la cantidad de dolor (por 3/11 nota); por lo tanto, el que concibe que el objeto de su amor es afectado dolorosamente, él mismo será afectado dolorosamente, en la proporción en que dicha emoción esté mayor o menor en el objeto del amor. Q.E.D.

PUNTAL. XXII. Si concebimos que algo afecta placenteramente a algún objeto de nuestro amor, seremos afectados por el amor hacia esa cosa. Por el contrario, si concebimos que afecta dolorosamente a un objeto de nuestro amor, seremos afectados por el odio hacia él.

Demostración: Aquel que afecta placentera o dolorosamente al objeto de nuestro amor, nos afecta también a nosotros placentera o dolorosamente, es decir, si concebimos el objeto amado como afectado por dicho placer o dolor (por 3/11). Pero se postula que este placer o dolor nos llega acompañado de la idea de una causa externa; por lo tanto, si concebimos que alguien afecta a un objeto de nuestro amor de manera placentera o dolorosa, seremos afectados por el amor o el odio hacia él. Q.E.D.

Nota.—Prop. xxi. nos explica la naturaleza de la Piedad, que podemos definir como el dolor que surge del dolor de otro. No sé qué término podemos usar para el placer que surge de la ganancia de otro.

Al amor hacia aquel que concede un beneficio a otro, lo llamaremos Aprobación; y al odio hacia el que hiere a otro, lo llamaremos Indignación. Debemos hacer notar además que no sólo sentimos lástima por una cosa que hemos amado (como se muestra en 3/11), sino también por una cosa que hasta ahora hemos contemplado sin emoción, siempre que consideremos que se parece a nosotros (como demostraré enseguida). De este modo, otorgamos aprobación a quien ha beneficiado a alguien que se parece a nosotros y, por el contrario, nos indignamos con aquel que le ha hecho un daño.

PUNTAL. XXIII. El que concibe que un objeto de su odio es dolorosamente afectado, sentirá placer. Por el contrario, si piensa que dicho objeto está afectado placenteramente, sentirá dolor. Cada una de estas emociones será mayor o menor, según que su contrario sea mayor o menor en el objeto del odio.

Demostración: En la medida en que un objeto de odio se ve afectado dolorosamente, se destruye en una medida proporcionada a la fuerza del dolor (por 3/11 nota). Por lo tanto, aquel que concibe que algún objeto de su odio es dolorosamente afectado, sentirá placer, en una medida proporcional a la cantidad de dolor que concibe en el objeto de su odio. Este fue nuestro primer punto. Por otra parte, el placer postula la existencia de la cosa placenteramente afectada (por 3/11 nota), en proporción a que el placer es mayor o menor. Si alguien se imagina que un objeto de su odio es afectado placenteramente, esta concepción (3.1iii) estorbará su propio esfuerzo por persistir; en otras palabras (III. xi. nota), el que odia será dolorosamente afectado. Q.E.D.

Nota: Este placer apenas puede ser sentido sin mezcla y sin ningún conflicto mental. Porque (como voy a mostrar en la proposición XXVII), en la medida en que un hombre concibe que algo semejante a él es afectado por el dolor, él mismo será afectado de la misma manera; y tendrá la emoción contraria en circunstancias contrarias. Pero aquí estamos sólo en lo que se refiere al odio.

PUNTAL. XXIV. Si concebimos que alguien afecta placenteramente a un objeto de nuestro odio, también sentiremos odio hacia él. Si concebimos que él afecta dolorosamente a dicho objeto, sentiremos amor hacia él.

Demostración: Esta proposición se prueba de la misma manera que la III. XXII., que véase.

Estas y otras semejantes emociones de odio son atribuibles a la envidia, la cual, por consiguiente, no es otra cosa que odio, en cuanto se considera que dispone a un hombre a regocijarse en el daño de otro y a entristecerse en el beneficio de otro.

PUNTAL. XXV. Nos esforzamos por afirmar, concerniente a nosotros mismos, y acerca de lo que amamos, todo lo que podemos concebir que nos afecte placenteramente a nosotros mismos, o al objeto amado. Por el contrario, nos esforzamos por negar todo lo que concebimos que nos afecta dolorosamente a nosotros mismos o al objeto amado.

Demostración: Lo que concebimos que afecta placentera o dolorosamente a un objeto de nuestro amor, nos afecta también placentera o dolorosamente (por 3/11). Pero la mente (por 3/11) se esfuerza, en la medida de lo posible, por concebir aquellas cosas que nos afectan placenteramente; en otras palabras (II. xvii. y Corolario), se esfuerza por considerarlos como presentes. Y, por el contrario (III. xiii), se esfuerza por excluir la existencia de tales cosas que nos afectan dolorosamente; Por lo tanto, nos esforzamos por afirmar acerca de nosotros mismos, y acerca del objeto amado, todo lo que concebimos que nos afecta a nosotros mismos, o al objeto de amor placenteramente. Q.E.D.

PUNTAL. XXVI. Nos esforzamos por afirmar, con respecto a lo que odiamos, todo lo que concebimos que lo afecta dolorosamente; y, por el contrario, nos esforzamos por negar, con respecto a ella, todo lo que concebimos que la afecta placenteramente.

Demostración: Esta proposición se deduce de III. xxiii., como la proposición anterior se sigue de III. XXI.

De este modo, vemos que puede suceder fácilmente que un hombre tenga fácilmente un concepto demasiado elevado de sí mismo o de un objeto amado y, por el contrario, demasiado mezquino de un objeto odiado. Este sentimiento se llama orgullo, en referencia al hombre que piensa demasiado alto de sí mismo, y es una especie de locura, en la que un hombre sueña con los ojos abiertos, pensando que puede realizar todas las cosas que caen dentro del alcance de su concepción, y por lo tanto considerándolas reales, y regocijándose en ellas, mientras sea incapaz de concebir algo que excluya su existencia. y determina su propio poder de acción. El orgullo, por lo tanto, es el placer que surge de un hombre que piensa demasiado alto de sí mismo. Por otra parte, el placer que surge de un hombre que piensa demasiado alto de otro se llama sobreestima. Mientras que el placer que surge de pensar demasiado poco de un hombre se llama desdén.

PUNTAL. XXVII. Por el hecho mismo de concebir una cosa que es semejante a nosotros mismos, y que no hemos considerado con ninguna emoción, como afectada por ninguna emoción, nosotros mismos somos afectados por una emoción semejante (affectus).

Demostración: Las imágenes de las cosas son modificaciones del cuerpo humano, de las cuales las ideas representan cuerpos exteriores tal como nos están presentes (por 2/17). es decir, (por 2/1), cuyas ideas se refieren a la naturaleza de nuestro cuerpo y, al mismo tiempo, a la naturaleza de los cuerpos externos tal como están presentes. Por lo tanto, si la naturaleza del cuerpo externo es similar a la naturaleza de nuestro cuerpo, entonces la idea que nos formemos del cuerpo externo implicará una modificación de nuestro propio cuerpo similar a la modificación del cuerpo externo. En consecuencia, si concebimos a alguien similar a nosotros como afectado por cualquier emoción, esta concepción expresará una modificación de nuestro cuerpo similar a esa emoción. Así, por el hecho de concebir una cosa semejante a nosotros para ser afectada por cualquier emoción, nosotros mismos somos afectados por una emoción semejante. Sin embargo, si odiamos lo dicho como nosotros mismos, seremos, en esa medida, afectados por una emoción contraria y no similar. Q.E.D.

Nota I.—Esta imitación de las emociones, cuando se refiere al dolor, se llama compasión (cf. III. 22.; nota); Cuando se refiere al deseo, se llama emulación, que no es otra cosa que el deseo de cualquier cosa, engendrado en nosotros por el hecho de que concebimos que otros tienen el mismo deseo.

Corolario I: Si concebimos que alguien, a quien hasta ahora hemos mirado sin emoción, afecta placenteramente algo semejante a nosotros, seremos afectados por él. Si, por el contrario, concebimos que él afecta dolorosamente a lo mismo, seremos afectados por el odio hacia él.

Demostración: Esto se prueba por la última proposición de la misma manera que por 3/3. xxii. se prueba de III. XXI.

Corolario II: No podemos odiar una cosa que compadecemos, porque su miseria nos afecta dolorosamente.

Demostración: Si pudiéramos odiarla por esta razón, nos alegraríamos de su dolor, lo cual es contrario a la hipótesis.

Corolario III: Tratamos de librar de la miseria, en la medida de lo posible, algo que nos da lástima.

Demostración: Lo que afecta dolorosamente al objeto de nuestra compasión, nos afecta también a nosotros con el mismo dolor (según la proposición anterior); por lo tanto, nos esforzaremos por recordar todo lo que le quita su existencia, o lo que la destruye (cf. III. xiii.); en otras palabras (III. IX. nota), desearemos destruirla, o estaremos decididos a su destrucción; Por lo tanto, nos esforzaremos por liberar de la miseria una cosa que compadecemos. Q.E.D.

Esta voluntad o apetito de hacer el bien, que nace de la lástima de aquello a lo que queremos conferir un beneficio, se llama benevolencia, y no es otra cosa que el deseo que nace de la compasión. Sobre el amor o el odio hacia aquel que ha hecho bien o mal a algo que concebimos como nosotros mismos, véase III. XXII. Nota.

PUNTAL. XXVIII. Nos esforzamos por producir todo lo que concebimos que conduce al placer; pero nos esforzamos por eliminar o destruir todo lo que concebimos que es verdaderamente repugnante a ello, o que conduce al dolor.

Demostración: Nos esforzamos, en la medida de lo posible, por concebir lo que imaginamos que conduce al placer (por 3/11); en otras palabras (por 2/77) trataremos de concebirlo, en la medida de lo posible, como presente o realmente existente. Pero el esfuerzo de la mente, o el poder de pensar de la mente, es igual y simultáneo con el esfuerzo del cuerpo, o el poder de acción del cuerpo (esto se ve claramente en 2/7. Corolario. y II. xi. Corolario). Por lo tanto, hacemos un esfuerzo absoluto por su existencia, en otras palabras (que por 3/9 vienen a ser lo mismo) deseamos y luchamos por ella; Este fue nuestro primer punto. Además, si concebimos que algo que creíamos que era la causa del dolor, es decir, que odiamos, se destruye, nos regocijaremos (por 3/2). Por lo tanto, (con la primera parte de esta prueba) trataremos de destruirlo, o (por 3/13) de quitarlo de nosotros, para que no lo consideremos como presente; Este fue nuestro segundo punto. Por tanto, todo lo que conduce a la delectación, etcétera. Q.E.D.

PUNTAL. XXIX. También nos esforzaremos por hacer todo lo que concebamos que los hombres miren con placer, y por el contrario, nos abstendremos de hacer lo que concebimos que los hombres rehúyen.

[6] Por "hombres" en esta
y en las siguientes

proposiciones, me refiero
a hombres a quienes
consideramos sin ninguna
emoción particular.

Demostración: Por el hecho de imaginar que los hombres aman u odian algo, nosotros amaremos u odiaremos la misma cosa (por 3/27). Es decir, por este mero hecho sentiremos placer o dolor ante la presencia de la cosa. Y así nos esforzaremos por hacer todo lo que concebamos que los hombres aman o miran con placer, etcétera. Q.E.D.

A este esfuerzo por hacer una cosa o dejarla sin hacer, sólo para agradar a los hombres, la llamamos ambición, sobre todo cuando nos esforzamos tanto por agradar al vulgo, que hacemos u omitimos ciertas cosas para nuestro propio daño o para el de otros; en otros casos se llama generalmente bondad. Además, doy el nombre de alabanza al placer con que concebimos la acción de otro, con el que se ha esforzado por agradarnos; sino de la culpa al dolor con el que sentimos aversión a su acción.

PUNTAL. XXX. Si alguien ha hecho algo que concibe que afecta placenteramente a otros hombres, será afectado por el placer, acompañado de la idea de sí mismo como causa; En otras palabras, se mirará a sí mismo con placer. Por otro lado, si ha hecho algo que concibe que afecta dolorosamente a los demás, se considerará a sí mismo con dolor.

Demostración: El que concibe que afecta a los demás con placer o dolor, por ese mismo hecho se verá afectado por el placer o el dolor (por 3/27), pero como un hombre (por 2/12 y 23) es consciente de sí mismo por las modificaciones por las que está determinado a actuar, se sigue que el que concibe que afecta a los demás agradablemente, será afectado por el placer acompañado de la idea de sí mismo como causa; En otras palabras, se mirará a sí mismo con placer. Y así, mutatis mutandis, en el caso del dolor. Q.E.D.

Como el amor (por 3/13) es el placer acompañado de la idea de una causa externa, y el odio es el dolor acompañado de la idea de una causa externa; El placer y el dolor en cuestión serán una especie de amor y odio. Pero, como los términos amor y odio se usan en referencia a objetos externos, emplearemos otros nombres para las emociones que ahora estamos discutiendo: el placer acompañado de la idea de una causa externa lo llamaremos honor, y la emoción contraria a ella la llamaremos vergüenza, quiero decir, en los casos en que el placer o el dolor surgen de la creencia de un hombre, De lo contrario, el placer acompañado de la idea de una causa externa se llama autocomplacencia, y su dolor contrario se llama arrepentimiento. De nuevo, como puede suceder (II. xvii. Corolario.) Para que el placer con el que un hombre concibe que afecta a los demás exista únicamente en su propia imaginación, y como cada uno se esfuerza por concebir sobre sí mismo lo que concibe que le afectará con placer, puede suceder fácilmente que un hombre vanidoso sea orgulloso y pueda imaginar que agrada a todos. cuando en realidad puede ser una molestia para todos.

[7] Así Van Vloten y Bruder. La versión holandesa y Camerer dicen: "una causa interna". "Honor" = Gloria.

[8] Véase la nota final anterior.

PUNTAL. XXXI. Si concebimos que alguien ama, desea u odia algo que nosotros mismos amamos, deseamos u odiamos, entonces consideraremos la cosa en cuestión con más amor firme, etcétera. Por el contrario, si pensamos que alguien se rehúye de algo que amamos, sufriremos vacilaciones del alma.

Demostración: Por el mero hecho de concebir que alguien ama algo, nosotros mismos amaremos esa cosa (por 3/27), pero se supone que ya la amamos; Hay, por lo tanto, una nueva causa de amor, por la cual se fomenta nuestra emoción anterior; por lo tanto, en adelante lo amaremos más firmemente. Además, por el mero hecho de concebir que alguien se rehúye de algo, nosotros mismos nos rehuiremos de esa cosa (por 3/27). Si suponemos que al mismo tiempo la amamos, entonces la amaremos y nos alejaremos de ella al mismo tiempo; en otras palabras, estaremos sujetos a vacilaciones (III. xvii. nota). Q.E.D.

Corolario.—De lo que antecede, y también de III. XXVIII. De aquí se sigue que cada uno se esfuerza, en la medida de lo posible, por hacer que los demás amen lo que él mismo ama, y odien lo que él mismo odia: como dice el poeta: "Como amantes, compartamos todas las esperanzas y todos los temores: férreo era el que amara lo que el otro deja". [9]

[9] Ovidio, "Amores", II. xix. 4,5. Spinoza transpone los versos.

"Speremus pariter, pariter metuamus amantes;

Ferreus est, si quis, quod sinit alter, amat."

Nota: Este esfuerzo por lograr que nuestros propios gustos y disgustos encuentren la aprobación universal, es realmente ambición (véase la nota 29 por 3/29); Por lo tanto, vemos que cada uno por naturaleza desea que el resto de la humanidad viva de acuerdo con su propia disposición individual: cuando tal deseo está igualmente presente en todos, todos se interponen en el camino de todos los demás, y al desear ser amados o alabados por todos, todos se odian mutuamente.

PUNTAL. XXXII. Si concebimos que alguien se deleita en algo que sólo una persona puede poseer, procuraremos que el hombre en cuestión no tome posesión de ello.

Demostración: Por el mero hecho de concebir que otra persona se deleita en una cosa (por 3/27 y Corol), nosotros mismos amaremos esa cosa y desearemos deleitarnos en ella. Pero suponíamos que el placer en cuestión sería impedido por el deleite de otro en su objeto; procuraremos, por tanto, impedir que se posea de ella (III. xxviii.). Q.E.D.

Vemos, pues, que la naturaleza del hombre está generalmente constituida de tal manera que se apiada de los que le van mal y envidia a los que le van bien con una cantidad de odio proporcionada a su propio amor por los bienes que poseen. Vemos, además, que de la misma propiedad de la naturaleza humana, de donde se sigue que los hombres son misericordiosos, se sigue también que son envidiosos y ambiciosos. Por último, si apelamos a la Experiencia, encontraremos que ella confirma enteramente lo que hemos dicho; Más aún si dirigimos nuestra atención a los primeros años de nuestra vida. Encontramos que los niños, cuyo cuerpo está continuamente, por así decirlo, en equilibrio, ríen o lloran simplemente porque ven a otros reír o llorar; Además, desean imitar inmediatamente todo lo que ven hacer a los demás, y poseer él mismo todo lo que conciben como deleite de los demás, en cuanto que las imágenes de las cosas son, como hemos dicho, modificaciones del cuerpo humano, o modos en que el cuerpo humano es afectado y dispuesto por causas externas a obrar de tal o cual manera.

PUNTAL. XXXIII. Cuando amamos una cosa semejante a nosotros, nos esforzamos, en la medida de lo posible, por hacer que ella nos ame a nosotros.

Demostración: Lo que amamos nos esforzamos, en la medida de lo posible, en concebirlo con preferencia a cualquier otra cosa (por 3/11). Si la cosa es semejante a nosotros, nos esforzaremos por afectarla placenteramente con preferencia a cualquier otra cosa (por 3/29). En otras palabras, nos esforzaremos, en la medida de lo posible, por llevarlo a cabo, para que la cosa sea afectada por el placer acompañado de la idea de nosotros mismos, es decir, de que nos ame a su vez. Q.E.D.

PUNTAL. XXXIV. Cuanto mayor sea la emoción con que concebimos que un objeto amado se ve afectado hacia nosotros, mayor será nuestra complacencia.

Demostración: Nos esforzamos (por 3/33) en lograr que lo que amamos nos ame a nuestra vez, es decir, que lo que amamos sea afectado por el placer acompañado de la idea de nosotros mismos como causa. Por lo tanto, en la medida en que el objeto amado se vea más placenteramente afectado por nosotros, nuestro esfuerzo se verá favorecido, es decir, mayor será nuestro placer. Pero cuando nos complacemos en el hecho de que afectamos placenteramente a algo semejante a nosotros mismos, nos consideramos a nosotros mismos con placer (III. 30); Por lo tanto, cuanto mayor es la emoción con que concebimos que un objeto amado es afectado, etcétera. Q.E.D.

PUNTAL. XXXV. Si alguien concibe que un objeto de su amor se une a otro con lazos de amistad más estrechos que los que él mismo ha alcanzado, será afectado por el odio hacia el objeto amado y por la envidia hacia su rival.

Demostración: En la medida en que un hombre piense que un objeto amado le afecta bien, será la fuerza de su aprobación de sí mismo (por la última proposición), es decir, de su placer; por lo tanto, (3/28) se esforzará, en la medida de lo posible, por imaginar el objeto amado como el más estrechamente ligado a él: este esfuerzo o deseo se incrementará si piensa que alguien más tiene un deseo similar (3/31). Pero se supone que este esfuerzo o deseo está controlado por la imagen del objeto amado en conjunción con la imagen de aquel a quien el objeto amado ha unido a sí mismo; por lo tanto, por esa razón se verá afectado por el dolor, acompañado de la idea del objeto amado como causa en conjunción con la imagen de su rival; es decir, será (III. xiii.) afectado por el odio hacia el objeto amado y también hacia su rival (III. xv. Corolario), al que envidiará como si disfrutara del objeto amado. Q.E.D.

Este odio hacia un objeto de amor unido a la envidia se llama celos, que no es, por consiguiente, otra cosa que una vacilación de la disposición que surge del amor y el odio combinados, acompañados de la idea de algún rival que es envidiado. Además, este odio hacia el objeto de amor será mayor en proporción al placer que el hombre celoso solía obtener del amor recíproco de dicho objeto; y también en proporción a los sentimientos que antes había albergado hacia su rival. Si lo ha odiado, odiará inmediatamente al objeto de su amor, porque concibe que es agradablemente afectado por alguien a quien él mismo odia, y también porque se ve obligado a asociar la imagen de su amado con la imagen de aquel a quien odia. Esta condición se presenta generalmente en el caso del amor a una mujer: porque el que piensa que una mujer a la que ama se prostituye con otra, sentirá dolor, no sólo porque su propio deseo está restringido, sino también porque, viéndose obligado a asociar la imagen de la que ama con las partes de la vergüenza y los excrementos de otro, Por lo tanto, se aleja de ella.

Debemos añadir que un hombre celoso no es saludado por su amada con el mismo semblante alegre que antes, y esto también le causa dolor como amante, como ahora mostraré.

PUNTAL. XXXVI. El que se acuerda de una cosa en la que una vez se ha deleitado, desea poseerla en las mismas circunstancias que cuando se deleitó en ella por primera vez.

Demostración: Todo lo que un hombre ha visto en relación con el objeto de su amor será para él accidentalmente causa de placer (por 3/15); por lo tanto, deseará poseerla, en conjunción con aquello en lo que se ha deleitado; En otras palabras, deseará poseer el objeto de su amor en las mismas circunstancias que cuando se deleitó en él por primera vez. Q.E.D.

Corolario: Por lo tanto, el amante sentirá dolor si falta una de las circunstancias concurrentes antes mencionadas.

Demostración: Porque, en la medida en que encuentra que falta alguna circunstancia, concibe algo que excluye su existencia. Como se supone que desea por amor esa cosa o circunstancia (por la última proposición), sentirá, en la medida en que conciba que falta, dolor (por 3/11). Q.E.D.

Este dolor, en la medida en que se refiere a la ausencia del objeto de amor, se llama arrepentimiento.

PUNTAL. XXXVII. El deseo que surge por el dolor o el placer, el odio o el amor, es mayor en la medida en que la emoción es mayor.

Demostración: El dolor disminuye o constriñe la capacidad de actividad del hombre (por 3/11), es decir, disminuye o constriñe el esfuerzo con el que se esfuerza por persistir en su propio ser; por lo tanto, (por 3/5) es contrario a dicho esfuerzo: así, todos los esfuerzos de un hombre afectado por el dolor se dirigen a eliminar ese dolor. Pero (según la definición del dolor), en la medida en que el dolor es mayor, así también se opone necesariamente a una mayor parte de la potencia de actividad del hombre; por lo tanto, cuanto mayor es el dolor, mayor es el poder de la actividad empleada para eliminarlo; es decir, mayor será el deseo o el apetito en tratar de eliminarlo. Además, puesto que el placer aumenta o ayuda a la capacidad de actividad del hombre, puede demostrarse fácilmente de la misma manera que un hombre afectado por el placer no tiene más deseo que conservarlo, y su deseo será proporcional a la magnitud del placer.

Por último, puesto que el odio y el amor son en sí mismos emociones de dolor y de placer, se sigue igualmente que el esfuerzo, el apetito o el deseo que nacen del odio o del amor serán mayores en proporción al odio o al amor. Q.E.D.

PUNTAL. XXXVIII. Si un hombre ha comenzado a odiar a un objeto de su amor, de modo que el amor se destruye por completo, lo considerará, en igualdad de condiciones, con más odio que si nunca lo hubiera amado, y su odio será proporcional a la fuerza de su amor anterior.

Demostración: Si un hombre comienza a odiar lo que había amado, sus apetitos se refrenan más que si nunca lo hubiera amado. Porque el amor es un placer (por 3/13) que el hombre se esfuerza en la medida de sus posibilidades por hacer permanente (por 3/28); Lo hace considerando el objeto de su amor como presente, y afectándolo en la medida en que puede placentero; este esfuerzo es mayor cuanto mayor es el amor, y así también el esfuerzo por hacer que el amado corresponda a su afecto (III. XXXIII). Ahora bien, estos esfuerzos están constreñidos por el odio hacia el objeto de amor (III. xiii. Corolario. y III. xxiii.); por lo cual el amante (por 3/11 nota) también se verá afectado por esta causa por este dolor, tanto más cuanto mayor haya sido su amor; es decir, además del dolor causado por el odio, hay un dolor causado por el hecho de que haya amado el objeto; Por lo tanto, el amante mirará a la amada con mayor dolor, o, en otras palabras, la odiará más que si nunca la hubiera amado, y con más intensidad en cuanto mayor fuera su amor anterior. Q.E.D.

PUNTAL. XXXIX. El que odia a alguien se esforzará por hacerle un daño, a menos que tema que con ello se le acumule un daño mayor; Por otra parte, el que ama a alguien, por la misma ley, tratará de beneficiarlo.

Demostración: Odiar a un hombre es concebirlo como causa de dolor; Por tanto, el que odia a un hombre se esforzará por eliminarlo o destruirlo. Pero si por ello le sucediera al que odia algo más doloroso o, en otras palabras, un mal mayor, y si el que odia piensa que puede evitar tal mal si no lleva a cabo el daño que planeó contra el objeto de su odio, deseará abstenerse de infligir ese daño (por 3/28), y la fuerza de su esfuerzo (por 3/37i) será mayor que su esfuerzo anterior por hacer daño. y, por lo tanto, prevalecerá sobre ella, como afirmamos. La segunda parte de esta prueba procede de la misma manera. Por lo tanto, el que odia a otro, etcétera. Q.E.D.

Por bueno entiendo aquí toda clase de placeres y todo lo que conduce a ellos, especialmente los que satisfacen nuestros anhelos, cualesquiera que sean. Por mal me refiero a todo tipo de dolor, especialmente aquel que frustra nuestros anhelos. En efecto, ya he demostrado (por 3/9 nota) que en ningún caso deseamos una cosa porque la consideremos buena, sino que, por el contrario, estimamos una cosa buena porque la deseamos: por consiguiente, estimamos malo lo que rehuimos; Por lo tanto, cada uno, de acuerdo con sus emociones particulares, juzga o estima lo que es bueno, lo que es malo, lo que es mejor, lo que es peor, por último, lo que es mejor y lo que es peor. Así, un avaro piensa que la abundancia de dinero es lo mejor, y la falta de dinero lo peor; Un hombre ambicioso no desea nada más que la gloria, y nada teme tanto como la vergüenza. Para un hombre envidioso, nada es más delicioso que la desgracia de otro, y nada más doloroso que el éxito de otro. Así, cada hombre, según sus emociones, juzga que una cosa es buena o mala, útil o inútil. La emoción que induce a un hombre a apartarse de lo que desea, o a desear aquello de lo que se aparta, se llama timidez, que puede definirse, por consiguiente, como el miedo por el cual un hombre es inducido a evitar un mal que considera futuro al encontrarse con un mal menor (III. 28). Pero si el mal que teme es la vergüenza, la timidez se convierte en vergüenza. Por último, si el deseo de evitar un mal futuro es reprimido por el temor de otro mal, de modo que el hombre no sabe cuál elegir, el miedo se convierte en consternación, sobre todo si los dos males temidos son muy grandes.

PUNTAL. XL. Aquel que se concibe odiado por otro, y cree que no le ha dado ningún motivo para odiar, odiará a ese otro a cambio.

Demostración: El que concibe a otro como afectado por el odio, será afectado por el odio (por 3/27), es decir, con el dolor, acompañado de la idea de una causa externa. Pero, según la hipótesis, no concibe otra causa para este dolor que aquel que es su enemigo; Por lo tanto, de concebir que es odiado por alguien, se verá afectado por el dolor, acompañado de la idea de su enemigo; En otras palabras, él odiará a su enemigo a cambio. Q.E.D.

Nota: Aquel que piense que ha dado una causa justa para el odio se sentirá afectado por la vergüenza; pero este caso (III. xxv.) rara vez sucede. Esta reciprocidad del odio también puede surgir del odio, que sigue a un esfuerzo por dañar al objeto de nuestro odio (III. xxxix.). Por lo tanto, el que concibe que es odiado por otro, concebirá a su enemigo como la causa de algún mal o dolor; así se verá afectado por el dolor o el miedo, acompañado de la idea de su enemigo como causa; en otras palabras, se verá afectado por el odio hacia su enemigo, como dije anteriormente.

Corolario I: El que concibe que aquel a quien ama le odia, será presa de un odio y un amor contradictorios. Porque, en la medida en que concibe que es un objeto de odio, está decidido a odiar a su enemigo a cambio. Pero, según la hipótesis, no obstante lo ama: por lo tanto, será presa de un odio y un amor contradictorios.

Corolario II: Si un hombre concibe que alguien, a quien hasta ahora había mirado sin emoción, le ha hecho algún daño por motivos de odio, tratará inmediatamente de pagar el daño en especie.

Demostración: El que concibe que otro le odia, odiará a su enemigo (por la última proposición) a su vez, y (por 3/26) se esforzará por recordar todo lo que pueda afectarle dolorosamente; además, se esforzará por hacerle un daño (III. xxxix.). Ahora bien, lo primero que concibe de este género es el daño que se ha hecho a sí mismo; Por lo tanto, se esforzará inmediatamente por pagarlo en especie. Q.E.D.

Nota: El esfuerzo por herir a alguien a quien odiamos se llama ira; el esfuerzo por pagar en especie el daño causado a nosotros mismos se llama Venganza.

PUNTAL. XLI. Si alguno concibe que es amado por otro, y cree que no ha dado motivo para tal amor, amará a ese otro a su vez. (Cf. III. xv. Corolario., y III. xvi.)

Demostración: Esta proposición se prueba de la misma manera que la precedente. Véase también la nota adjunta.

Nota.—Si cree que ha dado una causa justa para el amor, se enorgullecerá de ello (III. xxx. y nota); esto es lo que sucede más a menudo (por 3/25), y dijimos que lo contrario ocurría siempre que un hombre se concebía odiado por otro. (Véase la nota a la proposición precedente.) Este amor recíproco y, por consiguiente, el deseo de beneficiar a Aquel que nos ama (por 3/39) y que se esfuerza por beneficiarnos, se llama gratitud o agradecimiento. Por lo tanto, parece que los hombres son mucho más propensos a vengarse que a devolver beneficios.

Corolario: El que se imagina que es amado por alguien a quien odia, será presa de un odio y un amor contradictorios. Esto se prueba de la misma manera que el primer corolario de la proposición precedente.

Nota: Si el odio es la emoción predominante, se esforzará por dañar a quien lo ama; Esta emoción se llama crueldad, especialmente si se cree que la víctima no ha dado una causa ordinaria para el odio.

PUNTAL. XLII. El que ha conferido un beneficio a alguien por motivos de amor o de honor, sentirá dolor, si ve que el beneficio se recibe sin gratitud.

Demostración: Cuando un hombre ama algo semejante a él, se esfuerza, en la medida de sus posibilidades, por conseguir que sea amado a cambio de ello (por 3/33). Por lo tanto, el que ha conferido un beneficio, lo confiere en obediencia al deseo que siente de ser amado a cambio; es decir, (III. xxxiv.) de la esperanza de honor o (III. xxx. nota) placer; Por lo tanto, se esforzará, en la medida de sus posibilidades, por concebir esta causa de honor, o por considerarla como si existiera realmente. Pero, por la hipótesis, concibe otra cosa que excluye la existencia de la mencionada causa del honor, por lo que sentirá dolor (3/11). Q.E.D.

PUNTAL. XLIII. El odio se incrementa al ser recíproco, y por otra parte puede ser destruido por el amor.

Demostración: Aquel que concibe que un objeto de su odio le odia a su vez, sentirá entonces un nuevo odio, mientras que el odio anterior (por hipótesis) permanece todavía (por 3/11). Pero si, por el contrario, concibe que el objeto del odio lo ama, se mirará a sí mismo con placer (por 3/38) y se esforzará por complacer a la causa de su emoción. En otras palabras, se esforzará por no odiarle (III. xli.), y por no afectarle dolorosamente; este esfuerzo (III. XXXVII) será mayor o menor en proporción a la emoción de la que surge. Por lo tanto, si es mayor que lo que surge del odio, y a través del cual el hombre se esfuerza por afectar dolorosamente lo que odia, lo superará y desterrará el odio de su mente. Q.E.D.

PUNTAL. XLIV. El odio, que es completamente vencido por el amor, pasa al amor, y el amor es entonces más grande que si el odio no lo hubiera precedido.

Demostración.– La prueba procede de la misma manera que la proposición 38. De esta parte, porque el que comienza a amar una cosa que solía odiar o mirar con dolor, por el mismo hecho de amar siente placer. A este placer implicado en el amor se añade el placer que surge de la ayuda prestada a los esfuerzos por eliminar el dolor que implica el odio (III. xxxvii), acompañado de la idea del primer objeto del odio como causa.

Aunque esto sea así, nadie se esforzará por odiar nada, ni por ser afectado por el dolor, por el bien de gozar de este mayor placer; Es decir, nadie deseará que se lesione, con la esperanza de recuperarse de la lesión, ni deseará estar enfermo por el simple hecho de curarse. Porque cada uno se esforzará siempre por persistir en su ser y por alejar el dolor en la medida de sus posibilidades. Si se concibe lo contrario, es decir, que un hombre desee odiar a alguien para poder amarlo más después, siempre deseará odiarlo. Porque la fuerza del amor es proporcional a la fuerza del odio, por lo que el hombre desearía que el odio se incrementase cada vez más, y, por una razón similar, desearía enfermarse más y más, para poder tener un mayor placer en ser restaurado a la salud. en tal caso, siempre se esforzaría por estar enfermo, lo cual (por 3/6) es absurdo.

PUNTAL. XLV. Si un hombre concibe que alguien semejante a él odia también algo semejante a él, a lo que ama, odiará a esa persona.

Demostración: El objeto amado siente odio recíproco hacia quien lo odia (por 3/11); Por lo tanto, el amante, al concebir que alguien odia el objeto amado, concibe la cosa amada como afectada por el odio, es decir, por el dolor (por 3/13); En consecuencia, él mismo está afectado por el dolor acompañado de la idea del que odia la cosa amada como causa; es decir, odiará a aquel que odia todo lo que él mismo ama (por 3/13/33). Q.E.D.

PUNTAL. XLVI. Si un hombre ha sido afectado placentera o dolorosamente por alguien, de una clase o nación diferente a la suya, y si el placer o el dolor han sido acompañados por la idea de dicho extraño como causa, bajo la categoría general de la clase o nación: el hombre sentirá amor u odio, no solo hacia el extraño individuo, sino también a toda la clase o nación a la que pertenece.

Demostración.– Esto se deduce de III. Xvi.

PUNTAL. XLVII. La alegría que surge del hecho de que todo lo que odiamos es destruido, o sufre otro daño, nunca deja de ir acompañado de un cierto dolor en nosotros.

Demostración.– Esto se deduce de III. xxvii. Porque en la medida en que concebimos que una cosa semejante a nosotros está afectada por el dolor, nosotros mismos sentimos dolor.

Nota: Esta proposición puede probarse también por el Corolario de II. xvii. Siempre que recordamos algo, incluso si no existe realmente, lo consideramos solo como presente, y el cuerpo es afectado de la misma manera; Por lo tanto, en la medida en que el recuerdo de la cosa es fuerte, el hombre está determinado a mirarla con dolor; Esta determinación, mientras dura la imagen de la cosa en cuestión, se detiene, en efecto, por el recuerdo de otras cosas que excluyen la existencia de la cosa mencionada, pero no se destruye; por lo tanto, el hombre sólo siente placer en la medida en que dicha determinación se controla; Por esta razón, se repite el gozo que surge del daño hecho a lo que odiamos. cada vez que recordamos ese objeto de odio. Porque, como hemos dicho, cuando se despierta la imagen de la cosa en cuestión, en cuanto que implica la existencia de la cosa, determina al hombre a mirar la cosa con el mismo dolor que solía mirar cuando realmente existía. Sin embargo, puesto que ha unido a la imagen de la cosa otras imágenes que excluyen su existencia, esta determinación al dolor se detiene inmediatamente, y el hombre se regocija de nuevo tan a menudo como se produce la repetición. Esta es la causa del placer de los hombres en recordar los males pasados y del deleite en narrar los peligros de los que han escapado. Porque cuando los hombres conciben un peligro, lo conciben como todavía futuro, y están decididos a temerlo; Esta determinación se ve frenada de nuevo por la idea de libertad, que se asoció a la idea del peligro cuando escapaban de ella: esto los hace seguros de nuevo; por lo tanto, se regocijan de nuevo.

PUNTAL. XLVIII. El amor o el odio hacia, por ejemplo, Pedro, se destruye si el placer implicado en la primera emoción, o el dolor implicado en la última, se asocian con la idea de otra causa: y disminuirá en la medida en que concebamos que Pedro no ha sido la única causa de ninguna de las dos emociones.

Demostración: Esta proposición se deduce de la mera definición del amor y del odio (por 3/13). En efecto, el placer se llama amor hacia Pedro, y el dolor se llama odio hacia Pedro, simplemente en la medida en que Pedro es considerado como la causa de una emoción u otra. Cuando esta condición de causalidad se elimina total o parcialmente, la emoción hacia Pedro también se desvanece total o parcialmente. Q.E.D.

PUNTAL. XLIX. El amor o el odio hacia una cosa que concebimos como libre, debe ser, en condiciones similares, mayor que si se sintiera hacia una cosa que actúa por necesidad.

Demostración: Una cosa que concebimos como libre debe ser percibida por sí misma, sin otra cosa. Por lo tanto, si lo concebimos como la causa del placer o del dolor, por lo tanto lo amaremos o lo odiaremos, y lo haremos con el mayor amor u odio que pueda surgir de la emoción dada. Pero si se concibe que lo que causa la emoción actúa por necesidad, entonces (por la misma definición VII. Parte I.) Concebirlo no como la única causa, sino como una de las causas de la emoción, y por lo tanto nuestro amor u odio hacia ella será menor. Q.E.D.

De aquí se sigue que los hombres, creyéndose libres, sienten más amor o odio los unos hacia los otros que hacia cualquier otra cosa: a esta consideración hay que añadir la imitación de las emociones de que se trata en III. XXVII., XXXIV., XL. y XLIII.

PUNTAL. L. Cualquier cosa puede ser, accidentalmente, causa de esperanza o temor.

Demostración: Esta proposición se prueba de la misma manera que la III. xv., que véase, junto con la nota a III. XVIII.

Las cosas que accidentalmente son causa de esperanza o de temor se llaman buenos o malos augurios. Ahora bien, en la medida en que tales presagios son la causa de la esperanza o del temor, son (según las definiciones de esperanza y temor dadas en la tercera nota 18) las causas del placer y del dolor; Por consiguiente, en esta medida, los miramos con amor o con odio, y nos esforzamos por invocarlos como medios para lo que esperamos, o por eliminarlos como obstáculos o causas de lo que tememos. Se deduce, además, de III. XXV. Que estamos naturalmente constituidos de tal manera que creemos fácilmente en lo que esperamos, y con dificultad en lo que tememos; Además, tendemos a estimar tales objetos por encima o por debajo de su verdadero valor. De ahí que hayan surgido supersticiones, por las cuales los hombres son atacados en todas partes. Sin embargo, no creo que valga la pena señalar aquí las vacilaciones que brotan de la esperanza y del miedo; De la definición de estas emociones se deduce que no puede haber esperanza sin miedo, y no puede haber miedo sin esperanza, como explicaré debidamente en el lugar apropiado. Además, en la medida en que esperamos o tememos algo, lo consideramos con amor o con odio; De este modo, cada uno puede aplicar por sí mismo a la esperanza y al temor lo que hemos dicho sobre el amor y el odio.

PUNTAL. LI. Diferentes hombres pueden ser afectados de manera diferente por el mismo objeto, y el mismo hombre puede ser afectado de manera diferente en diferentes momentos por el mismo objeto.

Demostración: El cuerpo humano es afectado por los cuerpos exteriores de diversas maneras (por 2/3 post.). Por lo tanto, dos hombres pueden ser afectados de manera diferente al mismo tiempo, y por lo tanto (por Ax. 1, después de Lemma iii, después de II. xiii) pueden ser afectados de manera diferente por un mismo objeto. Además, el cuerpo humano puede ser afectado unas veces de una manera, otras de otra; por consiguiente (por el mismo axioma) puede ser afectado de manera diferente en diferentes momentos por un mismo objeto. Q.E.D.

Vemos, pues, que es posible que lo que un hombre ama a otro pueda odiar, y que lo que un hombre teme a otro no tema; O, también, que un mismo hombre puede amar lo que una vez odió, o puede ser audaz donde una vez fue tímido, y así sucesivamente. Además, como cada uno juzga según sus emociones lo que es bueno, lo que es malo, lo que es mejor y lo que es peor, se sigue que los juicios de los hombres pueden variar no menos que sus emociones, por lo tanto, cuando comparamos unos con otros, los distinguimos únicamente por la diversidad de sus emociones, y calificamos a algunos de intrépidos, otros tímidos. otros por algún otro epíteto. Por ejemplo, llamaré intrépido a un hombre si desprecia un mal que estoy acostumbrado a temer; si además considero que, en su deseo de dañar a sus enemigos y beneficiar a aquellos a quienes ama, no está refrenado por el temor de un mal que es suficiente para detenerme, lo llamaré atrevido. Además, un hombre me parecerá tímido si teme un mal que estoy acostumbrado a despreciar; y si además considero que su deseo está refrenado por el temor de un mal, que no es suficiente para detenerme, diré que es cobarde; y de la misma manera todos juzgarán.

> [10] Esto es posible, aunque la mente humana sea parte del entendimiento divino, como he mostrado en II. XIII. Nota.

Por último, de esta inconstancia en la naturaleza del juicio humano, en la medida en que el hombre juzga a menudo las cosas únicamente por sus emociones, y en la medida en que las cosas que cree que causan placer o dolor, y por lo tanto se esfuerza por promover o prevenir, son a menudo puramente imaginarias, por no hablar de la incertidumbre de las cosas a que se alude en III. XXVIII.; Podemos concebir fácilmente que un hombre puede ser afectado en un momento por el placer, y en otro por el dolor, acompañado de la idea de sí mismo como causa. Así podemos entender fácilmente qué son el arrepentimiento y la autocomplacencia. El arrepentimiento es dolor, acompañado de la idea de uno mismo como causa; La autocomplacencia es placer, acompañado de la idea de uno mismo como causa, y estas emociones son más intensas porque los hombres se creen libres (III. XLIX).

PUNTAL. Un objeto que hemos visto anteriormente en conjunción con otros, y que no concebimos que tenga ninguna propiedad que no sea común a muchos, no será considerado por nosotros por mucho tiempo, como un objeto que concebimos que tiene alguna propiedad peculiar a sí mismo.

Demostración: Tan pronto como concebimos un objeto que hemos visto en conjunción con otros, nos acordamos inmediatamente de esos otros (por 2/88 y nota), y así pasamos inmediatamente de la contemplación de un objeto a la contemplación de otro objeto. Y este es el caso del objeto, que concebimos que no tiene ninguna propiedad que no sea común a muchos. De este modo, suponemos que no estamos considerando en ella nada que no hayamos visto antes en conjunción con otros objetos. Pero cuando suponemos que concebimos un objeto como algo especial, que nunca hemos visto antes, debemos decir necesariamente que la mente, al considerar ese objeto, no tiene en sí misma nada a lo que pueda recurrir en lugar de él; por lo tanto, está determinado sólo a la contemplación de ese objeto. Por lo tanto, un objeto, etcétera. Q.E.D.

Esta modificación mental, o imaginación de una cosa particular, en cuanto que está sola en la mente, se llama maravilla; pero si es excitada por un objeto de temor, se llama consternación, porque el asombro de un mal mantiene al hombre tan absorto en la simple contemplación de él, que no tiene poder para pensar en otra cosa por la que pueda evitar el mal. Sin embargo, si el objeto de la maravilla es la prudencia de un hombre, la industria o cualquier otra cosa semejante, en la medida en que dicho hombre se considera con ello como muy superior a nosotros, el asombro se llama veneración; de lo contrario, si la ira, la envidia, etcétera., de un hombre es lo que nos maravilla, la emoción se llama horror. Además, si es la prudencia, la laboriosidad, o lo que sea, de un hombre a quien amamos, lo que nos maravilla, nuestro amor será por esto mayor (por 3/11), y cuando se une al asombro o a la veneración se llama devoción. De la misma manera, podemos concebir el odio, la esperanza, la confianza y las demás emociones asociadas con el asombro; y así seríamos capaces de deducir más emociones que las que han obtenido nombres en el lenguaje ordinario. De donde es evidente que los nombres de las emociones se han aplicado más bien de acuerdo con sus manifestaciones ordinarias que con un conocimiento exacto de su naturaleza.

Al asombro se opone el desprecio, que generalmente surge del hecho de que, porque vemos a alguien maravillarse, amar o temer algo, o porque algo, a primera vista, parece ser como las cosas que nosotros mismos admiramos, el amor, el miedo, etcétera., somos, en consecuencia, (III. Corolario. y III. XXVII.), decididos a maravillarse, amar o temer esa cosa. Pero si por la presencia, o por la contemplación más exacta de dicha cosa, nos vemos obligados a negar acerca de ella todo lo que puede ser causa de asombro, amor, temor, etcétera., la mente, entonces, por la presencia de la cosa, permanece determinada a pensar más bien en aquellas cualidades que no están en ella, que en las que están en ella; mientras que, por otra parte, la presencia del objeto le haría considerar más particularmente lo que está en él. Así como la devoción brota del asombro por una cosa que amamos, así también la burla brota del desprecio de una cosa que odiamos o tememos, y el desprecio del desprecio de la locura, como la veneración del asombro por la prudencia. Por último, podemos concebir los sentimientos del amor, de la esperanza, del honor, etcétera., en asociación con el desprecio, y de ahí podemos deducir otros afectos que no se distinguen unos de otros por ningún nombre reconocido.

PUNTAL. LIII. Cuando la mente se considera a sí misma y a su propio poder de actividad, siente placer, y ese placer es mayor en proporción a la distinción con que se concibe a sí misma y a su propio poder de actividad.

Demostración: El hombre no se conoce a sí mismo sino por las modificaciones de su cuerpo y sus ideas (por 2/21 y 23). Por lo tanto, cuando la mente es capaz de contemplarse a sí misma, se supone que pasa a una mayor perfección, o que siente placer; y el placer será mayor en proporción a la distinción con que es capaz de concebirse a sí mismo y a su propio poder de actividad. Q.E.D.

Corolario: Este placer se fomenta cada vez más a medida que un hombre se concibe alabado por los demás. Porque cuanto más se concibe a sí mismo como alabado por los demás, más se imaginará que ellos se ven afectados por el placer, acompañado de la idea de sí mismo (III. xxix. nota); así es él mismo (III.

xxvii.) afectado con mayor placer, acompañado de la idea de sí mismo. Q.E.D.

PUNTAL. LIV. La mente se esfuerza por concebir sólo aquellas cosas que afirman su poder de actividad.

Demostración: El esfuerzo o poder de la mente es su esencia real (por 3/7); Pero la esencia de la mente obviamente sólo afirma lo que la mente es y puede hacer; no lo que no es ni puede hacer; Por lo tanto, la mente se esfuerza por concebir sólo aquellas cosas que afirman o afirman su poder de actividad. Q.E.D.

PUNTAL. LV. Cuando la mente contempla su propia debilidad, siente dolor por ella.

Demostración: La esencia de la mente sólo afirma lo que la mente es o puede hacer; en otras palabras, es la naturaleza de la mente concebir sólo aquellas cosas que afirman su poder de actividad (última proposición). Así, cuando decimos que la mente contempla su propia debilidad, estamos diciendo simplemente que mientras la mente está tratando de concebir algo que afirme su poder de actividad, se ve frenada en su esfuerzo, en otras palabras, siente dolor. Q.E.D.

Corolario: Este dolor se fomenta cada vez más si un hombre concibe que es culpado por los demás; esto puede probarse de la misma manera que el corolario de III. LIII.

Este dolor, acompañado de la idea de nuestra propia debilidad, se llama humildad; El placer, que brota de la contemplación de nosotros mismos, se llama amor a sí mismo o autocomplacencia. Y en la medida en que este sentimiento se renueva tan a menudo como un hombre contempla sus propias virtudes o su propio poder de actividad, se sigue que a cada uno le gusta narrar sus propias hazañas y mostrar la fuerza de su cuerpo y de su mente, y también que, por esta razón, los hombres se molestan unos a otros. De aquí se deduce que los hombres son naturalmente envidiosos (nota 3/24 y nota 3/32), regocijándose en los defectos de sus iguales y sintiendo dolor por sus virtudes. En efecto, siempre que un hombre concibe sus propias acciones, se ve afectado por el placer (por 3/13), en la medida en que sus acciones muestran más perfección y las concibe más distintamente, es decir, en la medida en que puede distinguirlas de las demás y considerarlas como algo especial. Por lo tanto, un hombre se deleitará más en contemplarse a sí mismo cuando contemple alguna cualidad que niega a los demás. Pero, si lo que afirma de sí mismo es atribuible a la idea del hombre o de los animales en general, no se sentirá tan complacido, sino que, por el contrario, sentirá dolor si concibe que sus propias acciones se quedan cortas en comparación con las de los demás. Este dolor (III. xxviii) se esforzará por eliminar, dando una interpretación errónea a las acciones de sus iguales, o, en la medida de lo posible, embelleciendo las suyas propias.

Por lo tanto, es evidente que los hombres son naturalmente propensos al odio y la envidia, que se fomenta con su educación. Porque los padres tienen la costumbre de incitar a sus hijos a la virtud únicamente con el estímulo del honor y la envidia. Pero, tal vez, algunos tendrán escrúpulos en asentir a lo que he dicho, porque no pocas veces admiramos las virtudes de los hombres y veneramos a sus poseedores. Con el fin de disipar tales dudas, adjunto el siguiente corolario.

Corolario: Nadie envidia la virtud de nadie que no sea su igual.

Demostración: La envidia es una especie de odio (por 3/24) o de dolor, es decir, (por 3/11 nota), una modificación por la cual se refrena la capacidad de actividad de un hombre, o de esfuerzo hacia la actividad. Pero el hombre no se esfuerza ni desea hacer nada que no pueda seguirse de su naturaleza tal como se le da; Por lo tanto, el hombre no querrá que se le atribuya ninguna potencia de actividad o virtud (que es lo mismo) que sea propia de la naturaleza ajena y extraña a la suya; Por lo tanto, su deseo no puede ser reprimido, ni él mismo se duele por la contemplación de la virtud en alguien diferente a él, por lo tanto, no puede envidiar a tal persona. Pero puede envidiar a su igual, que se supone que tiene la misma naturaleza que él. Q.E.D.

Nota.—Cuando, pues, como dijimos en la nota a III. Veneramos a un hombre, maravillados de su prudencia, fortaleza, etcétera., lo hacemos, porque concebimos que esas cualidades son peculiares a él, y no tan comunes a nuestra naturaleza; Por lo tanto, no envidiamos a su poseedor más de lo que envidiamos a los árboles por ser altos, o a los leones por ser valientes.

PUNTAL. LVI. Hay tantas clases de placer, de dolor, de deseo, y de toda emoción compuesta de éstas, como las vacilaciones del espíritu, o derivadas de éstas, como el amor, el odio, la esperanza, el temor, etcétera., como hay clases de objetos por los que nos afecta.

Demostración: El placer y el dolor, y, por consiguiente, los afectos que los componen o que de ellos se derivan, son pasiones o estados pasivos (por 3/11, nota); ahora bien, somos necesariamente pasivos (por 3/1), en la medida en que tenemos ideas inadecuadas; y sólo en la medida en que tenemos tales ideas somos pasivos (III. iii.); es decir, sólo somos necesariamente pasivos en la medida en que concebimos, o (en la medida en que somos afectados por una emoción que involucra la naturaleza de nuestro propio cuerpo y la naturaleza de un cuerpo externo). Por lo tanto, es necesario que la naturaleza de todo estado pasivo se explique necesariamente de tal manera que se exprese la naturaleza del objeto por el cual somos afectados. Es decir, el placer, que surge de, digamos, el objeto A, implica la naturaleza de ese objeto A, y el placer, que surge del objeto B, implica la naturaleza del objeto B; Por lo tanto, estos dos afectos placenteros son por naturaleza diferentes, en cuanto que las causas de donde nacen son por naturaleza diferentes. De la misma manera, la emoción del dolor, que surge de un objeto, es por naturaleza diferente del dolor que surge de otro objeto, y lo mismo ocurre con el amor, el odio, la esperanza, el temor, la vacilación, etcétera.

Así, pues, hay necesariamente tantas clases de placer, dolor, amor, odio, etcétera., como clases de objetos por los que nos afectamos. Ahora bien, el deseo es la esencia o naturaleza de cada hombre, en cuanto se concibe como determinado a una acción particular por cualquier modificación dada de sí mismo (por 3/9/2); Por lo tanto, en la medida en que el hombre es afectado por causas externas por tal o cual tipo de placer, dolor, amor, odio, etcétera., es decir, en la medida en que su naturaleza esté dispuesta de tal o cual manera, así será su deseo de una clase u otra, y la naturaleza de un deseo debe necesariamente diferir de la naturaleza de otro deseo, tan ampliamente como difieren las emociones, de donde surgió cada deseo. Así, pues, hay tantas clases de deseo como clases de placer, dolor, amor, etcétera., y por consiguiente (por lo que se ha demostrado) hay tantas clases de deseo como clases de objetos por los que nos afecta. Q.E.D.

Entre las clases de emociones que, según la última proposición, deben ser muy numerosas, las principales son el lujo, la embriaguez, la lujuria, la avaricia y la ambición, que no son más que especies de amor o deseo, que muestran la naturaleza de esas emociones de una manera que varía según el objeto al que se refieren. Porque por lujo, embriaguez, lujuria, avaricia, ambición, etcétera., entendemos simplemente el amor inmoderado a la fiesta, a la bebida, a la veneración, a las riquezas y a la fama. Además, estas emociones, en la medida en que las distinguimos de las demás sólo por los objetos que les conciernen, no tienen contrarios. En efecto, la templanza, la sobriedad y la castidad, que solemos oponer al lujo, a la embriaguez y a la lujuria, no son emociones ni estados pasivos, sino que indican un poder de la mente que modera las últimas emociones mencionadas. Sin embargo, no puedo explicar aquí los restantes tipos de emociones (ya que son tan numerosos como los tipos de objetos), ni, si pudiera, sería necesario. Es suficiente para nuestro propósito, es decir, determinar la fuerza de las emociones y el poder de la mente sobre ellas, tener una definición general de cada emoción. Es suficiente, repito, comprender las propiedades generales de las emociones y de la mente, para permitirnos determinar la calidad y el alcance del poder de la mente para moderar y controlar las emociones. Por lo tanto, aunque hay una gran diferencia entre las diversas emociones de amor, odio o deseo, por ejemplo, entre el amor que se siente hacia los hijos y el amor que se siente hacia una esposa, no hay necesidad de que nos demos cuenta de tales diferencias, ni de que rastreemos más a fondo la naturaleza y el origen de las emociones.

PUNTAL. LVII. Cualquier emoción de un individuo dado difiere de la emoción de otro individuo, sólo en la medida en que la esencia de un individuo difiere de la esencia del otro.

Demostración: Esta proposición es evidente por el Hacha. i. (que ver después de Lemma iii. Prop. xiii., Parte II). Sin embargo, lo demostraremos a partir de la naturaleza de las tres emociones primarias.

Todas las emociones son atribuibles al deseo, al placer o al dolor, como muestran sus definiciones anteriores. Pero el deseo es la naturaleza o esencia de cada hombre (por 3/9/2); Por lo tanto, el deseo en un individuo difiere del deseo en otro individuo, sólo en la medida en que la naturaleza o esencia de uno difiere de la naturaleza o esencia del otro. Además, el placer y el dolor son estados o pasiones pasivas, por medio de las cuales el poder o el esfuerzo de cada hombre por persistir en su ser se incrementa o disminuye, se ayuda o se dificulta (por 3/11 y nota). Pero por el esfuerzo de persistir en su ser, en la medida en que es atribuible a la mente y al cuerpo en conjunción, entendemos el apetito y el deseo (por 3/9 nota); Por lo tanto, el placer y el dolor son idénticos al deseo o al apetito, en cuanto que por causas externas aumentan o disminuyen, se ayudan o se impiden, es decir, son la naturaleza de cada hombre; Por lo tanto, el placer y el dolor que siente un hombre difieren del placer y el dolor que siente otro hombre, sólo en la medida en que la naturaleza o esencia de un hombre difiere de la esencia del otro; Por consiguiente, cualquier emoción de un individuo sólo difiere, etcétera. Q.E.D.

De aquí se sigue que los afectos de los animales que se llaman irracionales (pues después de conocer el origen de la mente no podemos dudar de que los brutos sienten) sólo difieren de los afectos del hombre, en la medida en que la naturaleza bruta difiere de la naturaleza humana. El caballo y el hombre son igualmente llevados por el deseo de procrear; Pero el deseo del primero es equino, el deseo del segundo es humano. Del mismo modo, las lujurias y apetitos de los insectos, peces y pájaros deben variar necesariamente según las diversas naturalezas. Así, aunque cada uno viva contento y se regocije en la naturaleza que le pertenece y en la que tiene su ser, sin embargo, la vida, en la que cada uno está contento y se regocija, no es otra cosa que la idea o alma de dicho individuo, y por lo tanto, el gozo de uno sólo difiere en naturaleza del gozo de otro, en la medida en que la esencia de uno difiere de la esencia de otro. Por último, de la proposición precedente se deduce que no hay pequeña diferencia entre el gozo que mueve, por ejemplo, a un borracho, y el gozo que posee un filósofo, como acabo de mencionar aquí a propósito. Hasta ahora he tratado de las emociones atribuibles al hombre, en la medida en que es pasivo. Resta añadir algunas palabras sobre las que se le atribuyen en la medida en que está activo.

PUNTAL. LVIII. Además del placer y del deseo, que son pasividades o pasiones, hay otros afectos derivados del placer y del deseo, que nos son imputables en cuanto que somos activos.

Demostración: Cuando el alma se concibe a sí misma y a su potencia de actividad, siente placer (por 3/1iii); Ahora bien, el alma se contempla necesariamente a sí misma cuando concibe una idea verdadera o adecuada (por 2/11iii). Pero la mente concibe ciertas ideas adecuadas (II. xl. nota 2.). Por lo tanto, siente placer en la medida en que concibe ideas adecuadas; es decir, en la medida en que es activa (por 3/1). Además, el espíritu, tanto en la medida en que tiene ideas claras y distintas, como en la medida en que tiene ideas confusas, se esfuerza por persistir en su propio ser (por 3/6); pero por tal esfuerzo entendemos el deseo (por la nota a la misma Proposición); por lo tanto, el deseo también nos es atribuible a nosotros, en la medida en que entendemos, o (por 3/1) en cuanto somos activos. Q.E.D.

PUNTAL. LIX. Entre todas las emociones atribuibles a la mente como activas, no hay ninguna que no pueda ser referida al placer o al deseo.

Demostración: Todas las emociones pueden referirse al deseo, al placer o al dolor, como lo demuestran sus definiciones, ya dadas. Ahora bien, por dolor entendemos que el poder de pensar de la mente está disminuido o disminuido (por 3/11 y nota); por lo tanto, en la medida en que la mente siente dolor, su poder de entendimiento, es decir, de actividad, disminuye o se refrena (III. i.); por lo tanto, no se pueden atribuir a la mente emociones dolorosas en virtud de que sea activa, sino solo las emociones de placer y deseo, que (según la última proposición) son atribuibles a la mente en esa condición. Q.E.D.

Todas las acciones que se derivan de la emoción, que son atribuibles a la mente en virtud de su entendimiento, las atribuyo a la fuerza de carácter (fortitudo), que divido en valor (animositas) y altivez (generositas). Por coraje, entiendo el deseo por el cual cada hombre se esfuerza por conservar su propio ser de acuerdo únicamente con los dictados de la razón. Por altivez entiendo el deseo por el cual cada hombre se esfuerza, únicamente bajo los dictados de la razón, por ayudar a otros hombres y unirlos a él en amistad. Por lo tanto, las acciones que tienen únicamente en cuenta el bien del agente las atribuyo a la valentía, las que apuntan al bien de los demás las atribuyo a la altivez. Así, la templanza, la sobriedad y la presencia de ánimo en el peligro, etcétera., son variedades de valor; La cortesía, la misericordia, etcétera., son variedades de la altivez.

Creo haber explicado así, y mostrado a través de sus causas primarias las principales emociones y vacilaciones del espíritu, que surgen de la combinación de las tres emociones primarias, a saber, el deseo, el placer y el dolor. De lo que he dicho se deduce que, en muchos sentidos, somos impulsados por causas externas, y que, como las olas del mar impulsadas por vientos contrarios, nos movemos de un lado a otro sin darnos cuenta del asunto y de nuestro destino. Pero he dicho que sólo he expuesto las principales emociones conflictivas, no todas las que se pueden dar. Porque, procediendo de la misma manera que antes, podemos mostrar fácilmente que el amor está unido al arrepentimiento, al desprecio, a la vergüenza, etcétera. Creo que todo el mundo estará de acuerdo con lo que se ha dicho, en que las emociones pueden combinarse unas con otras de tantas maneras, y pueden surgir tantas variaciones de ellas, que exceden toda posibilidad de cálculo. Sin embargo, para mi propósito, basta con haber enumerado los más importantes; contar lo demás que he omitido sería más curioso que provechoso. Con respecto al amor, resta hacer notar que sucede muy a menudo que, mientras disfrutamos de algo que anhelábamos, el cuerpo, por el acto de goce, adquiere una nueva disposición, por la cual se determina de otra manera, se despiertan en él otras imágenes de las cosas y la mente comienza a concebir y desear algo nuevo. Por ejemplo, cuando concebimos algo que generalmente nos deleita con su sabor, deseamos disfrutar, es decir, comerlo. Pero mientras lo disfrutamos, el estómago se llena y el cuerpo está dispuesto de otra manera. Por lo tanto, si cuando el cuerpo está dispuesto de otra manera, se estimula la imagen del alimento que está presente y, por consiguiente, también se estimula el esfuerzo o el deseo de comerlo, la nueva disposición del cuerpo sentirá repugnancia al deseo o al intento, y por consiguiente la presencia del alimento que antes anhelábamos se volverá odiosa. Esta repugnancia de los sentimientos se llama saciedad o cansancio. Por lo demás, he descuidado las modificaciones externas del cuerpo que se observan en las emociones, tales como, por ejemplo, el temblor, la palidez, el sollozo, la risa, etcétera., pues éstas sólo son atribuibles al cuerpo, sin ninguna referencia a la mente. Por último, las definiciones de las emociones requieren ser complementadas en algunos puntos; Por lo tanto, las repetiré, interpolando las observaciones que creo que deben agregarse aquí y allá.

DEFINICIONES DE LAS EMOCIONES

I. El deseo es la esencia real del hombre, en cuanto que es concebido, en cuanto determinado a una actividad particular por alguna modificación dada de sí mismo.

Explicación.—Hemos dicho más arriba, en la nota a la Proposición IX. de esta parte, que el deseo es apetito, con conciencia de él; El apetito es la esencia del hombre, en cuanto que está determinado a obrar de un modo que tienda a promover su propia persistencia. Pero, en la misma nota, también señalé que, estrictamente hablando, no reconozco ninguna distinción entre el apetito y el deseo. Porque, sea o no consciente de su apetito, éste sigue siendo uno y el mismo apetito. Así, para evitar la aparición de la tautología, me he abstenido de explicar el deseo por el apetito; pero he tenido cuidado de definirlo de tal manera que comprenda, bajo un solo título, todos esos esfuerzos de la naturaleza humana, que distinguimos por los términos apetito, voluntad, deseo o impulso. Podría haber dicho, en efecto, que el deseo es la esencia del hombre, en la medida en que se concibe como determinado a una actividad particular; pero de tal definición (cf. II. xxiii) no se seguiría que la mente pueda ser consciente de su deseo o apetito. Por lo tanto, para implicar la causa de tal conciencia, era necesario añadir, en la medida en que está determinada por alguna modificación dada, etcétera. Porque, por modificación de la esencia del hombre, entendemos toda disposición de dicha esencia, ya sea que sea innata, ya sea que se conciba únicamente bajo el atributo del pensamiento, o únicamente bajo el atributo de la extensión, o si, por último, se refiere simultáneamente a estos dos atributos. Por el término deseo, pues, me refiero aquí a todos los esfuerzos, impulsos, apetitos y voliciones del hombre, que varían según la disposición de cada hombre y, por lo tanto, no son raras veces opuestas entre sí, según que un hombre se sienta atraído en diferentes direcciones y no sepa a dónde dirigirse.

II. El placer es la transición de un hombre de una perfección menor a una mayor.

III. El dolor es la transición de un hombre de una perfección mayor a una menor.

Explicación: digo transición, porque el placer no es la perfección misma. Porque, si el hombre naciera con la perfección a la que pasa, la poseería, sin la emoción del placer. Esto se manifiesta más claramente a partir de la consideración de la emoción contraria, el dolor. Nadie puede negar que el dolor consiste en el paso a una perfección menor, y no en la perfección misma misma, porque un hombre no puede ser dolorido en la medida en que participa de la perfección en cualquier grado. Tampoco podemos decir que el dolor consista en la ausencia de una perfección mayor. Porque la ausencia no es nada, mientras que la emoción del dolor es una actividad; por lo tanto, esta actividad sólo puede ser la actividad de transición de una perfección mayor a una menor, es decir, es una actividad en la que la potencia de acción del hombre se ve disminuida o constreñida (cf. III. XI. nota). Paso por alto las definiciones de alegría, estimulación, melancolía y dolor, porque estos términos se usan generalmente en referencia al cuerpo, y son simplemente tipos de placer o dolor.

IV. El asombro es la concepción (imaginatio) de cualquier cosa, en la que la mente se detiene, porque el concepto particular en cuestión no tiene conexión con otros conceptos (cf. III. lii. y nota).

Explicación: En la nota a II. XVIII. Mostramos la razón por la cual la mente, de la contemplación de una cosa, pasa inmediatamente a la contemplación de otra cosa, a saber, porque las imágenes de las dos cosas están asociadas y dispuestas de tal manera, que una sigue a la otra. Este estado de asociación es imposible si la imagen de la cosa es nueva; La mente se detendrá entonces en la contemplación de ello, hasta que se determine por otras causas a pensar en otra cosa.

Así, el concepto de un objeto nuevo, considerado en sí mismo, es de la misma naturaleza que los demás conceptos; Por lo tanto, no incluyo el asombro entre las emociones, ni veo por qué debería incluirlo así, en cuanto que esta distracción de la mente no surge de ninguna causa positiva que aleje la mente de otros objetos, sino simplemente de la ausencia de una causa que determine a la mente a pasar de la contemplación de un objeto a la contemplación de otro.

Por lo tanto, no reconozco más que tres emociones primitivas o primarias (como dije en la nota a III), a saber, el placer, el dolor y el deseo. He hablado de asombro simplemente porque es costumbre hablar de ciertas emociones que brotan de las tres primitivas con diferentes nombres, cuando se refieren a los objetos de nuestro asombro. Me muevo por el mismo motivo para añadir una definición de desprecio.

V. El desprecio es el concepto de cualquier cosa que toca tan poco a la mente, que su presencia lleva a la mente a imaginar aquellas cualidades que no están en ella en lugar de las que están en ella (cf. III. lii. nota).

Las definiciones de veneración y desprecio las paso por alto aquí, porque no tengo conocimiento de que ninguna emoción lleve su nombre.

VI. El amor es placer, acompañado de la idea de una causa externa.

Explicación: Esta definición explica con suficiente claridad la esencia del amor; La definición dada por aquellos autores que dicen que el amor es el deseo del amante de unirse al objeto amado expresa una propiedad, pero no la esencia del amor; Y como tales autores no han discernido suficientemente la esencia del amor, no han podido adquirir un verdadero concepto de sus propiedades, por lo que su definición es muy oscura en todas partes. Sin embargo, hay que tener en cuenta que cuando digo que es una propiedad del amor que el amante quiera unirse al objeto amado, no me refiero aquí a un consentimiento, o a una conclusión, o a una decisión libre de la mente (pues he demostrado que esto es ficticio en 2/118); tampoco me refiero al deseo de estar unido al objeto amado cuando está ausente, o de continuar en su presencia cuando está cerca; porque el amor se puede concebir sin ninguno de estos deseos; pero por deseo entiendo el contentamiento que hay en el amante a causa de la presencia del objeto amado, por el cual el placer del amante se fortalece, o al menos se mantiene.

VII. El odio es dolor, acompañado de la idea de una causa externa.

Estas observaciones son fácilmente comprensibles después de lo que se ha dicho en la explicación de la definición precedente (cf. también III. xiii. nota).

VIII. La inclinación es el placer, acompañado de la idea de algo que accidentalmente es causa del placer.

IX. La aversión es el dolor, acompañado de la idea de algo que accidentalmente es la causa del dolor (cf. III. xv. nota).

X. La devoción es amor hacia alguien a quien admiramos.

Explicación: El asombro (admiratio) surge (como hemos demostrado en 3/1) de la novedad de una cosa. Por lo tanto, si sucede que el objeto de nuestro asombro es a menudo concebido por nosotros, dejaremos de maravillarnos de él; Así vemos que la emoción de la devoción degenera fácilmente en amor simple.

XI. La burla es el placer que surge de concebir la presencia de una cualidad, que despreciamos, en un objeto que odiamos.

Explicación: En la medida en que despreciamos una cosa que odiamos, negamos su existencia (por 3/1/20), y hasta ese punto nos regocijamos (por 3/2). Pero como suponemos que el hombre odia lo que ridiculiza, se sigue que el placer en cuestión no carece de aleación (cf. III. XLVII. nota).

XII. La esperanza es un placer inconstante, que surge de la idea de algo pasado o futuro, del cual dudamos hasta cierto punto.

XIII. El miedo es un dolor inconstante que surge de la idea de algo pasado o futuro, del cual dudamos hasta cierto punto de la cuestión (cf. III. xviii. nota).

Explicación: De estas definiciones se deduce que no hay esperanza sin mezclar con temor, y no hay temor sin mezclar con esperanza. Porque el que depende de la esperanza y de las dudas sobre el resultado de cualquier cosa, se supone que concibe algo que excluye la existencia de dicha cosa en el futuro; por lo tanto, en esta medida, siente dolor (cf. III. xix.); En consecuencia, aunque depende de la esperanza, teme por el tema. Por el contrario, el que teme, es decir, las dudas acerca de la cuestión de algo que odia, concibe también algo que excluye la existencia de la cosa en cuestión; hasta este punto siente placer y, por consiguiente, hasta este punto espera que resulte como él desea (por 3/2).

XIV. La confianza es el placer que surge de la idea de algo pasado o futuro, de lo cual se ha eliminado toda causa de duda.

XV. La desesperación es el dolor que surge de la idea de algo pasado o futuro, de lo cual se ha eliminado toda causa de duda.

Así, la confianza brota de la esperanza y la desesperación del temor, cuando se ha eliminado todo motivo de duda sobre el resultado de un acontecimiento: esto sucede porque el hombre concibe algo pasado o futuro como presente y lo considera como tal, o bien porque concibe otras cosas que excluyen la existencia de las causas de su duda. Porque, aunque nunca podemos estar absolutamente seguros del resultado de un evento en particular (II. xxxi. Corolario), sin embargo, puede suceder que no sintamos ninguna duda al respecto. Pues ya hemos demostrado que no es lo mismo no tener ninguna duda acerca de una cosa que estar completamente seguro de ella (por 2/44 nota). Así, puede suceder que nos afecte el mismo sentimiento de placer o dolor respecto a una cosa pasada o futura, que respecto al concepto de una cosa presente; esto ya lo he mostrado en III. xviii., a la cual, con su nota, remito al lector.

XVI. La alegría es el placer acompañado de la idea de algo pasado, que ha tenido un resultado más allá de nuestra esperanza.

XVII. La decepción es el dolor acompañado de la idea de algo pasado, que ha tenido un desenlace contrario a nuestra esperanza.

XVIII. La piedad es el dolor acompañado de la idea del mal, que ha caído sobre otra persona a la que concebimos como nosotros (cf. III. xxii. nota, y III. xxvii. nota).

Explicación: Entre la piedad y la simpatía (misericordia) no parece haber diferencia, a no ser que el primer término se use en referencia a una acción particular, y el segundo en referencia a una disposición.

XIX. La aprobación es el amor hacia quien ha hecho el bien a otro.

XX. La indignación es el odio hacia quien ha hecho mal a otro.

Explicación: Soy consciente de que estos términos se emplean en sentidos algo diferentes de los que generalmente se asignan. Pero mi propósito es explicar, no el significado de las palabras, sino la naturaleza de las cosas. Por lo tanto, hago uso de los términos que pueden transmitir mi significado sin ninguna desviación violenta de su significado ordinario. Una sola exposición de mi método será suficiente. En cuanto a la causa de las emociones mencionadas anteriormente, véase III. xxvii. Corolario. I., y III. XXII. Nota.

XXI. La parcialidad es tener un concepto demasiado alto de alguien por el amor que le tenemos.

XXII. El menosprecio es pensar demasiado mal de alguien porque lo odiamos.

Así, pues, la parcialidad es un efecto del amor, y el menosprecio un efecto del odio, de modo que la parcialidad puede definirse también como amor, en cuanto que induce al hombre a tener en cuenta demasiado alto un objeto amado. Por el contrario, el menosprecio puede definirse como odio, en la medida en que induce a un hombre a pensar demasiado mal de un objeto odiado. Cf. III. XXVI. Nota.

XXIII. La envidia es odio, en cuanto induce a un hombre a sentirse afligido por la buena fortuna de otro, y a regocijarse en la mala fortuna de otro.

La envidia se opone generalmente a la simpatía, la cual, al violentar de alguna manera el significado de la palabra, puede definirse así:

XXIV. La misericordia es amor, en cuanto induce al hombre a sentir placer por la buena fortuna ajena, y dolor por la mala fortuna ajena.

Explicación: Con respecto a la envidia, véanse las notas a III. XXIV. y XXXII. Estas emociones también surgen del placer o del dolor acompañado de la idea de algo externo, como causa ya sea en sí misma o accidentalmente. Ahora paso a otras emociones, que van acompañadas de la idea de algo interior como causa.

XXV. La autoaprobación es el placer que surge de la contemplación que el hombre tiene de sí mismo y de su propio poder de acción.

XXVI. La humildad es el dolor que surge de la contemplación que hace un hombre de su propia debilidad de cuerpo o mente.

Explicación: la autocomplacencia se opone a la humildad, en la medida en que entendemos por ello el placer que surge de la contemplación de nuestro propio poder de acción; Pero, en la medida en que entendemos por ello el placer acompañado de la idea de cualquier acción que creemos haber realizado por la libre decisión de nuestra mente, se opone al arrepentimiento, que podemos definir así:

XXVII. El arrepentimiento es el dolor acompañado de la idea de alguna acción, que creemos haber realizado por la libre decisión de nuestra mente.

Explicación: Las causas de estas emociones las hemos expuesto en III. li. nota, y en III. liii., liv., lv. y nota. Sobre la libre decisión de la mente, véase II. XXXV. Nota. Este es quizás el lugar para llamar la atención sobre el hecho de que no es nada maravilloso que todas esas acciones, que comúnmente se llaman malas, sean seguidas por el dolor, y todas las que se llaman correctas sean seguidas por el placer. De lo que se ha dicho se deduce fácilmente que esto depende en gran medida de la educación. Los padres, al reprobar la primera clase de acciones, y al reprender frecuentemente a sus hijos por ellas, y también persuadiendo y alabando a la segunda clase, han logrado que la primera se asocie con el dolor y la segunda con el placer. La experiencia lo confirma. Porque la costumbre y la religión no son lo mismo entre todos los hombres, sino lo que unos consideran sagrado, otros lo consideran profano, y lo que algunos consideran honorable, otros lo consideran vergonzoso. De acuerdo con la educación que cada uno ha dado, siente arrepentimiento por una acción dada o se gloriará en ella.

XXVIII. La soberbia es pensar demasiado alto de uno mismo por amor propio.

Así, pues, la soberbia es diferente de la parcialidad, pues este último término se usa en referencia a un objeto externo, pero la soberbia se usa para referirse a un hombre que piensa demasiado de sí mismo. Sin embargo, así como la parcialidad es el efecto del amor, así también el orgullo es el efecto o propiedad de sí mismo, el amor, que puede definirse así, el amor a sí mismo o la aprobación de sí mismo, en la medida en que induce al hombre a tener un concepto demasiado elevado de sí mismo. A esta emoción no hay contraria. Porque nadie piensa demasiado mal de sí mismo por odio a sí mismo; Yo digo que nadie piensa demasiado mal de sí mismo, en la medida en que concibe que es incapaz de hacer esto o aquello. Porque todo lo que un hombre imagina que es incapaz de hacer, lo imagina por necesidad, y por esa noción está dispuesto de tal manera que realmente no puede hacer lo que concibe que no puede hacer. Porque, mientras concibe que no puede hacerlo, mientras no está decidido a hacerlo, y por consiguiente mientras le es imposible hacerlo. Sin embargo, si consideramos que los asuntos sólo dependen de la opinión, encontraremos concebible que un hombre pueda pensar demasiado mal de sí mismo; Porque puede suceder que un hombre, con tristeza por su propia debilidad, se imagine que es despreciado por todos los hombres, mientras que el resto del mundo está pensando nada menos que en despreciarlo. Por otra parte, un hombre puede pensar demasiado mal de sí mismo si niega de sí mismo en el presente algo en relación con un tiempo futuro del que no está seguro. Como, por ejemplo, si dijera que es incapaz de formarse ningún concepto claro, o que no puede desear y hacer nada más que lo que es malo y vil, etcétera. También podemos decir que un hombre piensa demasiado mal de sí mismo, cuando lo vemos rehusar por un miedo excesivo a la vergüenza hacer cosas que otros, sus iguales, se atreven. Podemos, por lo tanto, establecer como contrario a la soberbia una emoción que llamaré auto-humillación, porque así como de la autocomplacencia brota la soberbia, así también de la humildad brota la auto-humillación, que por consiguiente definiré así:

XXIX. La humillación de sí mismo es pensar demasiado mezquinamente de uno mismo a causa del dolor.

Sin embargo, estamos generalmente acostumbrados a oponer el orgullo a la humildad, pero en ese caso prestamos más atención al efecto de cualquiera de las emociones que a su naturaleza. Solemos llamar soberbio al hombre que se jacta demasiado (por 3/3, 3/3), que no habla más que de sus propias virtudes y de los defectos de los demás, que quiere ser el primero; y, por último, que va por la vida con un estilo y una pompa adecuados a los que están muy por encima de él en posición. Por otra parte, llamamos humilde al hombre que con demasiada frecuencia se ruboriza, que confiesa sus faltas, que expone las virtudes de los demás hombres y que, por último, camina con la cabeza inclinada y es negligente con su atuendo. Sin embargo, estas emociones, la humildad y la auto-humillación, son extremadamente raras. En efecto, la naturaleza humana, considerada en sí misma, lucha contra ellas tanto como puede (cf. III. xiii., liv.); De ahí que aquellos que se cree que son más humillados y humildes, son generalmente en realidad los más ambiciosos y envidiosos.

XXX. El honor[11] es el placer acompañado de la idea de alguna acción propia, que creemos ser alabada por los demás.

[11] Gloria.

XXXI. La vergüenza es el dolor acompañado de la idea de alguna acción propia, que creemos ser culpada por los demás.

Explicación: Sobre este tema, véase la nota a III. xxx. Pero debemos notar aquí la diferencia que existe entre la vergüenza y la modestia. La vergüenza es el dolor que sigue a la acción de la que nos avergonzamos. La modestia es el miedo o pavor a la vergüenza, que restringe a un hombre de cometer una acción vil. La modestia suele oponerse a la desvergüenza, pero esta última no es una emoción, como demostraré debidamente; sin embargo, los nombres de las emociones (como ya he señalado) se refieren más bien a su ejercicio que a su naturaleza.

Ahora he cumplido la tarea de explicar las emociones que surgen del placer y el dolor. Procedo, pues, a tratar de las que me refiero al deseo.

XXXII. El arrepentimiento es el deseo o apetito de poseer algo, mantenido vivo por el recuerdo de lo dicho, y al mismo tiempo constreñido por el recuerdo de otras cosas que excluyen su existencia.

Explicación: Cuando recordamos una cosa, por ese mismo hecho, como ya he dicho más de una vez, estamos dispuestos a contemplarla con la misma emoción que si fuera algo presente; Pero esta disposición o esfuerzo, mientras estamos despiertos, es generalmente reprimida por las imágenes de cosas que excluyen la existencia de lo que recordamos. Así, cuando recordamos algo que nos ha afectado con cierto placer, nos esforzamos por considerarlo con la misma emoción de placer que si estuviera presente, pero este esfuerzo se ve inmediatamente frenado por el recuerdo de cosas que excluyen la existencia de la cosa en cuestión. Por lo tanto, el arrepentimiento es, en sentido estricto, un dolor opuesto al del placer, que nace de la ausencia de algo que odiamos (cf. III. XLVII. nota). Pero, como el nombre de arrepentimiento parece referirse al deseo, colocó esta emoción entre las emociones que brotan del deseo.

XXXIII. La emulación es el deseo de algo, engendrado en nosotros por nuestra concepción de que otros tienen el mismo deseo.

Explicación: El que huye, porque ve a otros huir, o el que teme, porque ve a otros con miedo; o también, el que, al ver que otro hombre se ha quemado la mano, atrae hacia sí su propia mano, y mueve su cuerpo como si el suyo estuviera quemado; Se puede decir que tal persona imita la emoción de otro, pero no que lo emula; No porque las causas de la emulación y de la imitación sean diferentes, sino porque se ha acostumbrado a hablar de emulación sólo en aquel que imita lo que consideramos honorable, útil o agradable. En cuanto a la causa de la emulación, cf. III. XXVII. Y nota. La razón por la cual esta emoción generalmente se combina con la envidia se puede ver en III. XXXII. Y nota.

XXXIV. El agradecimiento o gratitud es el deseo o celo que brota del amor, por medio del cual nos esforzamos por beneficiar a aquel que, con sentimientos similares de amor, nos ha conferido un beneficio. Cf. III. XXXIX. Nota y XL.

XXXV. La benevolencia es el deseo de beneficiar a alguien a quien compadecemos. Cf. III. XXVII. Nota.

XXXVI. La ira es el deseo, por el cual a través del odio somos inducidos a dañar a alguien a quien odiamos, III. XXXIX.

XXXVII. La venganza es el deseo por el cual somos inducidos, por odio mutuo, a herir a quien, con sentimientos similares, nos ha ofendido. (Véase III. xl. Corolario. II y nota.)

XXXVIII. La crueldad o salvajismo es el deseo por el cual un hombre se ve impelido a herir a alguien a quien amamos o compadecemos.

A la crueldad se opone la clemencia, que no es un estado pasivo de la mente, sino un poder por el cual el hombre refrena su ira y venganza.

XXXIX. La timidez es el deseo de evitar un mal mayor, al que tememos, padeciendo un mal menor. Cf. III. XXXIX. Nota.

XL. La audacia es el deseo por el cual un hombre se ve obligado a hacer algo peligroso que sus iguales temen intentar.

XLI. La cobardía se atribuye a aquel cuyo deseo está frenado por el temor de algún peligro que sus iguales se atreven a enfrentar.

Explicación: La cobardía no es, por lo tanto, otra cosa que el temor de algún mal, que la mayoría de los hombres suelen no temer; por lo tanto, no lo cuento entre las emociones que brotan del deseo. Sin embargo, he elegido explicarlo aquí, porque, en la medida en que miramos al deseo, se opone verdaderamente a la emoción de atreverse.

XLII. La consternación se atribuye a aquel cuyo deseo de evitar el mal es reprimido por el asombro ante el mal que teme.

La consternación es, por lo tanto, una especie de cobardía. Pero, en la medida en que la consternación surge de un doble temor, puede definirse más convenientemente como un temor que mantiene a un hombre tan desconcertado y vacilante, que no es capaz de eliminar el mal. Digo desconcertado, en la medida en que comprendemos que su deseo de eliminar el mal se ve constreñido por su asombro. Digo vacilante, en la medida en que entendemos que dicho deseo está constreñido por el temor de otro mal, que igualmente le atormenta, de donde resulta que no sabe, cuál puede evitar de los dos. Sobre este tema, véase III. XXXIX. nota, y III. lii. Nota. Sobre la cobardía y la audacia, véase III. li. Nota.

XLIII. La cortesía, o deferencia (Humanitas seu modestia), es el deseo de actuar de una manera que agrade a los hombres, y abstenerse de lo que debe desagradarles.

XLIV. La ambición es el deseo inmoderado de poder.

Explicación: La ambición es el deseo, por el cual todas las emociones (cf. III. xxvii. y xxxi.) son fomentadas y fortalecidas; Por lo tanto, esta emoción puede ser superada con dificultad. Porque, en tanto que un hombre está obligado por cualquier deseo, al mismo tiempo está necesariamente obligado por éste. "Los mejores hombres", dice Cicerón, "son especialmente guiados por el honor. Incluso los filósofos, cuando escriben un libro que desprecia el honor, firman con su nombre", y así sucesivamente.

XLV. El lujo es el deseo excesivo, o incluso el amor a vivir suntuosamente.

XLVI. La intemperancia es el deseo y amor excesivo de beber.

XLVII. La avaricia es el deseo excesivo y el amor a las riquezas.

XLVIII. La lujuria es el deseo y el amor en materia de relaciones sexuales.

Explicación: Ya sea que este deseo sea excesivo o no, todavía se llama lujuria. Estas cinco últimas emociones (como he mostrado en III. lvi) tienen en contrario. Porque la deferencia es una especie de ambición. Cf. III. XXIX. Nota.

Además, ya he señalado que la templanza, la sobriedad y la castidad indican más bien un poder que una pasividad de la mente. Sin embargo, puede suceder que un hombre avaro, ambicioso o tímido se abstenga de los excesos en la comida, la bebida o la indulgencia sexual, pero la avaricia, la ambición y el miedo no son contrarios al lujo, la embriaguez y el libertinaje. Porque un hombre avaro a menudo se complace en atiborrarse de comida y bebida a expensas de otro hombre. Un hombre ambicioso no se contendrá en nada, mientras piense que sus indulgencias son secretas; y si vive entre borrachos y libertinos, será, por el solo hecho de ser ambicioso, más propenso a esos vicios. Por último, un hombre tímido hace lo que no haría. Porque aunque un hombre avaro, para evitar la muerte, arroje sus riquezas al mar, no por ello dejará de ser avaro; De la misma manera, si un hombre lujurioso está abatido porque no puede seguir su inclinación, no deja de ser lujurioso por la abstención. De hecho, estas emociones no tienen tanto que ver con el banquete, la bebida, etcétera., como con el apetito y el amor de los mismos. Por lo tanto, nada puede oponerse a estas emociones, sino la altivez y el valor, de los cuales hablaré enseguida.

Las definiciones de los celos y otras vacilaciones de la mente las paso en silencio, primero, porque surgen de la combinación de las emociones ya descritas; En segundo lugar, porque muchos de ellos no tienen nombres distintivos, lo que demuestra que, a efectos prácticos, basta con tener un conocimiento general de ellos. Sin embargo, de las definiciones de las emociones, que hemos expuesto, se deduce que todas ellas nacen del deseo, del placer o del dolor, o, más bien, que no hay nada más que estas tres; Por lo tanto, cada uno suele ser llamado por una variedad de nombres de acuerdo con sus diversas relaciones y signos extrínsecos. Si ahora dirigimos nuestra atención a estos sentimientos primitivos y a lo que se ha dicho acerca de la naturaleza de la mente, podremos definir así las emociones, en la medida en que se refieren sólo a la mente.

DEFINICIÓN GENERAL DE LAS EMOCIONES

La emoción, que se llama pasividad del alma, es una idea confusa, por la cual la mente afirma acerca de su cuerpo, o de cualquier parte de él, una fuerza para la existencia (existendi vis) mayor o menor que antes, y por cuya presencia la mente está determinada a pensar en una cosa más bien que en otra.

Explicación: Digo, en primer lugar, que la emoción o pasión del alma es una idea confusa. Pues hemos demostrado que la mente sólo es pasiva en la medida en que tiene ideas inadecuadas o confusas. (III. iii.) Digo, además, que la mente afirma acerca de su cuerpo o de cualquier parte de él una fuerza para la existencia mayor que antes. En efecto, todas las ideas de los cuerpos que poseemos denotan más bien la disposición actual de nuestro propio cuerpo (por 2/66). Corolario. ii.) que la naturaleza de un cuerpo externo. Pero la idea que constituye la realidad de una emoción debe denotar o expresar la disposición del cuerpo, o de alguna parte del mismo, porque su poder de acción o fuerza para la existencia se incrementa o disminuye, se ayuda o se dificulta. Pero hay que tener en cuenta que, cuando digo una fuerza mayor o menor para la existencia que antes, no quiero decir que la mente compare el presente con la disposición pasada del cuerpo, sino que la idea que constituye la realidad de una emoción afirma algo del cuerpo, lo que, de hecho, implica más o menos de la realidad que antes.

Y en la medida en que la esencia de la mente consiste en el hecho de que afirma la existencia real de su propio cuerpo, y en la medida en que entendemos por perfección la esencia misma de una cosa, se sigue que la mente pasa a mayor o menor perfección cuando afirma acerca de su propio cuerpo: o cualquier parte de la misma, algo que implique más o menos realidad que antes.

Por lo tanto, cuando dije más arriba que el poder de la mente aumenta o disminuye, simplemente quise decir que la mente se había formado de su propio cuerpo, o de alguna parte de él, una idea que involucraba más o menos de la realidad de la que ya había afirmado acerca de su propio cuerpo. Porque la excelencia de las ideas y el poder real del pensamiento se miden por la excelencia del objeto. Por último, he añadido por cuya presencia el espíritu está determinado a pensar en una cosa más que en otra, de modo que, además de la naturaleza del placer y del dolor, que explica la primera parte de la definición, pueda expresar también la naturaleza del deseo.

PARTE IV:

de la esclavitud humana, o de la fuerza de las emociones

PREFACIO

La debilidad humana en moderar y controlar las emociones la llamo esclavitud, porque cuando un hombre es presa de sus emociones, no es su propio amo, sino que está a merced de la fortuna, tanto es así, que a menudo se ve obligado, mientras ve lo que es mejor para él, a seguir lo que es peor. Por qué esto es así, y qué hay de bueno o malo en las emociones, me propongo mostrarlo en esta parte de mi tratado. Pero, antes de comenzar, sería bueno hacer algunas observaciones preliminares sobre la perfección y la imperfección, el bien y el mal.

Cuando un hombre se ha propuesto hacer una cosa dada, y la ha llevado a la perfección, su obra será declarada perfecta, no sólo por él mismo, sino por todos los que con razón conocen, o creen conocer, la intención y el objetivo de su autor. Por ejemplo, supongamos que alguien ve una obra (que supongo que aún no está terminada), y sabe que el objetivo del autor de esa obra es construir una casa, llamará a la obra imperfecta; Por otra parte, la llamará perfecta, tan pronto como vea que se lleva a cabo hasta el fin, que su autor se había propuesto para ella. Pero si un hombre ve una obra que nunca antes ha visto, y si no conoce la intención del artífice, es evidente que no puede saber si esa obra es perfecta o imperfecta. Tal parece ser el significado primario de estos términos.

Pero, después que los hombres comenzaron a formarse ideas generales, a pensar en tipos de casas, edificios, torres, etcétera., y a preferir ciertos tipos a otros, sucedió que cada hombre llamó perfecto a lo que veía que concordaba con la idea general que se había formado de la cosa en cuestión, y llamó imperfecto a lo que veía que concordaba menos con su propio tipo preconcebido. aunque evidentemente se había completado de acuerdo con la idea de su artífice. Esta parece ser la única razón para llamar perfectos o imperfectos a los fenómenos naturales, que en realidad no están hechos por manos humanas, porque los hombres suelen formarse ideas generales de las cosas naturales, no menos que de las cosas artificiales, y tales ideas las tienen como tipos, creyendo que la naturaleza (que creen que no hace nada sin un objeto) las tiene en vista. y los ha puesto como tipos antes que ella misma. Por lo tanto, cuando ven algo en la naturaleza que no se ajusta completamente al tipo preconcebido que se han formado de la cosa en cuestión, dicen que la naturaleza se ha quedado corta o ha errado, y ha dejado su obra incompleta. Así vemos que los hombres suelen calificar los fenómenos naturales de perfectos o imperfectos más bien por sus propios prejuicios que por el verdadero conocimiento de lo que pronuncian.

Ahora bien, en el apéndice de la primera parte hemos demostrado que la naturaleza no obra con un fin en vista. En efecto, el Ser eterno e infinito, que llamamos Dios o Naturaleza, obra por la misma necesidad que aquella por la que existe. En efecto, hemos demostrado que por la misma necesidad de su naturaleza, por la que existe, también obra (por 1/46). La razón o causa por la que Dios o la Naturaleza existen, y la razón por la que actúa, son una y la misma. Por lo tanto, así como no existe para un fin, tampoco obra para un fin; de su existencia y de su acción no hay origen ni fin. Por lo tanto, la causa que se llama final no es otra cosa que el deseo humano, en cuanto que se considera como origen o causa de algo. Por ejemplo, cuando decimos que ser habitada es la causa final de tal o cual casa, no queremos decir más que que un hombre, concibiendo las comodidades de la vida doméstica, tenía el deseo de construir una casa. Por lo tanto, el ser habitado, en cuanto que se considera como causa final, no es otra cosa que este deseo particular, que es realmente la causa eficiente; Se considera como la causa primaria, porque los hombres son generalmente ignorantes de las causas de sus deseos. Son, como ya he dicho a menudo, conscientes de sus propias acciones y apetitos, pero ignorantes de las causas por las que están determinados a un deseo particular. Por lo tanto, el dicho común de que la naturaleza a veces se queda corta, o se equivoca, y produce cosas que son imperfectas, lo anoté entre las glosas de que se trata en el apéndice de la primera parte. La perfección y la imperfección son, pues, en realidad meros modos de pensar, o nociones que nos formamos de una comparación entre unos de otros de individuos de la misma especie; por eso dije ya (por 2/6 def.) que por realidad y perfección entiendo la misma cosa. En efecto, solemos referir todas las cosas individuales de la naturaleza a un género, que se llama el género supremo, es decir, a la categoría del ser, a la que pertenecen absolutamente todos los individuos de la naturaleza. Así, en la medida en que remitimos a los individuos de la naturaleza a esta categoría y, comparándolos unos con otros, encontramos que algunos poseen más de ser o de realidad que otros, decimos, en esta medida, que algunos son más perfectos que otros. Además, en la medida en que les atribuimos algo que implique negación, como término, fin, debilidad, etcétera, las llamamos, en esta medida, imperfectas, porque no afectan a nuestra mente tanto como las cosas que llamamos perfectas, no porque tengan alguna deficiencia intrínseca, o porque la naturaleza haya cometido un error. En efecto, nada está dentro de la naturaleza de una cosa, sino lo que se sigue de la necesidad de la naturaleza de su causa eficiente, y todo lo que se sigue de la necesidad de la naturaleza de su causa eficiente se sigue necesariamente.

En cuanto a los términos bueno y malo, no indican ninguna cualidad positiva en las cosas consideradas en sí mismas, sino que son simplemente modos de pensar o nociones que nos formamos a partir de la comparación de las cosas unas con otras. Así, una misma cosa puede ser al mismo tiempo buena, mala e indiferente. Por ejemplo, la música es buena para el que está melancólico, mala para el que llora; Para el sordo, no es ni bueno ni malo.

No obstante, aunque esto sea así, los términos deben mantenerse. Porque, en la medida en que deseamos formarnos una idea del hombre como un tipo de naturaleza humana que podamos tener a la vista, nos será útil retener los términos en cuestión, en el sentido que he indicado.

En lo que sigue, pues, entenderé por "bueno" aquello que sabemos con certeza que es un medio de acercarnos más al tipo de naturaleza humana que nos hemos propuesto; por "malo", lo que ciertamente sabemos que es un obstáculo para que nos acerquemos a dicho tipo. Además, veremos que los hombres son más perfectos, o más imperfectos, en la medida en que se acercan más o menos a dicho tipo. Pues hay que hacer notar especialmente que, cuando digo que un hombre pasa de una perfección menor a una mayor, o viceversa, no quiero decir que haya cambiado de una esencia o realidad a otra; Por ejemplo, un caballo sería completamente destruido al ser transformado en un hombre, como al ser transformado en un insecto. Lo que quiero decir es que concebimos que la potencia de acción de la cosa, en la medida en que se entiende por su naturaleza, está aumentada o disminuida. Por último, como ya he dicho, por perfección en general me referiré a la realidad, es decir, a la esencia de cada cosa, en cuanto que existe y opera de una manera particular, y sin prestar atención a su duración. Pues no se puede decir que ninguna cosa sea más perfecta porque haya pasado más tiempo en la existencia. La duración de las cosas no puede ser determinada por su esencia, porque la esencia de las cosas no implica un período fijo y definido de existencia; pero todo, sea más o menos perfecto, podrá siempre persistir en la existencia con la misma fuerza con la que comenzó a existir; Por lo tanto, en este aspecto, todas las cosas son iguales.

DEFINICIONES.

I. Por bueno me refiero a lo que ciertamente sabemos que nos es útil.

II. Por mal me refiero a lo que ciertamente sabemos que es un obstáculo para nosotros en el logro de cualquier bien.

(Con respecto a estos términos, véase el prefacio anterior hacia el final.)

III. A las cosas particulares las llamo contingentes en cuanto que, considerando sólo su esencia, no encontramos en ellas nada que afirme necesariamente su existencia o la excluya.

IV. A las cosas particulares llamo posibles en cuanto a las causas por las que deben producirse, no sabemos si tales causas están determinadas para producirlas.

(En la nota 1 de la Tercera Parte, no hice distinción alguna entre lo posible y lo contingente, porque en ese lugar no había necesidad de distinguirlos con precisión.)

V. Por emociones contradictorias entiendo aquellas que arrastran a un hombre en diferentes direcciones, aunque sean de la misma clase, como el lujo y la avaricia, que son ambas especies de amor, y son contrarias, no por naturaleza, sino por accidente.

VI. Lo que entiendo por emoción sentida hacia una cosa, futuro, presente y pasado, lo expliqué en III. XVIII., Notas. I. y II., que véanse.

(Pero también debo hacer notar aquí que sólo podemos concebir claramente la distancia del espacio o del tiempo hasta un cierto límite definido; es decir, todos los objetos distantes de nosotros más de doscientos pies, o cuya distancia desde el lugar donde estamos excede de lo que podemos concebir claramente, parecen estar a una distancia igual de nosotros. y todo en el mismo plano; Del mismo modo, los objetos, cuyo tiempo de existencia se concibe como alejado del presente por un intervalo más largo de lo que podemos concebir claramente, parecen estar todos igualmente distantes del presente, y se establecen, por así decirlo, en el mismo momento del tiempo.

VII. Por un fin, por el cual hacemos algo, me refiero a un deseo.

VIII. Por virtud (virtus) y poder entiendo la misma cosa; es decir, (por 3/7), la virtud, en cuanto se refiere al hombre, es la naturaleza o esencia del hombre, en cuanto que tiene el poder de realizar lo que sólo puede ser entendido por las leyes de esa naturaleza.

AXIOMA.

No hay cosa individual en la naturaleza que no haya otra más poderosa y fuerte. Cualquier cosa que se dé, hay algo más fuerte por medio de la cual puede ser destruida.

PROPOSICIONES.

PUNTAL. I. Ninguna cualidad positiva poseída por una idea falsa es eliminada por la presencia de lo que es verdadero, en virtud de que es verdadera.

Demostración: La falsedad consiste únicamente en la privación de conocimiento que implican las ideas inadecuadas (por 2/3v), y no tienen ninguna cualidad positiva por la que se las llame falsas (por 2/33); Por el contrario, en la medida en que se refieren a Dios, son verdaderas (por 2/32). Por lo tanto, si la cualidad positiva que posee una idea falsa fuera eliminada por la presencia de lo que es verdadero, en virtud de ser verdadera, entonces una idea verdadera sería eliminada por sí misma, lo cual es absurdo. Por lo tanto, ninguna cualidad positiva poseída por una idea falsa, etcétera. Q.E.D.

Nota: Esta proposición se entiende más claramente a partir de II. xvi. Corolario. ii. Porque la imaginación es una idea, que indica más bien la disposición presente del cuerpo humano que la naturaleza del cuerpo externo; no de manera distinta, sino confusa; De donde sucede que se dice que la mente yerra. Por ejemplo, cuando miramos al sol, concebimos que está distante de nosotros unos doscientos pies; En este juicio nos equivocamos, mientras ignoramos su verdadera distancia; Cuando se conoce su verdadera distancia, se elimina el error, pero no la imaginación; O, en otras palabras, la idea del sol, que sólo explica la naturaleza de esa luminaria, en la medida en que el cuerpo es afectado por ella; por lo tanto, aunque conozcamos la distancia real, sin embargo, imaginaremos que el sol está cerca de nosotros. Porque, como dijimos en II. XXXV. Nótese que no imaginamos que el sol esté tan cerca de nosotros, porque ignoremos su verdadera distancia, sino porque la mente concibe la magnitud del sol en la medida en que el cuerpo es afectado por él. Así, cuando los rayos del sol que inciden sobre la superficie del agua se reflejan en nuestros ojos, imaginamos el sol como si estuviera en el agua, aunque seamos conscientes de su posición real; Y de manera similar, otras imaginaciones, en las que se engaña la mente, ya sea que indiquen la disposición natural del cuerpo, o que su poder de actividad haya aumentado o disminuido, no son contrarias a la verdad, y no se desvanecen con su presencia. Sucede en efecto que, cuando tememos erróneamente un mal, el miedo se desvanece cuando oímos las verdaderas noticias; pero también sucede lo contrario, a saber, que tememos un mal que ciertamente vendrá, y nuestro miedo se desvanece cuando oímos falsas noticias; así, las imaginaciones no se desvanecen en presencia de la verdad, en virtud de que sea verdadera, sino porque otras imaginaciones, más fuertes que la primera, sobrevienen y excluyen la existencia presente de lo que imaginamos, como he mostrado en II. XVII.

PUNTAL. II. Sólo somos pasivos, en la medida en que somos parte de la Naturaleza, que no puede concebirse por sí misma sin otras partes.

Demostración: Se dice que somos pasivos cuando surge en nosotros algo de lo cual no somos más que una causa parcial (por 3/2), es decir, (por 3/2), algo que no se puede deducir únicamente de las leyes de nuestra naturaleza. Por lo tanto, somos pasivos en la medida en que somos una parte de la naturaleza, que no puede ser concebida por sí misma sin otras partes. Q.E.D.

PUNTAL. III. La fuerza por la cual un hombre persiste en existir es limitada, y es infinitamente superada por el poder de las causas externas.

Demostración: Esto se deduce del axioma de esta parte. Porque, cuando se da al hombre, hay otra cosa, digamos A, más poderosa; cuando se da A, hay otra cosa, digamos B, más poderosa que A, y así hasta el infinito; Así, el poder del hombre está limitado por el poder de alguna otra cosa, y es infinitamente superado por el poder de las causas externas. Q.E.D.

PUNTAL. IV. Es imposible que el hombre no sea parte de la naturaleza, o que no sea capaz de sufrir ningún cambio, excepto aquellos que sólo pueden ser entendidos por su naturaleza como su causa adecuada.

Demostración: La potencia por la que cada cosa particular, y por consiguiente el hombre, conserva su ser, es potencia de Dios o de la naturaleza (1/24). Corolario.); no en cuanto que es infinita, sino en cuanto puede ser explicada por la esencia humana actual (por 3/7). Así, pues, la potencia del hombre, en cuanto se explica por su propia esencia actual, es una parte de la potencia infinita de Dios o de la naturaleza, es decir, de su esencia (por 1/44). Este fue nuestro primer punto. Además, si fuera posible que el hombre no sufriera cambios que no fueran los que sólo pueden entenderse por la naturaleza del hombre, se seguiría que no podría morir, sino que existiría necesariamente siempre; Esta sería la consecuencia necesaria de una causa cuyo poder fuera finito o infinito; es decir, o bien sólo del poder del hombre, en la medida en que sería capaz de eliminar de sí mismo todos los cambios que pudieran provenir de causas externas; o del poder infinito de la naturaleza, por el cual todas las cosas individuales estarían ordenadas de tal manera que el hombre sería incapaz de sufrir cualquier cambio que no fuera el que tendiera a su propia conservación. Pero la primera alternativa es absurda (por la última proposición, cuya prueba es universal y puede aplicarse a todas las cosas individuales). Por lo tanto, si es posible que el hombre no sea capaz de sufrir ningún cambio, excepto aquellos que sólo pueden explicarse por su propia naturaleza, y que, por consiguiente, siempre (como hemos demostrado) debe existir necesariamente; Es necesario que tal resultado se siga del poder infinito de Dios y, por consiguiente (por 1/6) de la necesidad de la naturaleza divina, en cuanto que se la considera afectada por la idea de un hombre dado, es necesario que todo el orden de la naturaleza, tal como se concibe bajo los atributos de la extensión y del pensamiento. Se seguiría, pues, que el hombre es infinito, lo cual (por la primera parte de esta prueba) es absurdo. Por lo tanto, es imposible que el hombre no experimente ningún cambio excepto aquellos de los cuales es la causa adecuada. Q.E.D.

Corolario: De aquí se sigue que el hombre es necesariamente siempre presa de sus pasiones, que sigue y obedece al orden general de la naturaleza, y que se acomoda a él en la medida en que la naturaleza de las cosas lo exige.

PUNTAL. El poder y el aumento de toda pasión y su persistencia en existir no se definen por el poder con el que nosotros mismos nos esforzamos por persistir en existir, sino por el poder de una causa externa comparada con la nuestra.

Demostración: La esencia de una pasión no puede explicarse sólo por nuestra esencia (3/3). definitivamente. Es decir, (por 3/7), la potencia de una pasión no puede ser definida por la potencia por la que nosotros mismos nos esforzamos por persistir en existir, sino que (como se muestra en 2/16) debe ser necesariamente definida por la potencia de una causa externa comparada con la nuestra. Q.E.D.

PUNTAL. VI. La fuerza de cualquier pasión o emoción puede vencer el resto de las actividades o el poder de un hombre, de modo que la emoción se fija obstinadamente a él.

Demostración: La fuerza y el aumento de cualquier pasión y su persistencia en existir se definen por el poder de una causa externa comparada con la nuestra (por la proposición anterior); por lo tanto, (4/3) puede vencer el poder de un hombre, etcétera. Q.E.D.

PUNTAL. VII. Una emoción sólo puede ser controlada o destruida por otra emoción contraria a ella, y con más poder para controlar la emoción.

Demostración: La emoción, en cuanto se refiere a la mente, es una idea por la cual la mente afirma de su cuerpo una fuerza de existencia mayor o menor que antes (cf. la definición general de las emociones al final de la tercera parte). Por lo tanto, cuando la mente es asaltada por cualquier emoción, el cuerpo se ve al mismo tiempo afectado con una modificación por la cual su poder de actividad aumenta o disminuye. Ahora bien, esta modificación del cuerpo (por 4/5) recibe de su causa la fuerza de persistencia en su ser; fuerza que sólo puede ser reprimida o destruida por una causa corporal (por 2/6), en virtud de que el cuerpo está afectado por una modificación contraria a la (por 3/5) y más fuerte que él mismo (por 4/4). Ax.); por lo tanto, (por

2/11) la mente es afectada por la idea de una modificación contraria y más fuerte que la modificación anterior, en otras palabras, (según la definición general de las emociones) la mente será afectada por una emoción contraria y más fuerte que la emoción anterior, que excluirá o destruirá la existencia de la emoción anterior; Por lo tanto, una emoción no puede ser destruida ni controlada excepto por una emoción contraria y más fuerte. Q.E.D.

Corolario: Una emoción, en la medida en que se refiere a la mente, sólo puede ser controlada o destruida mediante la idea de una modificación del cuerpo contraria y más fuerte que la que estamos sufriendo. En efecto, la emoción que experimentamos sólo puede ser reprimida o destruida por una emoción contraria a ella misma y más fuerte que ella, en otras palabras, (según la definición general de las emociones) sólo por una idea de una modificación del cuerpo contraria y más fuerte que la modificación que sufrimos.

PUNTAL. VIII. El conocimiento del bien y del mal no es otra cosa que las emociones de placer o dolor, en la medida en que somos conscientes de ello.

Demostración: Llamamos a una cosa buena o mala cuando es útil o al revés para conservar nuestro ser (4.1) definitivamente. i. y ii.), es decir, (por 3/vii), cuando aumenta o disminuye, ayuda o dificulta, nuestra facultad de actividad. Así, en la medida en que percibimos que una cosa nos afecta con placer o dolor, la llamamos bien o mal; por lo tanto, el conocimiento del bien y del mal no es otra cosa que la idea del placer o del dolor, que se sigue necesariamente de esa emoción placentera o dolorosa (por 2/22). Pero esta idea está unida a la emoción de la misma manera que la mente está unida al cuerpo (por 2/11); Es decir, no hay distinción real entre esta idea y la emoción o idea de la modificación del cuerpo, excepto en la concepción solamente. Por lo tanto, el conocimiento del bien y del mal no es otra cosa que la emoción, en la medida en que somos conscientes de ella. Q.E.D.

PUNTAL. IX. Una emoción de la cual concebimos que la causa está con nosotros en el momento presente, es más fuerte que si no concebiéramos que la causa está con nosotros.

Demostración: La imaginación o concepto es la idea por la cual el alma considera una cosa como presente (por 2/77), pero que indica la disposición de la mente más bien que la naturaleza de la cosa externa (por 2/16). Corolario. Una emoción es, por lo tanto, un concepto, en cuanto indica la disposición del cuerpo. Pero un concepto (por 2/17) es más fuerte en tanto que no concebimos nada que excluya la existencia presente del objeto externo; Por lo tanto, una emoción es también más fuerte o más intensa cuando concebimos que la causa está con nosotros en el momento presente, que cuando no concebimos que la causa esté con nosotros. Q.E.D.

Nota.—Cuando dije más arriba en III. XVIII. que somos afectados por la imagen de lo que es pasado o futuro con la misma emoción que si la cosa concebida estuviera presente, dije expresamente que esto sólo es verdad en la medida en que miramos únicamente a la imagen de la cosa en cuestión misma; porque la naturaleza de la cosa no ha cambiado, ya sea que la hayamos concebido o no; No he negado que la imagen se debilita cuando consideramos como presentes a nosotros otras cosas que excluyen la existencia presente del objeto futuro: no llamé expresamente la atención sobre el hecho, porque me proponía tratar de la fuerza de las emociones en esta parte de mi trabajo.

Corolario: La imagen de algo pasado o futuro, es decir, de una cosa que consideramos en relación con el tiempo pasado o con el tiempo futuro, con exclusión del tiempo presente, es, cuando las demás condiciones son iguales, más débil que la imagen de algo presente; En consecuencia, una emoción sentida hacia lo que es pasado o futuro es menos intensa, en igualdad de condiciones, que una emoción sentida hacia algo presente.

PUNTAL. X. Hacia algo futuro, que concebimos como cercano, nos afecta más intensamente que si concebimos que su tiempo de existencia está separado del presente por un intervalo más largo; Del mismo modo, por el recuerdo de lo que concebimos que no ha pasado hace mucho tiempo, nos afecta más intensamente que si concebimos que ha pasado hace mucho tiempo.

Demostración: En la medida en que concebimos una cosa como próxima o no pasada hace mucho tiempo, concebimos menos lo que excluye la presencia del objeto que si su período de existencia futura estuviera más distante del presente, o si hubiera pasado hace mucho tiempo (esto es obvio), por lo tanto (por la proposición anterior) somos: hasta ahora, más intensamente afectado hacia él. Q.E.D.

Corolario.—De las observaciones hechas en la Def. VI. De esta parte se deduce que, si los objetos están separados del presente por un período más largo de lo que podemos definir en la concepción, aunque sus fechas de aparición estén muy separadas entre sí, todas nos afectan igualmente débilmente.

PUNTAL. XI. Una emoción hacia lo que concebimos como necesario es, cuando las demás condiciones son iguales, más intensa que una emoción hacia lo que es posible, contingente o no necesario.

Demostración: En la medida en que concebimos una cosa como necesaria, afirmamos en esa medida su existencia; por otra parte, negamos la existencia de una cosa, en la medida en que concebimos que no es necesaria (I. xxxiii. nota. I); por lo cual (por 4/9) la emoción hacia lo necesario es, en igualdad de condiciones, más intensa que la emoción que no es necesaria. Q.E.D.

PUNTAL. XII. Una emoción hacia una cosa, que sabemos que no existe en el momento presente, y que concebimos como posible, es más intensa, en igualdad de condiciones, que una emoción hacia una cosa contingente.

Demostración: En la medida en que concebimos una cosa como contingente, nos afecta el concepto de otra cosa que afirmaría la existencia de la primera (por 4/3). Pero, por otra parte, concebimos (por hipótesis) ciertas cosas que excluyen su existencia presente. Pero, en la medida en que concebimos que una cosa es posible en el futuro, concebimos cosas que afirman su existencia (por 4/4), es decir, (por 3/18), cosas que promueven la esperanza o el temor, por lo que la emoción hacia algo posible es más vehemente. Q.E.D.

Corolario: Una emoción hacia una cosa que sabemos que no existe en el presente, y que concebimos como contingente, es mucho más débil que si concebimos que la cosa está presente con nosotros.

Demostración: La emoción hacia una cosa que concebimos que existe es más intensa de lo que sería si concibiéramos la cosa como futura (por 4/9). Corolario), y es mucho más vehemente que si se concibiera el tiempo futuro como muy distante del presente (por 4/1). Por lo tanto, la emoción hacia una cosa, cuyo período de existencia concebimos muy distante del presente, es mucho más débil que si concebimos la cosa como presente; Es, sin embargo, más intensa que si concibiéramos la cosa como contingente, por lo que una emoción hacia una cosa que consideramos contingente será mucho más débil que si concebiéramos que la cosa está presente con nosotros. Q.E.D.

PUNTAL. XIII. La emoción hacia una cosa contingente, que sabemos que no existe en el presente, es, en igualdad de condiciones, más débil que una emoción hacia una cosa pasada.

Demostración: En la medida en que concebimos una cosa como contingente, no nos afecta la imagen de ninguna otra cosa que afirme la existencia de dicha cosa (por 4/3), sino que, por hipótesis, concebimos ciertas cosas que excluyen su existencia presente. Pero, en la medida en que lo concebimos en relación con el tiempo pasado, se supone que concebimos algo que recuerda la cosa a la memoria, o que excita la imagen de ella (por 2/18 y nota), que es lo mismo que considerarla como presente (por 2/17). Corolario). Por lo tanto, una emoción hacia una cosa contingente, que sabemos que no existe en el presente, es más débil, en igualdad de condiciones, que una emoción hacia una cosa pasada. Q.E.D.

PUNTAL. XIV. Un verdadero conocimiento del bien y del mal no puede controlar ninguna emoción por el hecho de ser verdadera, sino sólo en la medida en que se considera como una emoción.

Demostración: Una emoción es una idea, por la cual el alma afirma de su cuerpo una fuerza de existencia mayor o menor que antes (según la definición general de las emociones); por lo tanto, no tiene ninguna cualidad positiva, que pueda ser destruida por la presencia de lo que es verdadero; Por consiguiente, el conocimiento del bien y del mal no puede, por el hecho de ser verdadero, refrenar ninguna emoción. Pero, en la medida en que tal conocimiento es una emoción (por 4/8), si tiene más fuerza para refrenar la emoción, en esa medida será capaz de refrenar la emoción dada. Q.E.D.

PUNTAL. XV. El deseo que surge del conocimiento del bien y del mal puede ser apagado o refrenado por muchos de los otros deseos que surgen de las emociones por las que somos asaltados.

Demostración: Del verdadero conocimiento del bien y del mal, en cuanto que es emoción, surge necesariamente el deseo (por la definición de los afectos), cuya fuerza es proporcionada a la fuerza del afecto de donde procede (por 3/37). Pero, en la medida en que este deseo surge (por hipótesis) del hecho de que comprendemos verdaderamente cualquier cosa, se sigue que también está presente en nosotros, en cuanto que somos activos (por 3/1), y por lo tanto debe ser entendido sólo por nuestra esencia (por 3/2); por consiguiente (por 3/7), su fuerza y aumento sólo pueden ser definidos por la fuerza humana. Además, los deseos que surgen de las emociones por las que somos asaltados son más fuertes, en la medida en que dichas emociones son más vehementes; por lo tanto, su fuerza y su aumento deben ser definidos únicamente por el poder de las causas externas, las cuales, comparadas con nuestro propio poder, lo superan indefinidamente (por 4/3); Por lo tanto, los deseos que surgen de emociones semejantes pueden ser más vehementes que el deseo que surge de un verdadero conocimiento del bien y del mal, y pueden, por consiguiente, controlarlo o apagarlo. Q.E.D.

PUNTAL. XVI. El deseo que surge del conocimiento del bien y del mal, en la medida en que tal conocimiento se refiere a lo que es futuro, puede ser más fácilmente controlado o apagado que el deseo de lo que es agradable en el momento presente.

Demostración: El afecto hacia una cosa que concebimos como futura es más débil que el afecto hacia una cosa presente (por 4/9). Corolario). Pero el deseo, que surge del verdadero conocimiento del bien y del mal, aunque se refiera a las cosas que son buenas en el momento, puede ser apagado o controlado por cualquier deseo testarudo (por la última proposición, cuya prueba es de aplicación universal). Por lo tanto, el deseo que surge de este conocimiento, cuando se refiere al futuro, puede ser más fácilmente controlado o apagado, etcétera. Q.E.D.

PUNTAL. XVII. El deseo que surge del verdadero conocimiento del bien y del mal, en cuanto que este conocimiento se refiere a lo contingente, puede ser controlado mucho más fácilmente que el deseo de las cosas presentes.

Demostración.– Esta proposición se prueba de la misma manera que la última proposición de IV. xii. Corolario.

Creo haber mostrado ahora la razón por la que los hombres se dejan mover más fácilmente por la opinión que por la verdadera razón, por la que el verdadero conocimiento del bien y del mal suscita conflictos en el alma y a menudo cede a toda clase de pasiones. Este estado de cosas dio lugar a la exclamación del poeta: "Cuanto mejor camino miro y apruebo, peor seguiré".

[12]   Ov.   Conocido. vii.20, "Video meliora proboque, Deteriora sequor".

Eclesiastés parece haber tenido el mismo pensamiento en su mente, cuando dice: "El que aumenta el conocimiento, aumenta la tristeza". No he escrito lo que antecede con el objeto de sacar la conclusión de que la ignorancia es más excelente que el conocimiento, o que un hombre sabio está a la par de un tonto en el control de sus emociones, sino porque es necesario conocer el poder y la debilidad de nuestra naturaleza, antes de que podamos determinar lo que la razón puede hacer para refrenar las emociones, y lo que está más allá de su poder. He dicho que en esta parte me limitaré a tratar de la debilidad humana. El poder de la razón sobre las emociones que he decidido tratar por separado.

PUNTAL. XVIII. El deseo que nace del placer es, en igualdad de condiciones, más fuerte que el deseo que nace del dolor.

Demostración: El deseo es la esencia del hombre (por 1) de las emociones, es decir, el esfuerzo por el que el hombre se esfuerza por persistir en su propio ser. Por lo tanto, el deseo que nace de la delectación se acrecienta o se acrecienta por el hecho de sentir, aumentar o ayudar; Por el contrario, el deseo que nace del dolor es, por el hecho de que el dolor se siente, disminuido o obstaculizado; Por lo tanto, la fuerza del deseo que surge del placer debe ser definida por el poder humano junto con el poder de una causa externa, mientras que el deseo que surge del dolor debe ser definido solo por el poder humano. Por lo tanto, el primero es el más fuerte de los dos. Q.E.D.

En estas pocas observaciones he explicado las causas de la debilidad e inconstancia humanas, y he mostrado por qué los hombres no se atienen a los preceptos de la razón. Ahora me resta mostrar qué curso nos ha marcado la razón, cuáles de las emociones están en armonía con las reglas de la razón humana y cuáles de ellas son contrarias a ellas. Pero, antes de comenzar a probar mis proposiciones de una manera geométrica detallada, es aconsejable esbozarlas brevemente de antemano, para que todos puedan comprender más fácilmente mi significado.

Como la razón no exige nada contrario a la naturaleza, exige que cada hombre se ame a sí mismo, que busque lo que le es útil, es decir, lo que le es realmente útil, que desee todo lo que realmente lleve al hombre a una mayor perfección, y que cada uno por sí mismo se esfuerce en la medida de sus posibilidades por conservar su propio ser. Esto es tan necesariamente cierto como que un todo es mayor que su parte (Cf. III. 4).

Además, como la virtud no es otra cosa que el obrar según las leyes de la propia naturaleza (por 4/4 def. 8), y como nadie se esfuerza por conservar su propio ser si no es según las leyes de su propia naturaleza, se sigue, en primer lugar, que el fundamento de la virtud es el esfuerzo por conservar el propio ser. y que la felicidad consiste en el poder del hombre de conservar su propio ser; en segundo lugar, que la virtud debe ser deseada por sí misma, y que no hay nada más excelente o más útil para nosotros, por el cual debemos desearla; En tercer y último lugar, que los suicidas son débiles mentales y son vencidos por causas externas repugnantes a su naturaleza. De la cuarta parte del postulado se deduce que nunca podemos llegar a prescindir de todas las cosas externas para la conservación de nuestro ser o de nuestro vivir, de modo que no tengamos relaciones con las cosas que están fuera de nosotros. Además, si consideramos nuestra mente, vemos que nuestro entendimiento sería más imperfecto si la mente estuviera sola y no pudiera entender nada más que a sí misma. Hay, pues, muchas cosas fuera de nosotros que nos son útiles y, por lo tanto, son deseables. De éstas no se puede discernir ninguna más excelente que las que están en entera conformidad con nuestra naturaleza. Pues si, por ejemplo, se unen dos individuos de la misma naturaleza, forman una combinación dos veces más poderosa que cualquiera de ellos individualmente.

Por lo tanto, para el hombre no hay nada más útil que el hombre, nada, repito, más excelente para preservar su ser que los hombres puedan desear que todos estén de acuerdo en todos los puntos, que las mentes y los cuerpos de todos formen, por así decirlo, una sola mente y un solo cuerpo, y que todos deban De común acuerdo, en la medida de sus posibilidades, esfuércense por conservar su ser, y todos de común acuerdo buscan lo que es útil a todos. Por lo tanto, los hombres que son gobernados por la razón, es decir, que buscan lo que les es útil de acuerdo con la razón, no desean para sí mismos nada que no deseen también para el resto de la humanidad y, por consiguiente, son justos, fieles y honorables en su conducta.

Tales son los dictados de la razón, que me propuse indicar brevemente antes de comenzar a probarlos con mayor detalle. He seguido este camino, con el fin, si es posible, de llamar la atención de aquellos que creen que el principio de que todo hombre está obligado a buscar lo que es útil para sí mismo es el fundamento de la impiedad, más que de la piedad y la virtud.

Por lo tanto, después de haber demostrado brevemente que lo contrario es el caso, paso a probarlo por el mismo método con el que he procedido hasta ahora.

PUNTAL. XIX. Todo hombre, por las leyes de su naturaleza, necesariamente desea o se rehúsa de lo que considera bueno o malo.

Demostración: El conocimiento del bien y del mal es (por 4/8) el afecto del placer o del dolor, en cuanto que somos conscientes de ello; Por lo tanto, todo hombre desea necesariamente lo que piensa que es bueno, y se rehúye de lo que piensa mal. Ahora bien, este apetito no es otra cosa que la naturaleza o esencia del hombre (cf. Definición del apetito, por 3/9, nota, y Def. de los afectos, i.). Por lo tanto, todo hombre, sólo por las leyes de su naturaleza, desea lo uno y se aparta de lo otro, etcétera. Q.E.D.

PUNTAL. XX. Cuanto más se esfuerza cada hombre, y es capaz de buscar lo que le es útil, es decir, de conservar su propio ser, tanto más está dotado de virtud; Por el contrario, en la medida en que un hombre descuida la búsqueda de lo que le es útil, es decir, de conservar su propio ser, carece de poder.

Demostración: La virtud es la potencia humana, que se define únicamente por la esencia del hombre (por 4/8), es decir, que se define únicamente por el esfuerzo que el hombre hace para persistir en su propio ser. Por lo tanto, cuanto más se esfuerza el hombre y es capaz de conservar su propio ser, tanto más está dotado de virtud, y, por consiguiente (por 3/4 y 6), en la medida en que el hombre descuida la conservación de su propio ser, carece de poder. Q.E.D.

Por lo tanto, nadie deja de buscar su propio bien o de conservar su propio ser, a menos que sea vencido por causas externas y extrañas a su naturaleza. Nadie, digo, por necesidad de su propia naturaleza, o de otra manera que no sea por

compulsión de causas externas, se rehúsa de comer o se mata a
sí mismo, lo cual puede hacerse de diversas maneras. Un
hombre, por ejemplo, se mata a sí mismo bajo la compulsión de
otro hombre, que le gira la mano derecha, con la que
casualmente tomó una espada, y le obliga a volver la hoja contra
su propio corazón; o, también, puede verse obligado, como
Séneca, por mandato de un tirano, a abrirse las venas, es decir, a
escapar de un mal mayor incurriendo en uno menor; o, por
último, las causas externas latentes pueden desordenar su
imaginación de tal manera y afectar su cuerpo de tal manera, que
puede asumir una naturaleza contraria a la anterior, y de la cual
la idea no puede existir en la mente (por 3/4). Pero que un
hombre, por la necesidad de su propia naturaleza, se esfuerce por
llegar a ser inexistente, es tan imposible como que algo sea
hecho de la nada, como cada uno verá por sí mismo, después de
una pequeña reflexión.

PUNTAL. XXI. Nadie puede desear ser bienaventurado,
obrar rectamente y vivir rectamente, sin querer al mismo tiempo
ser, obrar y vivir, es decir, existir realmente.

Demostración: La prueba de esta proposición, o más bien
de la proposición misma, es evidente por sí misma, y también lo
es por la definición del deseo. En efecto, el deseo de vivir, de
obrar, bienaventurada o rectamente, es la esencia del hombre, es
decir, el esfuerzo que cada uno hace por conservar su propio ser.
Por lo tanto, nadie puede desear, etcétera. Q.E.D.

PUNTAL. XXII. Ninguna virtud puede concebirse como
anterior a este esfuerzo por conservar el propio ser.

Demostración: El esfuerzo por conservarse es la esencia de
una cosa (por 3/7); Por lo tanto, si una virtud pudiera concebirse
como anterior a ella, la esencia de una cosa tendría que ser
concebida como anterior a sí misma, lo cual es evidentemente
absurdo. Luego ninguna virtud, etcétera. Q.E.D.

Corolario: El esfuerzo por conservarse es el primer y único fundamento de la virtud. Pues antes de este principio nada puede ser concebido, y sin él no se puede concebir ninguna virtud.

PUNTAL. XXIII. El hombre, en cuanto está determinado a una acción determinada porque tiene ideas inadecuadas, no puede decirse absolutamente que obre en obediencia a la virtud; Sólo puede ser descrito así, en la medida en que está determinado a la acción porque comprende.

Demostración: En la medida en que el hombre se determina a una acción por tener ideas inadecuadas, es pasivo (por 3/1), es decir, (por 3/1). definitivamente. hace algo que no puede ser percibido únicamente a través de su esencia, es decir, que no se sigue de su virtud. Pero, en la medida en que está determinado a una acción porque comprende, es activo; Es decir, hace algo, que se percibe a través de su sola esencia, o que se sigue adecuadamente de su virtud. Q.E.D.

PUNTAL. XXIV. Obrar absolutamente en obediencia a la virtud es en nosotros lo mismo que obrar, vivir o conservar el propio ser (estos tres términos son idénticos en significado) según los dictados de la razón sobre la base de la búsqueda de lo que es útil para uno mismo.

Demostración: Obrar absolutamente en obediencia a la virtud no es otra cosa que obrar según las leyes de la propia naturaleza. Pero sólo obramos en cuanto entendemos (por 3/3), por lo que obrar en obediencia a la virtud no es en nosotros otra cosa que obrar, vivir o conservar el propio ser en obediencia a la razón, y esto sobre la base de buscar lo que nos es útil (4/22). Corolario). Q.E.D.

PUNTAL. XXV. Nadie desea conservar su ser por causa de otra cosa.

Demostración: El esfuerzo con que cada cosa se esfuerza por persistir en su ser, se define únicamente por la esencia de la cosa misma (por 3/7); De esto solo, y no de la esencia de otra cosa, se sigue necesariamente (por 3/6) que cada uno se esfuerza por conservar su ser. Por otra parte, esta proposición es evidente desde IV. xxii. Corolario, porque si un hombre se esforzara por conservar su ser por causa de cualquier otra cosa, la última cosa nombrada sería obviamente la base de la virtud, lo cual, por el corolario anterior, es absurdo. Por lo tanto, nadie, etcétera. Q.E.D.

PUNTAL. XXVI. Todo lo que nos esforcemos en obediencia a la razón no es más que entender; Tampoco la mente, en la medida en que se sirve de la razón, juzga nada que le sea útil, excepto las cosas que conducen al entendimiento.

Demostración: El esfuerzo por conservarse no es otra cosa que la esencia de la cosa de que se trata (por 3/7), la cual, en cuanto que existe tal como es, se concibe que tiene fuerza para continuar existiendo (por 3/6) y hacer las cosas que necesariamente se siguen de su naturaleza dada (véase la definición del apetito: III. ix. Nota). Pero la esencia de la razón no es otra cosa que nuestra mente, en la medida en que ella entiende clara y distintamente (véase la definición en 2/11, nota II.); por lo tanto, todo lo que nos esforzamos en obediencia a la razón no es otra cosa que entender. Además, puesto que este esfuerzo de la mente con el que la mente se esfuerza, en la medida en que razona, en conservar su propio ser, no es otra cosa que el entendimiento; este esfuerzo de comprensión es (IV. xxii. Corolario.) la primera y única base de la virtud, y no nos esforzaremos por entender las cosas en aras de ningún objeto ulterior (IV. xxv.); Por otra parte, la mente, en la medida en que razona, no podrá concebir ningún bien para sí misma, excepto las cosas que conducen al entendimiento.

PUNTAL. XXVII. No sabemos nada que sea ciertamente bueno o malo, excepto las cosas que realmente conducen al entendimiento, o las que pueden impedirnos la comprensión.

Demostración: El espíritu, en cuanto razona, no desea nada más allá del entendimiento, y no juzga que nada le sea útil, excepto las cosas que conducen al entendimiento (por la proposición anterior). Pero la mente (por 2/11, 133 y nota) no puede poseer certeza acerca de nada, excepto en la medida en que tiene ideas adecuadas, o (lo que por la nota XLI es lo mismo) en cuanto razona. Por lo tanto, no sabemos que nada sea bueno o malo sino las cosas que realmente conducen, etcétera. Q.E.D.

PUNTAL. XXVIII. El mayor bien de la mente es el conocimiento de Dios, y la mayor virtud de la mente es conocer a Dios.

Demostración: El alma no es capaz de entender nada más alto que Dios, es decir, un ser absolutamente infinito y sin el cual nada puede ser ni ser concebido; por lo tanto, (por 4/26 y 27/4), la mayor utilidad o bien de la mente (por 4/2/1) es el conocimiento de Dios. Además, la mente es activa sólo en la medida en que comprende, y sólo en la misma medida puede decirse que actúa absolutamente virtuosamente. La virtud absoluta de la mente es, por lo tanto, comprender. Ahora bien, como ya hemos mostrado, lo más elevado que la mente puede entender es Dios; por lo tanto, la virtud más alta de la mente es comprender o conocer a Dios. Q.E.D.

PUNTAL. XXIX. Ninguna cosa individual, que sea enteramente diferente de nuestra propia naturaleza, puede ayudar o controlar nuestro poder de actividad, y absolutamente nada puede hacernos bien o mal, a menos que tenga algo en común con nuestra naturaleza.

Demostración: La potencia de cada cosa individual y, por consiguiente, la potencia del hombre, por la que existe y obra, sólo puede ser determinada por una cosa individual (por 1/28), cuya naturaleza (por 2/6) debe entenderse por la misma naturaleza que por la que se concibe la naturaleza humana. Por lo tanto, nuestra potencia de actividad, cualquiera que sea su concepción, puede ser determinada y, por consiguiente, ayudada o obstaculizada por la potencia de cualquier otra cosa individual que tenga algo en común con nosotros, pero no por la potencia de algo cuya naturaleza sea completamente diferente de la nuestra; y puesto que llamamos bien o mal a lo que es causa del placer o del dolor (por 4/8), es decir, (por 3/11), que aumenta o disminuye, ayuda o dificulta nuestra facultad de actividad; Por lo tanto, lo que es enteramente diferente de nuestra naturaleza no puede ser ni bueno ni malo para nosotros. Q.E.D.

PUNTAL. XXX. Una cosa no puede ser mala para nosotros por la cualidad que tiene en común con nuestra naturaleza, pero es mala para nosotros en cuanto es contraria a nuestra naturaleza.

Demostración: Llamamos mala a una cosa cuando es causa de dolor (por 4/8), es decir, cuando (por la definición que se verá en la tercera nota 1/1) cuando disminuye o restringe nuestra facultad de acción. Por lo tanto, si algo fuera malo para nosotros por la cualidad que tiene en común con nuestra naturaleza, sería capaz de disminuir o reprimir lo que tiene en común con nuestra naturaleza, lo cual es absurdo. Por lo tanto, nada puede ser malo para nosotros por la cualidad que tiene en común con nosotros, pero, por otra parte, en la medida en que es malo para nosotros, es decir, como acabamos de demostrar, en la medida en que puede disminuir o controlar nuestra potencia de acción, es contrario a nuestra naturaleza. Q.E.D.

PUNTAL. XXXI. En cuanto que una cosa está en armonía con nuestra naturaleza, es necesariamente buena.

Demostración: En cuanto una cosa está en armonía con nuestra naturaleza, no puede ser mala para ella. Por lo tanto, será necesariamente bueno o indiferente. Si se supone que no es ni bueno ni malo, nada se seguirá de su naturaleza (por 4/4 def.), que tiende a la conservación de nuestra naturaleza, es decir, que (por hipótesis) tiende a la conservación de la cosa misma; pero esto (III. VI.) es absurdo; Por lo tanto, en la medida en que una cosa está en armonía con nuestra naturaleza, es necesariamente buena. Q.E.D.

Corolario: De aquí se sigue que, en la medida en que una cosa está en armonía con nuestra naturaleza, así es más o mejor para nosotros, y viceversa, en la medida en que una cosa es más útil para nosotros, así es más en armonía con nuestra naturaleza. Porque, en la medida en que no esté en armonía con nuestra naturaleza, será necesariamente diferente de ella o contraria a ella. Si es diferente, no puede ser ni bueno ni malo (IV. xxix.); si es contrario, será contrario a lo que está en armonía con nuestra naturaleza, es decir, contrario a lo que es bueno, en resumen, malo. Por lo tanto, nada puede ser bueno, excepto en la medida en que está en armonía con nuestra naturaleza; Y por eso una cosa es útil, en la medida en que está en armonía con nuestra naturaleza, y viceversa. Q.E.D.

PUNTAL. XXXII. En cuanto que los hombres son presa de las pasiones, no puede decirse, en este respecto, que estén naturalmente en armonía.

Demostración: Las cosas que se dice que están naturalmente en armonía, se entiende que concuerdan en la potencia (por 3/7), no en la falta de poder o en la negación, y por consiguiente no en la pasión (por 3/3/nota); Por lo tanto, no se puede decir que los hombres, en cuanto presa de sus pasiones, estén naturalmente en armonía. Q.E.D.

Nota.—Esto también es evidente; Porque, si decimos que el blanco y el negro sólo concuerdan en el hecho de que ninguno de los dos es rojo, afirmamos absolutamente que no concuerdan en nada en nada. Así, pues, si decimos que un hombre y una piedra sólo concuerdan en el hecho de que ambos son finitos, es decir, que carecen de potencia, que no existen por la necesidad de su propia naturaleza o, por último, que son superados indefinidamente por la potencia de las causas externas, ciertamente afirmaríamos que un hombre y una piedra no son iguales en nada; Por lo tanto, las cosas que concuerdan sólo en la negación, o en cualidades que ninguna de las dos posee, realmente no concuerdan en ningún aspecto.

PUNTAL. XXXIII. Los hombres pueden diferir en naturaleza, en cuanto son asaltados por aquellas emociones, que son pasiones, o estados pasivos; y en esta medida un mismo hombre es variable e inconstante.

Demostración: La naturaleza o esencia de los afectos no puede explicarse únicamente por nuestra esencia o naturaleza (3. definitivamente. I., II.), pero debe ser definida por la potencia, es decir, (por 3/7), por la naturaleza de las causas externas en comparación con las nuestras; De aquí se sigue que hay tantas clases de cada afecto como objetos externos por los que somos afectados (por 3/16), y que los hombres pueden ser afectados de manera diferente por un mismo objeto (por 3/1), y en esta medida difieren en la naturaleza; Por último, que un mismo hombre puede ser afectado de manera diferente hacia el mismo objeto y, por lo tanto, puede ser variable e inconstante. Q.E.D.

PUNTAL. XXXIV. En la medida en que los hombres son asaltados por emociones que son pasiones, pueden ser contrarias entre sí.

Demostración: Un hombre, por ejemplo Pedro, puede ser la causa de que Pablo sienta dolor, porque él (Pedro) posee algo semejante a lo que Pablo odia (por 3/16), o porque Pedro tiene la posesión exclusiva de una cosa que Pablo también ama (por 3/32 y nota), o por otras causas (las principales de las cuales se enumeran en la nota III/4); Por lo tanto, puede suceder que Pablo odie a Pedro (por definición de las emociones, VII), y por consiguiente también puede suceder fácilmente que Pedro odie a Pablo a su vez, y que cada uno se esfuerce por hacer daño al otro (por 3/39), es decir, que sean contrarios el uno al otro. Pero la emoción del dolor es siempre una pasión o un estado pasivo (por 3/4); Por lo tanto, los hombres, en cuanto son asaltados por emociones que son pasiones, pueden ser contrarios unos a otros. Q.E.D.

Nota: Dije que Pablo puede odiar a Pedro, porque concibe que Pedro posee algo que él (Pablo) también ama; De esto parece seguirse, a primera vista, que estos dos hombres, por amar ambos la misma cosa y, por consiguiente, por concordar sus respectivas naturalezas, se interponen el uno en el otro; si esto fuera así, Props. XXX. y XXXI. de esta parte sería falso. Pero si prestamos nuestra atención imparcial al asunto, veremos que la discrepancia se desvanece. En efecto, los dos hombres no se esfuerzan el uno al otro en virtud de la concordancia de sus naturalezas, es decir, porque ambos aman la misma cosa, sino en virtud de que el uno difiere del otro. Porque, en la medida en que cada uno ama la misma cosa, el amor de cada uno se fomenta con ello (por 3/31), es decir, (por la definición de los afectos, 6) se fomenta el placer de cada uno. Por lo tanto, lejos de ser el caso, que estén en desacuerdo por amar ambos la misma cosa y por la concordancia en sus naturalezas. La causa de su oposición radica, como he dicho, únicamente en el hecho de que se supone que difieren. En efecto, suponemos que Pedro tiene la idea del objeto amado como si ya estuviera en su posesión, mientras que Pablo tiene la idea del objeto amado como perdido. Por lo tanto, un hombre será afectado por el placer, el otro será afectado por el dolor, y así estarán en desacuerdo el uno con el otro. De la misma manera, podemos demostrar fácilmente que todas las demás causas del odio dependen únicamente de las diferencias y no de la concordancia entre las naturalezas de los hombres.

PUNTAL. XXXV. Sólo en la medida en que los hombres viven en obediencia a la razón, concuerdan necesariamente en la naturaleza.

Demostración: En la medida en que los hombres son asaltados por sentimientos que son pasiones, pueden ser de naturaleza diferente (por 4/33) y estar en desacuerdo entre sí. Pero sólo se dice que los hombres son activos en cuanto que obran en obediencia a la razón (por 3/3); por lo tanto, lo que se sigue de la naturaleza humana, en cuanto que está definida por la razón, debe entenderse únicamente por la naturaleza humana como su causa próxima. Pero como cada hombre, por las leyes de su naturaleza, desea lo que considera bueno, y se esfuerza por eliminar lo que considera malo (4/11); y además, puesto que lo que nosotros, de acuerdo con la razón, juzgamos bueno o malo, es necesariamente bueno o malo (II. XLI.); De aquí se sigue que los hombres, en la medida en que viven en obediencia a la razón, no hacen necesariamente más que las cosas que son necesariamente buenas para la naturaleza humana y, por consiguiente, para cada hombre individual (4/31). Corolario.); en otras palabras, cosas que están en armonía con la naturaleza de cada hombre. Por lo tanto, los hombres, en la medida en que viven en obediencia a la razón, necesariamente viven siempre en armonía los unos con los otros. Q.E.D.

Corolario I: No hay cosa individual en la naturaleza que sea más útil al hombre que un hombre que vive en obediencia a la razón. Porque es al hombre lo más útil que está en armonía con su naturaleza (IV. Corolario.); Es decir, obviamente, el hombre. Pero el hombre obra absolutamente según las leyes de su naturaleza, cuando vive en obediencia a la razón (por 3/2 def.), y sólo en esta medida está siempre necesariamente en armonía con la naturaleza de otro hombre (por la última proposición); Por eso, entre las cosas individuales, nada es más útil al hombre que un hombre que vive en obediencia a la razón. Q.E.D.

Corolario II: Así como cada hombre busca más lo que le es útil, así también los hombres son más útiles unos a otros. En efecto, cuanto más busca un hombre lo que le es útil y se esfuerza por conservarse, tanto más está dotado de virtud (por 4/2), o, lo que es lo mismo (por 4/2/8), tanto más está dotado de poder para obrar según las leyes de su propia naturaleza, es decir, para vivir en obediencia a la razón. Pero los hombres están más en armonía natural cuando viven en obediencia a la razón (por la última proposición); por lo tanto, (por el Corolario anterior) los hombres serán más útiles los unos a los otros, cuando cada uno busque más lo que le es útil. Q.E.D.

Lo que acabamos de mostrar está atestiguado por la experiencia de manera tan notoria, que está en boca de casi todos: "El hombre es para el hombre un Dios". Sin embargo, rara vez sucede que los hombres vivan en obediencia a la razón, porque las cosas están ordenadas de tal manera entre ellos, que generalmente son envidiosos y molestos entre sí. Sin embargo, apenas son capaces de llevar una vida solitaria, de modo que la definición del hombre como animal social ha encontrado el asentimiento general; De hecho, los hombres derivan de la vida social mucha más comodidad que las lesiones. Que los satíricos se rían hasta saciarse de los asuntos humanos, que los teólogos se quejen y que los misántropos alaben hasta el extremo la vida de la rusticidad inculta, que amontonen desprecio a los hombres y alabanzas a las bestias; Dicho todo esto, descubrirán que los hombres pueden satisfacer sus necesidades mucho más fácilmente mediante la ayuda mutua, y que sólo uniendo sus fuerzas pueden escapar de los peligros que les acechan por todas partes, por no decir cuánto más excelente y digno de nuestro conocimiento es estudiar las acciones de los hombres que las acciones de las bestias. Pero de esto me ocuparé más extensamente en otro lugar.

PUNTAL. XXXVI. El sumo bien de los que siguen la virtud es común a todos, y por eso todos pueden gozar igualmente de ella.

Demostración: Obrar virtuosamente es obrar en obediencia a la razón (por 4/24), y todo lo que nos esforzamos por hacer en obediencia a la razón es entender (por 4/26); por lo tanto, (4. xxviii), el mayor bien para los que siguen la virtud es conocer a

Dios; es decir, un bien que es común a todos y que puede ser poseído por todos los hombres por igual, en cuanto que son de la misma naturaleza. Q.E.D.

Alguien podría preguntar cómo sería si el bien supremo de los que siguen a la virtud no fuera común a todos. ¿No se seguiría, pues, como ya se ha dicho (por 4/44), que los hombres que viven en obediencia a la razón, es decir, que los hombres concuerdan en la naturaleza, estarían en desacuerdo unos con otros? A esta pregunta respondo que no se sigue accidentalmente, sino por la naturaleza misma de la razón, que el sumo bien de lo principal es común a todos, en cuanto se deduce de la esencia misma del hombre, en cuanto definida por la razón; y que un hombre no puede ser ni ser concebido sin el poder de gozar de este bien supremo. En efecto, pertenece a la esencia del alma humana (por 2/172) tener un conocimiento adecuado de la esencia eterna e infinita de Dios.

PUNTAL. XXXVII. El bien que todo hombre que sigue la virtud desea para sí mismo, también lo deseará para los demás hombres, y tanto más cuanto tenga un mayor conocimiento de Dios.

Demostración: Los hombres, en cuanto que viven en obediencia a la razón, son muy útiles a sus semejantes (4/3v; Corolario. i.); por lo tanto, en obediencia a la razón, nos esforzaremos necesariamente por hacer que los hombres vivan en obediencia a la razón. Pero el bien que todo hombre, en cuanto se guía por la razón, es decir, en la virtud que desea para sí mismo, debe comprender (por 4/26); Por tanto, el bien que cada seguidor de la virtud busca para sí mismo, lo deseará también para los demás. Además, el deseo, en cuanto se refiere a la mente, es la esencia misma de la mente (Def. de las emociones, I); Ahora bien, la esencia de la mente consiste en el conocimiento (por 2/11), que implica el conocimiento de Dios (por 2/17), y sin él (por 1/15) no puede ser ni ser concebido; por lo tanto, en la medida en que la esencia de la mente implica un mayor conocimiento de Dios, así también será mayor el deseo del seguidor de la virtud de que los demás hombres posean lo que él busca como bien para sí mismo. Q.E.D.

Otra prueba: El bien que un hombre desea para sí mismo y ama, lo amará más constantemente, si ve que los demás también lo aman (por 3/31). por lo tanto, se esforzará para que los demás también lo amen; y como el bien en cuestión es común a todos, y por lo tanto todos pueden gozar de él, se esforzará, por la misma razón, en hacer que todos se regocijen en él, y esto lo hará tanto más (por 3/37) en la medida en que su propio goce del bien sea mayor.

Aquel que, guiado únicamente por la emoción, se esfuerza por hacer que los demás amen lo que él mismo ama, y por hacer que el resto del mundo viva según su propia fantasía, obra únicamente por impulso y, por lo tanto, es odioso, especialmente para aquellos que se deleitan en algo diferente y, por consiguiente, estudian y, por impulso similar, esfuérzate por hacer que los hombres vivan de acuerdo con lo que les agrada. Además, como el bien supremo buscado por los hombres bajo la guía de la emoción es a menudo tal que sólo puede ser poseído por un solo individuo, se sigue que aquellos que lo aman no son consistentes en sus intenciones, sino que, mientras se deleitan en cantar sus alabanzas, temen ser creídos. Pero el que se esfuerza por guiar a los hombres por la razón, no actúa por impulso, sino con cortesía y bondad, y su intención es siempre coherente. Además, todo lo que deseamos y hacemos, de lo cual somos la causa en la medida en que poseemos la idea de Dios, o conocemos a Dios, lo dejo en la religión. Al deseo de hacer el bien, que es engendrado por una vida según la razón, lo llamó piedad. Al deseo, por el cual un hombre que vive según la razón está obligado a asociar a otros consigo mismo en amistad, lo llamo honor[13]; por honorable entiendo lo que es alabado por los hombres que viven de acuerdo con la razón, y por vil entiendo lo que es repugnante a la conquista de la amistad. También he mostrado, además, cuáles son los fundamentos de un Estado; y la diferencia entre la verdadera virtud y la flaqueza se puede deducir fácilmente de lo que he dicho; a saber, que la verdadera virtud no es otra cosa que vivir según la razón; mientras que la debilidad no es otra cosa que el hecho de que el hombre se deje llevar por cosas que son externas a él, y que por ellas esté determinado a actuar de la manera exigida por la disposición general de las cosas más que por su propia naturaleza considerada únicamente en sí misma.

[13] Honestas

Tales son los asuntos que me propuse probar en la Proposición XVIII. de esta parte, por la cual es evidente que la ley contra la matanza de animales se funda más bien en la vana superstición y en la piedad femenina que en la sana razón. La búsqueda racional de lo que nos es útil nos enseña además la necesidad de asociarnos con nuestros semejantes, pero no con bestias o cosas cuya naturaleza sea diferente de la nuestra; Tenemos los mismos derechos con respecto a ellos que ellos con respecto a nosotros. Es más, como el derecho de cada uno se define por su virtud o poder, los hombres tienen derechos mucho mayores sobre las bestias que los que las bestias tienen sobre los hombres. Sin embargo, no niego que las bestias sienten: lo que niego es que no consultemos nuestro propio provecho y las usemos como queramos, tratándolas de la manera que más nos convenga; porque su naturaleza no es como la nuestra, y sus emociones son naturalmente diferentes de las emociones humanas (III. lvii. nota). Me queda por explicar lo que entiendo por justo e injusto, por pecado y por mérito. Sobre estos puntos véase la siguiente nota.

Nota II.—En el apéndice de la Parte I. Me propuse explicar la alabanza y la culpa, el mérito y el pecado, la justicia y la injusticia.

Sobre la alabanza y la censura he hablado en III. XXIX. Nota: Ha llegado el momento de tratar de los términos restantes. Pero antes debo decir algunas palabras sobre el hombre en el estado de naturaleza y en la sociedad.

Todo hombre existe por derecho natural soberano y, por consiguiente, por derecho natural soberano realiza las acciones que se siguen de la necesidad de su propia naturaleza; por lo tanto, por soberano derecho natural, cada hombre juzga lo que es bueno y lo que es malo, cuida de su propio beneficio según su propia disposición (IV. xix y IV. xx), venga los agravios que se le han hecho (III. xl. Corolario. ii.), y se esfuerza por conservar lo que ama y destruir lo que odia (III. xxviii.). Ahora bien, si los hombres vivieran bajo la guía de la razón, cada uno quedaría en posesión de este su derecho, sin que se hiciera daño alguno a su prójimo (4/35). Corolario. i.). Pero viendo que son presa de sus emociones, que superan con mucho el poder o la virtud humanas (4/6), a menudo se ven arrastrados en diferentes direcciones, y estando en desacuerdo unos con otros (4/3iii.-3iv.), necesitan ayuda mutua (4/3v). Por lo tanto, para que los hombres vivan juntos en armonía y se ayuden unos a otros, es necesario que renuncien a su derecho natural y, por seguridad, se abstengan de todas las acciones que puedan dañar a sus semejantes. La forma en que se puede obtener este fin, de modo que los hombres que son necesariamente presa de sus emociones (IV. iv. Corolario.), inconstantes y diversos, deben ser capaces de hacerse mutuamente seguros, y sentir confianza mutua, es evidente desde IV. vii. y III. XXXIX. Allí se demuestra que una emoción sólo puede ser refrenada por una emoción más fuerte que ella misma y contraria a ella, y que los hombres evitan infligir daño por temor a incurrir en un daño mayor ellos mismos.

Sobre esta ley puede establecerse la sociedad, en tanto que conserva en su mano el derecho, poseído por todos, de vengar la injuria y pronunciarse sobre el bien y el mal; y siempre que también posea el poder de establecer una regla general de conducta y de aprobar leyes sancionadas, no por la razón, que es impotente para refrenar la emoción, sino por amenazas (IV. xvii. nota). Tal sociedad establecida con leyes y el poder de preservarse a sí misma se llama Estado, mientras que los que viven bajo su protección se llaman ciudadanos. Podemos comprender fácilmente que no hay en el estado de naturaleza nada que por consentimiento universal se declare bueno o malo; Porque en el estado de naturaleza, cada uno piensa únicamente en su propio beneficio, y según su disposición, con referencia sólo a su beneficio individual, decide lo que es bueno o malo, sin estar obligado por ley a nadie más que a sí mismo.

En el estado de naturaleza, por lo tanto, el pecado es inconcebible; sólo puede existir en un Estado en el que el bien y el mal se pronuncian de común acuerdo, y en el que todos están obligados a obedecer a la autoridad del Estado. El pecado, pues, no es otra cosa que la desobediencia, que por lo tanto sólo se castiga con el derecho del Estado. La obediencia, por otra parte, se considera mérito, en la medida en que un hombre es considerado digno de mérito, si se deleita en las ventajas que proporciona un Estado.

Además, en el estado de naturaleza, nadie es de común acuerdo dueño de nada, ni hay nada en la naturaleza que pueda decirse que pertenezca a un hombre más que a otro: todas las cosas son comunes a todas. Por lo tanto, en el estado de naturaleza, no podemos concebir ningún deseo de dar a cada hombre lo suyo, o de privar a un hombre de lo que le pertenece; En otras palabras, no hay nada en el estado de naturaleza que responda a la justicia y a la injusticia. Tales ideas sólo son posibles en un estado social, cuando se decreta de común acuerdo lo que pertenece a un hombre y lo que a otro.

De todas estas consideraciones se deduce que la justicia y la injusticia, el pecado y el mérito, son ideas extrínsecas y no atributos que muestran la naturaleza del espíritu. Pero ya he dicho bastante.

PUNTAL. XXXVIII. Todo lo que dispone al cuerpo humano, de modo que sea capaz de ser afectado de un número creciente de maneras, o de afectar a los cuerpos externos de un número cada vez mayor de maneras, es útil al hombre; y es así, en la medida en que el cuerpo se hace así más capaz de ser afectado o de afectar a otros cuerpos en un número mayor de maneras; Por el contrario, todo lo que hace que el cuerpo sea menos capaz en este sentido es perjudicial para el hombre.

Demostración: Todo lo que aumenta así las capacidades del cuerpo aumenta también la capacidad de percepción del alma (por 2/14); por lo tanto, todo lo que dispone así el cuerpo y lo hace capaz, es necesariamente bueno o útil (IV. xxvi. xxvii.); y lo es en proporción a la medida en que puede hacer que el cuerpo sea capaz; Por el contrario (por 2/44, 4/4/2vi., es perjudicial si hace al cuerpo menos capaz a este respecto. Q.E.D.

PUNTAL. XXXIX. Todo lo que produce la conservación de la proporción de movimiento y reposo que las partes del cuerpo humano poseen recíprocamente, es bueno; Por el contrario, cualquier cosa que cause un cambio en tal proporción es mala.

Demostración: El cuerpo humano necesita de muchos otros cuerpos para su conservación (por 2/4 post.). Pero lo que constituye la realidad específica (forma) de un cuerpo humano es que sus partes comunican sus diversos movimientos entre sí en una cierta proporción fija (Def. antes de Lemma, 4, después de II, XIII). Por lo tanto, todo lo que produce la conservación de la proporción entre el movimiento y el reposo, que las partes del cuerpo humano poseen recíprocamente, conserva la realidad específica del cuerpo humano y, por consiguiente, hace que el cuerpo humano sea capaz de ser afectado de muchas maneras y de afectar a los cuerpos externos de muchas maneras; por lo tanto, es bueno (por la última Proposición). Por otra parte, todo lo que produce un cambio en la proporción antes mencionada hace que el cuerpo humano asuma otro carácter específico, en otras palabras (véase el Prefacio a esta parte hacia el final, aunque el punto es realmente evidente), para ser destruido y, en consecuencia, totalmente incapaz de ser afectado en un número creciente de maneras; por lo tanto, es malo. Q.E.D.

Nota: El grado en que tales causas pueden dañar o ser útiles a la mente se explicará en la quinta parte. Pero quiero hacer notar aquí que considero que un cuerpo sufre la muerte cuando se cambia la proporción de movimiento y reposo que se obtienen mutuamente entre sus diversas partes. Porque no me atrevo a negar que un cuerpo humano, conservando la circulación de la sangre y otras propiedades en las que se cree que consiste la vida de un cuerpo, puede, sin embargo, transformarse en otra naturaleza completamente diferente de la suya. No hay ninguna razón que me obligue a sostener que un cuerpo no muere a menos que se convierta en cadáver; Es más, la experiencia parece apuntar a la conclusión opuesta. A veces sucede que un hombre experimenta tales cambios, que difícilmente lo llamaría igual. Como he oído contar a cierto poeta español que había sido atacado por una enfermedad, y aunque se había recuperado de ella, permanecía tan inconsciente de su vida pasada, que no creía que las obras y tragedias que había escrito fueran suyas; en efecto, podría haber sido tomado por un niño adulto, si también hubiera olvidado su lengua materna. Si este ejemplo parece increíble, ¿qué diremos de los infantes? Un hombre de edad madura considera que su naturaleza es tan diferente de la suya, que sólo puede ser persuadido de que él también ha sido un niño por la analogía de otros hombres. Sin embargo, prefiero dejar estas cuestiones sin discutir, no sea que ceda terreno a los supersticiosos para plantear nuevas cuestiones.

PUNTAL. XL. Todo lo que conduce a la vida social del hombre, o hace que los hombres vivan juntos en armonía, es útil, mientras que todo lo que trae discordia a un Estado es malo.

Demostración: Porque todo lo que hace que los hombres vivan juntos en armonía, también les hace vivir según la razón (por 4/3v), y por lo tanto (4/2vi.2vi.2vii) es bueno, y (por la misma razón) todo lo que produce discordia es malo. Q.E.D.

PUNTAL. XLI. El placer en sí mismo no es malo, sino bueno; por el contrario, el dolor en sí mismo es malo.

Demostración: El placer (por 3/11 y nota) es la emoción por la que se aumenta o se ayuda a la potencia de actividad del cuerpo; El dolor es una emoción, por la cual el poder de actividad del cuerpo se ve disminuido o disminuido; por lo tanto, (4/38) el placer en sí mismo es bueno, etc. Q.E.D.

PUNTAL. XLII. La alegría no puede ser excesiva, sino que siempre es buena; Por el contrario, la melancolía siempre es mala.

Demostración: El regocijo (véase su definición en 3/11) es el placer que, en cuanto se refiere al cuerpo, consiste en que todas las partes del cuerpo se ven afectadas por igual, es decir, (por 3/11), la potencia de actividad del cuerpo se aumenta o se ayuda de tal manera que las diversas partes conservan su antigua proporción de movimiento y reposo; por lo tanto, la alegría es siempre buena (IV. xxxix), y no puede ser excesiva. Pero la melancolía (véase su definición en la misma nota a la tercera parte de XI) es el dolor que, en cuanto se refiere al cuerpo, consiste en la disminución o el impedimento absoluto de la potencia de actividad del cuerpo; por lo tanto, (IV. xxxviii.) siempre es malo. Q.E.D.

PUNTAL. XLIII. La estimulación puede ser excesiva y mala; Por otro lado, el duelo puede ser bueno, en la medida en que la estimulación o el placer son malos.

Demostración: El placer localizado o estímulo (titillatio) es el placer que, en cuanto se refiere al cuerpo, consiste en que una o algunas de sus partes se ven más afectadas que las demás (véase su definición en 3/11); el poder de esta emoción puede ser suficiente para vencer otras acciones del cuerpo (por 4/6), y puede permanecer obstinadamente fija en ella, haciéndolo así incapaz de ser afectado de diversas otras maneras; por lo tanto, (4/38) puede ser malo. Por otra parte, la pena, que es dolor, no puede ser buena en cuanto tal (por 4/11). Pero, como su fuerza y su aumento se definen por el poder de una causa externa en comparación con la nuestra (por 4/5), podemos concebir infinitos grados y modos de fuerza en esta emoción (por 4/3); Podemos, por lo tanto, concebirlo como capaz de restringir la estimulación, y evitar que se vuelva excesiva y obstaculice las capacidades del cuerpo; Por lo tanto, en esta medida, será bueno. Q.E.D.

PUNTAL. XLIV. El amor y el deseo pueden ser excesivos.

Demostración: El amor es placer, acompañado de la idea de una causa externa (por VI Def. de las emociones); por lo tanto, el estímulo, acompañado de la idea de una causa externa, es amor (III. xi. nota); De ahí que el amor pueda ser excesivo. Además, la fuerza del deseo varía en proporción a la emoción de la que surge (por 3/37). Ahora bien, la emoción puede vencer a todas las demás acciones del hombre (IV. VI.); Así, pues, el deseo, que nace del mismo afecto, puede vencer a todos los demás deseos y volverse excesivo, como hemos demostrado en la última proposición sobre la estimulación.

Nota: La alegría, que he dicho que es buena, puede concebirse más fácilmente de lo que puede ser observada. En efecto, las emociones, por las que somos asaltados diariamente, se refieren generalmente a alguna parte del cuerpo que está más afectada que las demás; De ahí que las emociones sean generalmente excesivas, y fijen la mente de tal manera en la contemplación de un objeto, que es incapaz de pensar en otros; Y aunque los hombres, por regla general, son presa de muchas emociones -y se encuentran muy pocas que sean siempre asaltadas por una y la misma-, sin embargo, hay casos en que una misma emoción permanece obstinadamente fija. A veces vemos a los hombres tan absortos en un objeto, que, aunque no esté presente, creen tenerlo ante ellos; Cuando este es el caso de un hombre que no está dormido, decimos que está delirando o loco; Y las personas que están inflamadas de amor, y que sueñan toda la noche y todo el día sin nada más que con su amante, o con alguna mujer, son consideradas como menos locas, porque se les hace objeto de burla. Pero cuando un avaro no piensa en otra cosa que en la ganancia o el dinero, o cuando un hombre ambicioso no piensa en nada más que en la gloria, no se le considera loco, porque generalmente son dañinos y se les considera dignos de ser odiados. Pero, en realidad, la avaricia, la ambición, la lujuria, etc., son especies de locura, aunque no se cuenten entre las enfermedades.

PUNTAL. XLV. El odio nunca puede ser bueno.

Demostración: Cuando odiamos a un hombre, nos esforzamos por destruirlo (por 3/39), es decir, (por 4/3vii), nos esforzamos por hacer algo que es malo. Por lo tanto, &c. Q.E.D.

N.B. Aquí, y en lo que sigue, entiendo por odio sólo el odio hacia los hombres.

Corolario I.—La envidia, la burla, el desprecio, la ira, la venganza y otras emociones atribuibles al odio, o que surgen de él, son malas; esto es evidente desde III. XXXIX. y IV. XXXVII.

Corolario II: Todo lo que deseamos por motivos de odio es vil y en un Estado injusto. Esto también es evidente en III. XXXIX., y de las definiciones de bajeza e injusticia en IV. XXXVII. Nota.

Nota: Entre la burla (que tengo en Corolario que he dicho que es mala) y la risa, reconozco una gran diferencia. Porque la risa, como también la jocosidad, no es más que placer; por lo tanto, en tanto que no sea excesiva, es buena en sí misma (IV. XLI.). Ciertamente, nada prohíbe al hombre divertirse, excepto la superstición sombría y sombría. Porque, ¿por qué es más lícito saciar el hambre y la sed que ahuyentar la melancolía? Razono, y me he convencido de lo siguiente: Ninguna deidad, ni nadie más, excepto los envidiosos, se complace en mi debilidad e incomodidad, ni atribuye a mi virtud las lágrimas, sollozos, miedo y cosas semejantes, que dan signos de debilidad de espíritu; Por el contrario, cuanto mayor es el placer con que nos afecta, mayor es la perfección a la que pasamos; En otras palabras, tanto más necesariamente debemos participar de la naturaleza divina. Por lo tanto, hacer uso de lo que se interpone en nuestro camino, y disfrutarlo tanto como sea posible (no hasta el punto de la saciedad, porque eso no sería disfrute) es la parte de un hombre sabio. Digo que es propio de un hombre sabio refrescarse y recrearse con comida y bebida moderada y agradable, y también con perfumes, con la suave belleza de las plantas, con vestidos, con música, con muchos deportes, con teatros, etc., de los que cada hombre puede hacer uso sin daño a su prójimo. En efecto, el cuerpo humano se compone de partes muy numerosas, de naturaleza diversa, que necesitan continuamente un alimento fresco y variado, de modo que todo el cuerpo sea igualmente capaz de realizar todas las acciones que se siguen de la necesidad de su propia naturaleza; y, por consiguiente, para que la mente también sea igualmente capaz de comprender muchas cosas simultáneamente. Esta forma de vida, pues, es la que mejor concuerda con nuestros principios, y también con la práctica general; Por lo tanto, si se trata de otro plan, el plan que hemos mencionado es el mejor, y en todos los sentidos es digno de elogio. No es necesario que exponga la cuestión con más claridad ni con más detalle.

PUNTAL. XLVI. El que vive bajo la guía de la razón, se esfuerza, en la medida de lo posible, por devolver el amor o la bondad por el odio, la ira, el desprecio, etc. de los demás hombres hacia él.

Demostración: Todos los sentimientos de odio son malos (por 4/44). Corolario. i.); por lo tanto, el que vive bajo la guía de la razón se esforzará, en la medida de lo posible, por evitar ser asaltado por tales emociones (IV. xix.); en consecuencia, también se esforzará por evitar que otros sean atacados de esa manera (IV. XXXVII.). Pero el odio se acrecienta al ser recíproco, y puede ser apagado por el amor (por 3/13i), de modo que el odio puede pasar al amor (por 3/1liv); Por lo tanto, el que vive bajo la guía de la razón se esforzará por retribuir el odio con amor, es decir, con bondad. Q.E.D.

Nota: El que quiere vengar los agravios con odio es, sin duda, un desgraciado. Pero él, que se esfuerza por vencer el odio con amor, pelea su batalla con alegría y confianza; Resiste a muchos tan fácilmente como uno, y tiene muy poca necesidad de la ayuda de la fortuna. Aquellos a quienes él vence se rinden gozosamente, no por fracaso, sino por aumento de sus poderes; todas estas consecuencias se derivan tan claramente de las meras definiciones del amor y del entendimiento, que no tengo necesidad de probarlas en detalle.

PUNTAL. XLVII. Las emociones de esperanza y temor no pueden ser buenas en sí mismas.

Demostración: Las emociones de esperanza y de temor no pueden existir sin dolor. Porque el miedo es dolor (Def. de los afectos, XIII), y la esperanza (Def. de los afectos, Explicación xii y xiii) no puede existir sin temor; por lo tanto, (por 4/11) estos sentimientos no pueden ser buenos en sí mismos, sino sólo en la medida en que pueden refrenar el placer excesivo (por 4/13). Q.E.D.

Nota: Podemos añadir que estas emociones muestran un conocimiento defectuoso y una ausencia de poder en la mente; Por la misma razón, la confianza, la desesperación, la alegría y la decepción son signos de falta de poder mental. Porque, aunque la confianza y la alegría son emociones placenteras, implican, sin embargo, un dolor precedente, a saber, la esperanza y el temor. Por eso, cuanto más nos esforzamos por guiarnos por la razón, tanto menos dependemos de la esperanza; Nos esforzamos por liberarnos del miedo y, en la medida de lo posible, por dominar la fortuna, dirigiendo nuestras acciones por los seguros consejos de la sabiduría.

PUNTAL. XLVIII. Las emociones de exceso de estima y menosprecio son siempre malas.

Demostración: Estos afectos (véase Definición de los afectos, XXI. XXII) son repugnantes a la razón; y son, por lo tanto, (IV. xxvi. xxvii.) malos. Q.E.D.

PUNTAL. XLIX. La sobreestima tiende a enorgullecer a su objeto.

Demostración: Si vemos que alguien nos tiene en alta estima por amor, somos propensos a alegrarnos (por 3/11) o a ser afectados placenteramente (Def. de las emociones, 3/3); el bien que oímos de nosotros mismos lo creemos fácilmente (III. xxv.); y por lo tanto, por amor a nosotros mismos, nos estimamos demasiado a nosotros mismos; En otras palabras, somos propensos a enorgullecernos. Q.E.D.

PUNTAL. La lástima, en un hombre que vive bajo la guía de la razón, es en sí misma mala e inútil.

Demostración: La piedad (por 18 por la definición de los afectos) es un dolor, y por eso (por 4/11) es mala en sí misma. El buen efecto que sigue, es decir, nuestro esfuerzo por liberar de la miseria al objeto de nuestra piedad, es una acción que deseamos realizar únicamente al dictado de la razón (IV. xxxvii); sólo al dictado de la razón somos capaces de realizar cualquier acción que sepamos con certeza que es buena (IV. xxvii.); Así, en un hombre que vive bajo la guía de la razón, la piedad en sí misma es inútil y mala. Q.E.D.

Aquel que comprenda con razón que todas las cosas se derivan de la necesidad de la naturaleza divina y se realizan de acuerdo con las leyes y reglas eternas de la naturaleza, no encontrará nada digno de odio, burla o desprecio, ni se compadecerá de nada, sino que se esforzará por hacer el bien en la medida de la máxima virtud humana. como dice el refrán, y para regocijarse. Podemos añadir que aquel que se siente fácilmente conmovido por la compasión y se conmueve con el dolor o las lágrimas de los demás, hace a menudo algo de lo que luego se arrepiente; En parte porque nunca podemos estar seguros de que una acción causada por una emoción sea buena, en parte porque somos fácilmente engañados por falsas lágrimas. Hablo en este lugar expresamente de un hombre que vive bajo la guía de la razón. Aquel que no se siente movido a ayudar a los demás ni por la razón ni por la compasión, es justamente llamado inhumano, porque (por 3/27) parece diferente a un hombre.

PUNTAL. LI. La aprobación no es repugnante a la razón, sino que puede estar de acuerdo con ella y surgir de ella.

Demostración: La aprobación es el amor hacia quien ha hecho bien a otro (Def. de los afectos, xix). por lo tanto, se puede referir a la mente, en cuanto que ésta es activa (por 3/1), es decir, (por 3/3), en cuanto que entiende; por lo tanto, está de acuerdo con la razón, etc. Q.E.D.

Otra prueba: El que vive bajo la guía de la razón, desea para los demás el bien que busca para sí mismo (4/37). Por lo tanto, al ver a alguien haciendo el bien a su prójimo, se le ayuda a hacer el bien; en otras palabras, sentirá placer (III. xi. nota) acompañado de la idea del benefactor. Por lo tanto, él lo aprueba. Q.E.D.

Nota: La indignación, tal como la definimos (Def. de las emociones, XX) es necesariamente mala (IV. XLV); Podemos, sin embargo, observar que, cuando el Poder Soberano, en aras de preservar la paz, castiga a un ciudadano que ha dañado a otro, no debe decirse que está indignado con el criminal, porque no es incitado por el odio a arruinarlo, sino que es impulsado por un sentido del deber a castigarlo.

PUNTAL. LII. La aprobación de sí mismo puede surgir de la razón, y lo que surge de la razón es lo más alto posible.

Demostración: La aprobación de sí mismo es el placer que surge de la contemplación que el hombre tiene de sí mismo y de su propia facultad de acción (Def. de los afectos, xxv). Pero la verdadera potencia de acción o virtud de un hombre es la razón misma (por 3/3), tal como dicho hombre la contempla clara y distintamente (por 2/11/XLI); Por lo tanto, la autoaprobación surge de la razón. Además, cuando un hombre se contempla a sí mismo, sólo percibe clara y distintamente o adecuadamente las cosas que se siguen de su poder de acción (por 3/2), es decir, de su poder de entendimiento; Por lo tanto, sólo en tal contemplación surge la autoaprobación más alta posible. Q.E.D.

Nota: La autoaprobación es, en realidad, el objeto más elevado que podemos esperar. Porque (como mostramos en 4/25) nadie se esfuerza por conservar su ser en aras de ningún objeto ulterior, y, como esta aprobación se ve cada vez más fomentada y fortalecida por la alabanza (3/13). Corolario), y por el contrario (por el contrario) se ve cada vez más perturbado por la culpa, la fama se convierte en la más poderosa de las incitaciones a la acción, y la vida bajo la desgracia es casi insoportable.

PUNTAL. LIII. La humildad no es una virtud, o no surge de la razón.

Demostración: La humildad es el dolor que nace de la contemplación que el hombre hace de sus propias debilidades (Def. De los afectos, XXVI). Pero, en la medida en que el hombre se conoce a sí mismo por la razón verdadera, se supone que comprende su esencia, es decir, su poder (por 3/7). Por lo tanto, si un hombre en la contemplación de sí mismo percibe alguna debilidad en sí mismo, no es en virtud de su entendimiento él mismo, sino (III. lv.) en virtud de que su poder de actividad está controlado. Pero si suponemos que un hombre percibe su propia debilidad en virtud de entender algo más fuerte que él mismo, por cuyo conocimiento determina su propia potencia de actividad, esto es lo mismo que decir que concebimos que un hombre se entiende a sí mismo distintamente (por 4/26), porque su potencia de actividad es ayudada. Por lo tanto, la humildad, o el dolor que surge de la contemplación que un hombre hace de su propia enfermedad, no surge de la contemplación o de la razón, y no es una virtud, sino una pasión. Q.E.D.

> [14] En la tierra se lee: "Quod ipsius agendi potentia juvatur", que he traducido más arriba. Sugiere como lecturas alternativas a 'quod', 'quo' (= por cual) y 'quodque' (= y que).

PUNTAL. LIV. El arrepentimiento no es una virtud, o no surge de la razón; Pero el que se arrepiente de una acción es doblemente miserable o enfermo.

Demostración: La primera parte de esta proposición se prueba como la precedente. La segunda parte se prueba a partir de la mera definición de la emoción en cuestión (Def. de las emociones, xxvii.). Porque el hombre se deja vencer, en primer lugar, por los malos deseos; en segundo lugar, por el dolor.

Como los hombres rara vez viven bajo la guía de la razón, estos dos sentimientos, a saber, la humildad y el arrepentimiento, así como la esperanza y el temor, traen más bien que mal; Por lo tanto, ya que debemos pecar, es mejor que pequemos en esa dirección. Porque, si todos los hombres que son presa de la emoción fueran todos igualmente orgullosos, no se acobardarían ante nada y no temerían nada; ¿Cómo, entonces, podrían estar unidos y enlazados entre sí en lazos de unión? La muchedumbre juega al tirano, cuando no tiene miedo; por lo tanto, no debemos maravillarnos de que los profetas, que consultaron el bien, no de unos pocos, sino de todos, elogiaran tan vigorosamente la humildad, el arrepentimiento y la reverencia. De hecho, aquellos que son presa de estas emociones pueden ser inducidos mucho más fácilmente que otros a vivir bajo la guía de la razón, es decir, a ser libres y a disfrutar de la vida de los bienaventurados.

PUNTAL. LV. El orgullo o abatimiento extremo indica una ignorancia extrema de sí mismo.

Demostración: Esto se deduce de la definición de los afectos en XXVIII. y XXIX.

PUNTAL. LVI. El orgullo o abatimiento extremo indica una debilidad extrema del espíritu.

Demostración: El primer fundamento de la virtud es la conservación de sí mismo (4/22. Corolario.) bajo la guía de la razón (IV. xxiv.). Por lo tanto, el que se ignora a sí mismo, ignora el fundamento de todas las virtudes y, por consiguiente, de todas las virtudes. Por otra parte, obrar virtuosamente no es más que obrar bajo la guía de la razón (por 4/24); ahora bien, el que obra bajo la guía de la razón debe saber necesariamente que así lo hace (por 2/13). Por lo tanto, el que está en extrema ignorancia de sí mismo y, por consiguiente, de todas las virtudes, es el que menos obedece a la virtud; en otras palabras (IV. Def. viii.), es muy débil de espíritu. Así, el orgullo o el abatimiento extremos indican una debilidad extrema del espíritu. Q.E.D.

Corolario: De aquí se deduce claramente que los soberbios y los abatidos caen especialmente presa de las emociones.

Sin embargo, el abatimiento puede corregirse más fácilmente que el orgullo; porque siendo esta última una emoción placentera, y la primera una emoción dolorosa, lo placentero es más fuerte que lo doloroso (4/18).

PUNTAL. LVII. El soberbio se deleita en la compañía de los aduladores y de los parásitos, pero detesta la compañía de los altivos.

Demostración: La soberbia es el placer que surge de la sobreestimación que el hombre tiene de sí mismo (Def. de los afectos, xxviii y 6); el soberbio se esforzará en fomentar esta estimación por todos los medios a su alcance (por 3/13/33 nota); Por lo tanto, se deleitará en la compañía de aduladores y parásitos (cuyo carácter es demasiado conocido para necesitar definición aquí), y evitará la compañía de hombres de mente alta, que lo estiman de acuerdo con sus méritos. Q.E.D.

Sería una tarea demasiado larga enumerar aquí todos los malos resultados de la soberbia, en la medida en que los soberbios son presa de todos los afectos, aunque de ninguno de ellos menos que del amor y de la piedad. No puedo, sin embargo, pasar por alto el hecho de que un hombre puede ser llamado orgulloso por su subestimación de otras personas; Y, por lo tanto, la soberbia en este sentido puede definirse como el placer que surge de la falsa opinión, por la cual un hombre puede considerarse superior a sus semejantes. El abatimiento, que es la cualidad opuesta a esta clase de orgullo, puede definirse como el dolor que surge de la falsa opinión, por la cual un hombre puede pensar que es inferior a sus semejantes. Siendo tal la facilidad, podemos ver fácilmente que un hombre orgulloso es necesariamente envidioso (3/11 nota), y sólo se complace en la compañía de los que engañan su débil mente hasta el límite de su inclinación, y lo vuelven loco en lugar de simplemente tonto.

Aunque el abatimiento es la emoción contraria al orgullo, sin embargo, el hombre abatido es muy parecido al hombre orgulloso. Porque, en la medida en que su dolor surge de una comparación entre su propia debilidad y el poder o la virtud de otros hombres, se eliminará, o, en otras palabras, sentirá placer, si su imaginación se ocupa en contemplar las faltas de otros hombres; De donde surge el proverbio: "Los infelices se consuelan encontrando a otros que sufren". Por el contrario, se sentirá más dolido en la medida en que se considere inferior a los demás; Por lo tanto, nadie es tan propenso a la envidia como los abatidos, sino que son especialmente agudos en observar las acciones de los hombres, con miras a la culpa, encontrando más que a la corrección, a fin de reservar sus alabanzas para el abatimiento y gloriarse en ello, aunque todo el tiempo con un aire abatido. Estos efectos se siguen tan necesariamente de dicha emoción, como se sigue de la naturaleza de un triángulo que los tres ángulos son iguales a dos ángulos rectos. Ya he dicho que llamo malas a estas y otras emociones semejantes, únicamente con respecto a lo que es útil al hombre. Las leyes de la naturaleza tienen en cuenta el orden general de la naturaleza, del cual el hombre no es más que una parte. Menciono esto de paso, para que nadie piense que he querido exponer las faltas y las acciones irracionales de los hombres más bien que la naturaleza y propiedades de las cosas. Porque, como dije en el prefacio de la tercera parte, considero las emociones humanas y sus propiedades en pie de igualdad con los demás fenómenos naturales. Ciertamente, las emociones humanas indican el poder y el ingenio de la naturaleza, si no de la naturaleza humana, tan plenamente como otras cosas que admiramos y que nos deleitamos en contemplar. Pero paso a notar aquellas cualidades en las emociones que traen ventaja al hombre o le infligen daño.

PUNTAL. LVIII. La gloria no repugna a la razón, sino que puede surgir de ella.

Demostración: Esto se deduce de la Definición de las emociones, XXX, y también de la definición de un hombre honorable (IV. XXXVII, nota I).

Nota: El honor vacío, como se le llama, es autoaprobación, fomentada sólo por la buena opinión del populacho; cuando cesa esta buena opinión, cesa también la aprobación de sí mismo, en otras palabras, el objeto más alto del amor de cada hombre (IV. lii. nota); En consecuencia, aquel cuyo honor está arraigado en la aprobación popular debe, día tras día, esforzarse, actuar y maquinar ansiosamente para conservar su reputación. Porque el populacho es variable e inconstante, de modo que, si no se mantiene una reputación, se marchita rápidamente. Todo el mundo desea obtener el aplauso popular para sí mismo, y reprime fácilmente la fama de los demás. Estimada el objeto de la lucha como el mayor de todos los bienes, cada combatiente se ve presa de un deseo feroz de vencer a sus rivales de todas las formas posibles, hasta que el que al final sale victorioso se siente más orgulloso de haber hecho daño a otros que de haberse hecho bien a sí mismo. Este tipo de honor, entonces, es realmente vacío, no es nada.

Los puntos a tener en cuenta con respecto a la vergüenza se pueden inferir fácilmente de lo que se dijo sobre el tema de la misericordia y el arrepentimiento. Sólo añadiré que la vergüenza, como la compasión, aunque no sea una virtud, es, sin embargo, buena, en la medida en que muestra que el que siente la vergüenza está realmente imbuido del deseo de vivir honradamente; de la misma manera que el sufrimiento es bueno, como muestra que la parte lesionada no está mortificada. Por lo tanto, aunque el hombre que siente vergüenza esté triste, es más perfecto que el que es desvergonzado y no tiene deseo de vivir honradamente.

Tales son los puntos que me he propuesto comentar acerca de las emociones de placer y dolor; En cuanto a los deseos, son buenos o malos según broten de emociones buenas o malas. Pero todos, en la medida en que son engendrados en nosotros por emociones en las que el espíritu es pasivo, son ciegos (como se ve claramente por lo dicho en la cuarta nota XLVI), y serían inútiles si los hombres pudieran ser fácilmente inducidos a vivir sólo por la guía de la razón, como ahora mostraré brevemente.

PUNTAL. LIX. A todas las acciones, a las que estamos determinados por la emoción, en las que la mente es pasiva; Podemos ser determinados sin emoción por la razón.

Demostración: Obrar racionalmente no es otra cosa (por 3/3 y 2/2) que realizar las acciones que se siguen de la necesidad de nuestra naturaleza considerada en sí misma. Pero el dolor es malo en la medida en que disminuye o frena la potencia de acción (por 4/11); Por lo tanto, no podemos determinarnos con dolor a ninguna acción que no podamos realizar bajo la guía de la razón. Por otra parte, el placer es malo sólo en la medida en que obstaculiza la capacidad de acción del hombre (por 4/4/11/23); Por lo tanto, en esta medida no podríamos ser determinados por ella a ninguna acción que no pudiéramos realizar bajo la guía de la razón. Por último, el placer, en cuanto bueno, está en armonía con la razón (pues consiste en el hecho de que la capacidad de acción del hombre se incrementa o se ayuda); ni la mente es pasiva en ello, excepto en la medida en que el poder de acción de un hombre no se incrementa hasta el punto de proporcionarle un concepto adecuado de sí mismo y de sus acciones (por 3/3, y nota).

Por lo tanto, si un hombre que es afectado placenteramente es llevado a un estado de perfección tal que adquiere un concepto adecuado de sí mismo y de sus propias acciones, será igualmente capaz de aquellas acciones a las que está determinado por la emoción en la que la mente es pasiva. Pero todas las emociones son atribuibles al placer, al dolor o al deseo (Def. de las emociones, IV. explicación); y el deseo (Def. de las emociones, i.) no es otra cosa que el intento de actuar; Por lo tanto, a todas las acciones, etc. Q.E.D.

Otra prueba: Una acción dada se llama mala en cuanto que proviene de que uno está afectado por el odio o cualquier emoción mala. Pero ninguna acción, considerada por sí sola, es buena o mala (como señalamos en el prefacio a la cuarta parte), siendo una misma acción a veces buena, a veces mala; por lo tanto, a la acción que a veces es mala, o que surge de alguna emoción mala, podemos ser conducidos por la razón (4/11). Q.E.D.

Nota.—Un ejemplo pondrá este punto bajo una luz más clara. La acción de golpear, en la medida en que se considera físicamente, y en la medida en que sólo se considera el hecho de que un hombre levanta el brazo, aprieta el puño y mueve todo el brazo violentamente hacia abajo, es una virtud o excelencia que se concibe como propia de la estructura del cuerpo humano. Si, pues, un hombre, movido por la ira o el odio, es llevado a cerrar el puño o a mover el brazo, se produce este resultado (como mostramos en la segunda parte), porque una misma acción puede asociarse a varias imágenes mentales de las cosas; Por lo tanto, podemos estar determinados a la realización de una misma acción por ideas confusas, o por ideas claras y distintas. Por lo tanto, es evidente que todo deseo que brota de la emoción, en el que la mente es pasiva, se volvería inútil si los hombres pudieran ser guiados por la razón. Veamos ahora por qué el deseo que surge de la emoción, en el que la mente es pasiva, es llamado por nosotros ciego.

PUNTAL. LX. El deseo que nace de un placer o de un dolor, que no es atribuible a todo el cuerpo, sino sólo a una o a algunas partes de él, carece de utilidad con respecto al hombre en su conjunto.

Demostración: Supongamos, por ejemplo, que A, una parte de un cuerpo, está tan fortalecida por alguna causa externa que prevalece sobre las demás partes (por 4/6). Esta parte no se esforzará por prescindir de sus propios poderes, a fin de que las otras partes del cuerpo puedan desempeñar su oficio; para esto sería necesario que tuviera una fuerza o potencia que le permitiera deshacerse de sus propias potencias, lo cual (por 3/6) es absurdo. Dicha parte, y, por consiguiente, también la mente, se esforzarán por conservar su condición. Por lo tanto, el deseo que nace de un placer como el dicho no tiene utilidad para el hombre en su conjunto. Si, por el contrario, se supone que la parte, A, se controla de modo que prevalezcan las partes restantes, se puede probar de la misma manera que el deseo que surge del dolor no tiene utilidad con respecto al hombre en su conjunto. Q.E.D.

Del mismo modo que el placer se atribuye generalmente a una parte del cuerpo, generalmente deseamos conservar nuestro ser sin tener en cuenta nuestra salud en su conjunto, a lo que se puede añadir que los deseos que más nos tienen (por 4/9) tienen en cuenta el presente y no el futuro.

PUNTAL. LXI. El deseo que brota de la razón no puede ser excesivo.

Demostración: El deseo, considerado en absoluto por 1, es la esencia real del hombre, en cuanto que se concibe como determinado de algún modo a una actividad particular por alguna modificación dada de sí mismo. Por lo tanto, el deseo, que procede de la razón, es decir, que se engendra en nosotros en cuanto que actuamos, es la esencia o naturaleza actual del hombre, en cuanto que se concibe como determinado a las actividades que sólo se conciben adecuadamente por la esencia del hombre (por 3/2 def.). Ahora bien, si tal deseo pudiera ser excesivo, la naturaleza humana, considerada en sí misma, sería capaz de excederse a sí misma, o sería capaz de hacer más de lo que puede, una contradicción manifiesta. Por lo tanto, tal deseo no puede ser excesivo. Q.E.D.

PUNTAL. LXII. En cuanto que el alma concibe una cosa según los dictados de la razón, es igualmente afectada, ya sea que la idea sea de una cosa futura, pasada o presente.

Demostración: Todo lo que el alma concibe bajo la guía de la razón, lo concibe bajo la forma de eternidad o necesidad (2/11). Corolario. ii.), y por lo tanto se ve afectado con la misma certeza (II. xliii. y nota). Por lo tanto, ya sea que la cosa sea presente, pasada o futura, el alma la concibe con la misma necesidad y es afectada con la misma certeza; y ya sea que la idea sea de algo presente, pasado o futuro, en todos los casos será igualmente verdadera (II. xli.); es decir, siempre poseerá las mismas propiedades de una idea adecuada (II. Def. iv.); Por lo tanto, en la medida en que el alma concibe las cosas según los dictados de la razón, es afectada de la misma manera, ya sea que la idea sea de una cosa futura, pasada o presente. Q.E.D.

Si pudiéramos tener un conocimiento adecuado de la duración de las cosas y pudiéramos determinar por la razón sus períodos de existencia, contemplaríamos las cosas futuras con la misma emoción que las cosas presentes; y la mente desearía como si fuera presente el bien que concebía como futuro; Por consiguiente, descuidaría necesariamente un bien menor en el presente en aras de un bien mayor en el futuro, y de ninguna manera desearía lo que es bueno en el presente, sino una fuente de mal en el futuro, como lo demostraremos más adelante. Sin embargo, no podemos tener más que un conocimiento muy inadecuado de la duración de las cosas (por 2/31); y los períodos de su existencia (por 2/17 nota) sólo podemos determinarlos por la imaginación, que no es tan poderosamente afectada por el futuro como por el presente. Por lo tanto, el verdadero conocimiento del bien y del mal que poseemos es meramente abstracto o general, y el juicio que emitimos sobre el orden de las cosas y la conexión de las causas, con el fin de determinar lo que es bueno o malo para nosotros en el presente, es más bien imaginario que real. Por lo tanto, no es nada admirable que el deseo que surge de tal conocimiento del bien y del mal, en la medida en que mira hacia el futuro, se refrene más fácilmente que el deseo de las cosas que son agradables en el momento presente. (Cf. IV. xvi.)

PUNTAL. LXIII. El que se deja llevar por el miedo, y hace el bien para escapar del mal, no se deja llevar por la razón.

Demostración: Todos los afectos que se atribuyen a la mente como activos, es decir, a la razón, son afectos de placer y de deseo (por 3/1). Por lo tanto, el que se deja llevar por el miedo y hace el bien para escapar del mal, no se deja llevar por la razón.

Las personas que saben más desafñar al vicio que enseñar la virtud, y que no se esfuerzan por guiar a los hombres por la razón, sino por refrenarlos de tal manera que prefieran escapar del mal antes que amar la virtud, no tienen otro fin que hacer a los demás tan miserables como ellos; Por lo tanto, no es nada maravilloso si son generalmente molestos y odiosos para sus semejantes.

Corolario: Bajo el deseo que brota de la razón, buscamos el bien directamente y evitamos el mal indirectamente.

Demostración: El deseo que brota de la razón sólo puede brotar de una emoción placentera, en la que el alma no es pasiva (por 3/11), es decir, de un placer que no puede ser excesivo (por 4/11), ni del dolor; por lo cual este deseo brota del conocimiento del bien, no del mal (por 4/8); Por lo tanto, bajo la guía de la razón, buscamos el bien directamente y sólo por implicación evitamos el mal. Q.E.D.

Nota: Este corolario puede ilustrarse con el ejemplo de un hombre enfermo y otro sano. El hombre enfermo, por miedo a la muerte, come lo que naturalmente rehúye, pero el hombre sano se complace en su comida, y así obtiene un mejor disfrute de la vida que si tuviera miedo de la muerte y deseara directamente evitarla. Así, un juez que condena a muerte a un criminal, no por odio o ira, sino por amor al bien público, se guía únicamente por la razón.

PUNTAL. LXIV. El conocimiento del mal es un conocimiento inadecuado.

Demostración: El conocimiento del mal (por 4/8) es dolor, en cuanto somos conscientes de él. Ahora bien, el dolor es el paso a una perfección menor (Def. de los afectos, por 3/3) y, por tanto, no puede ser comprendido por la naturaleza del hombre (por 3/6 y vii); por lo tanto, es un estado pasivo (III. Def. ii.) que (III. iii.) depende de ideas inadecuadas; por consiguiente, el conocimiento de ello (por 2/29), es decir, el conocimiento del mal, es inadecuado. Q.E.D.

Corolario: De aquí se sigue que, si el alma humana poseyera sólo ideas adecuadas, no se formaría ninguna concepción del mal.

PUNTAL. LXV. Bajo la guía de la razón, debemos perseguir el mayor de dos bienes y el menor de dos males.

Demostración: Un bien que nos impide gozar de un bien mayor es, en realidad, un mal; porque aplicamos los términos bueno y malo a las cosas, en la medida en que las comparamos unas con otras (véase el prefacio de esta parte); Por lo tanto, el mal es en realidad un bien menor; Por lo tanto, bajo la guía de la razón, buscamos o perseguimos solo el bien mayor y el mal menor. Q.E.D.

Corolario: Podemos, bajo la guía de la razón, perseguir el mal menor como si fuera el bien mayor, y podemos evitar el bien menor, que sería la causa del mal mayor. Porque el mal, que aquí se llama el menor, es realmente bueno, y el bien menor es realmente malo, por lo que podemos buscar el primero y evitar el segundo. Q.E.D.

PUNTAL. LXVI. Podemos, bajo la guía de la razón, buscar un bien mayor en el futuro con preferencia a un bien menor en el presente, y podemos buscar un mal menor en el presente con preferencia a un mal mayor en el futuro. [15]

> [15] "Maltim praesens minus prae majori futuro". (Van Vloten). Bruder lee: "Malum praesens minus, quod causa est faturi alicujus mali". La última palabra de este último es un error de imprenta evidente, y es corregida por el traductor holandés a "majoris boni". (Pollock, p. 268, nota.)

Demostración: Si el alma pudiera tener un conocimiento adecuado de las cosas futuras, se sentiría afectada hacia el futuro de la misma manera que hacia lo presente (por 4/11). Por lo tanto, si se mira sólo a la razón, como en esta proposición se supone que hacemos, no hay diferencia entre que el bien mayor o el mal se asuman como presentes, o se asuman como futuros; por lo tanto, (4/14) podemos buscar un bien mayor en el futuro con preferencia a un bien menor en el presente, etc. Q.E.D.

Corolario: Podemos, bajo la guía de la razón, buscar un mal menor en el presente, porque es la causa de un bien mayor en el futuro, y podemos evitar un bien menor en el presente, porque es la causa de un mal mayor en el futuro. Este Corolario se relaciona con la Proposición anterior como el Corolario de IV. lxv. se relaciona con el dicho IV. LXV.

Si se comparan estas afirmaciones con lo que hemos señalado acerca de la fuerza de las emociones en esta parte hasta la proposición XVIII, veremos fácilmente la diferencia entre un hombre que es guiado únicamente por la emoción o la opinión, y un hombre que es guiado por la razón. El primero, quiera o no, realiza acciones de las que es completamente ignorante; Este último es su propio amo y sólo realiza las acciones que sabe que son de importancia primordial en la vida, y por lo tanto principalmente desea; por lo cual llamo al primero esclavo, y al segundo hombre libre, acerca de cuya disposición y modo de vida será bueno hacer algunas observaciones.

PUNTAL. LXVII. Un hombre libre piensa en la muerte menos que en todas las cosas; Y su sabiduría no es una meditación de la muerte, sino de la vida.

Demostración: Un hombre libre es aquel que vive bajo la guía de la razón, que no se deja llevar por el miedo (por 4/13), sino que desea directamente lo que es bueno (por 4/113). Corolario), en otras palabras (IV. XXIV), que se esfuerza por obrar, por vivir y por conservar su ser sobre la base de la búsqueda de su propio y verdadero beneficio; Por lo tanto, tal persona piensa en nada menos que en la muerte, pero su sabiduría es una meditación de la vida. Q.E.D.

PUNTAL. LXVIII. Si los hombres nacieran libres, mientras permanecieran libres, no se formarían ninguna concepción del bien y del mal.

Demostración.—Llamo libre al que se deja guiar únicamente por la razón; Por lo tanto, el que nace libre y el que permanece libre, no tiene más que ideas adecuadas; por lo tanto (IV. lxiv. Corolario.) No tiene ninguna concepción del mal, ni por consiguiente (siendo el bien y el mal correlativos) del bien. Q.E.D.

Nota.—Es evidente, de IV. que la hipótesis de esta proposición es falsa e inconcebible, excepto en la medida en que miramos únicamente a la naturaleza del hombre, o más bien a

Dios; no en cuanto que este último es infinito, sino sólo en cuanto que es la causa de la existencia del hombre.

Esto, y otros asuntos que ya hemos demostrado, parecen haber sido significados por Moisés en la historia del primer hombre. Porque en esa narración no se concibe otro poder de Dios, sino aquel por el que creó al hombre, es decir, el poder con el que proveyó únicamente para el provecho del hombre; se dice que Dios prohibió al hombre, siendo libre, comer del árbol de la ciencia del bien y del mal, y que, tan pronto como el hombre hubiera comido de él, temería inmediatamente a la muerte más que desearía vivir. Además, está escrito que cuando el hombre encontró una esposa que estaba en completa armonía con su naturaleza, supo que no podía haber nada en la naturaleza que pudiera serle más útil; pero que después de haber creído que las bestias eran como él, comenzó inmediatamente a imitar sus emociones (III. xxvii.), y a perder su libertad; esta libertad fue recuperada después por los patriarcas, guiados por el espíritu de Cristo; es decir, por la idea de Dios, de la cual sólo depende que el hombre sea libre y desee para los demás el bien que desea para sí mismo, como hemos demostrado antes (4/37).

PUNTAL. LXIX. La virtud del hombre libre se ve tan grande cuando rehúsa los peligros, como cuando los vence.

Demostración: La emoción sólo puede ser reprimida o eliminada por una emoción contraria a ella misma, y que posea más poder para restringir la emoción (por 4/7). Pero la audacia ciega y el miedo son emociones que pueden concebirse como igualmente grandes (por 4/5 y 3.): por lo tanto, no se requiere menos virtud o firmeza para refrenar la audacia que para refrenar el miedo (por 3/4 nota); En otras palabras (Def. de los afectos, XL y XLI), el hombre libre muestra tanta virtud cuando rechaza los peligros como cuando se esfuerza por vencerlos. Q.E.D.

Corolario: El hombre libre es tan valiente en la retirada oportuna como en el combate; O bien, un hombre libre muestra igual coraje o presencia de ánimo, ya sea que elija dar batalla o retirarse.

Nota: Lo que es el coraje (animositas) y lo que quiero decir con ello, lo expliqué en III. lix. Nota. Por peligro entiendo todo lo que puede dar lugar a cualquier mal, como el dolor, el odio, la discordia, etc.

PUNTAL. LXX. El hombre libre, que vive entre los ignorantes, se esfuerza, en la medida de sus posibilidades, por evitar recibir favores de ellos.

Demostración: Cada uno juzga lo que es bueno según su disposición (por 3/39, nota); por lo tanto, un hombre ignorante, que ha conferido un beneficio a otro, pone su propia estimación en él, y, si parece ser estimado menos por el receptor, sentirá dolor (3/11). Pero el hombre libre sólo desea unirse a otros hombres a él en amistad (4/37), no pagando sus beneficios con otros considerados de igual valor, sino guiándose a sí mismo y a los demás por la libre decisión de la razón, y haciendo sólo las cosas que sabe que son de importancia primordial. Por lo tanto, el hombre libre, para no volverse odioso a los ignorantes, o seguir sus deseos en lugar de la razón, se esforzará, en la medida de lo posible, por evitar recibir sus favores.

Nota.—Digo, en la medida de lo posible. Porque, aunque los hombres sean ignorantes, sin embargo, son hombres, y en casos de necesidad podrían proporcionarnos ayuda humana, la más excelente de todas las cosas: por lo tanto, a menudo es necesario aceptar favores de ellos, y por consiguiente devolver tales favores en especie; Debemos, por lo tanto, tener cuidado al rechazar los favores, no sea que tengamos la apariencia de despreciar a aquellos que los otorgan, o de ser, por motivos avaros, reacios a recompensarlos, y así dar motivo de ofensa por el hecho mismo de esforzarnos por evitarlo. Por lo tanto, al declinar los favores, debemos mirar a los requisitos de la utilidad y la cortesía.

PUNTAL. LXXI. Sólo los hombres libres se agradecen unos a otros.

Demostración: Sólo los hombres libres se sirven mutuamente y se asocian entre sí por la más íntima necesidad de amistad (4/35 y Corol, 1); sólo tales hombres se esfuerzan, con mutuo celo de amor, por conferirse mutuamente beneficios (4/47), y, por lo tanto, sólo ellos se agradecen completamente los unos a los otros. Q.E.D.

La buena voluntad que los hombres que se dejan llevar por un deseo ciego se tienen los unos a los otros, es generalmente una negociación o un aliciente, más que una pura buena voluntad. Además, la ingratitud no es una emoción. Sin embargo, es vil, en la medida en que generalmente muestra, que un hombre está afectado por el odio excesivo, la ira, el orgullo, la avaricia, etc. El que, por su necedad, no sabe cómo devolver los beneficios, no es ingrato, y mucho menos el que no es ganado por los dones de una cortesana para servir a su lujuria, o por un ladrón para ocultar sus robos, o por cualquier otra persona semejante. Por el contrario, tal persona muestra una mente constante, en la medida en que no puede ser corrompida por ningún don, para su propio daño o para el daño general.

PUNTAL. LXXII. El hombre libre nunca actúa fraudulentamente, sino siempre de buena fe.

Demostración: Si se preguntara: ¿Cuál debe ser la conducta de un hombre en un caso en el que pudiera, por medio de la violación de la fe, librarse del peligro de la muerte presente? ¿No lo persuadiría completamente su plan de autoconservación para engañar? A esto se puede responder señalando que, si la razón lo persuadiera a actuar así, persuadiría a todos los hombres a actuar de la misma manera, en cuyo caso la razón persuadiría a los hombres a no ponerse de acuerdo de buena fe para unir sus fuerzas, o para tener leyes en común, es decir, para no tener leyes generales. Lo cual es absurdo.

PUNTAL. LXXIII. El hombre que se guía por la razón es más libre en un Estado, donde vive bajo un sistema general de leyes, que en la soledad, donde es independiente.

Demostración: El hombre que se guía por la razón no obedece por miedo (por 4/113), sino que, en la medida en que se esfuerza por conservar su ser según los dictados de la razón, es decir, en la medida en que se esfuerza por vivir en libertad, desea ordenar su vida según el bien general (por 4/3vii). y, en consecuencia (como mostramos en IV. XXXVII. nota II), a vivir de acuerdo con las leyes de su país. Por lo tanto, el hombre libre, para gozar de mayor libertad, desea poseer los derechos generales de la ciudadanía. Q.E.D.

Estas y otras observaciones semejantes que hemos hecho sobre la verdadera libertad del hombre pueden referirse a la fuerza, es decir, al valor y a la nobleza de carácter (por 3/4, nota). No creo que valga la pena probar por separado todas las propiedades de la fuerza; mucho menos necesito mostrar que el que es fuerte no aborrece a nadie, no se enoja con nadie, no envidia a nadie, no se indigna con nadie, no desprecia a nadie, y menos aún es soberbio. Estas proposiciones, y todo lo que se relaciona con el verdadero modo de vida y religión, se prueban fácilmente a partir de IV. XXXVII. y IV. XLVI.; a saber, que el odio debe ser vencido por el amor, y que cada hombre debe desear para los demás el bien que busca para sí mismo. También podemos repetir lo que señalamos en la nota a IV. l., y en otros lugares; a saber, que el hombre fuerte tiene siempre en primer lugar en sus pensamientos, que todas las cosas se siguen de la necesidad de la naturaleza divina; De modo que todo lo que considera perjudicial y malvado, y todo lo que, en consecuencia, le parece impío, horrible, injusto y vil, asume esa apariencia debido a su propia visión desordenada, fragmentaria y confusa del universo. Por lo tanto, se esfuerza ante todas las cosas por concebir las cosas como realmente son, y por eliminar los obstáculos al verdadero conocimiento, como son el odio, la ira, la envidia, la burla, el orgullo y otras emociones similares, que he mencionado anteriormente. Así se esfuerza, como dijimos antes, en lo que en él está, por hacer el bien, y por seguir su camino regocijándose. Hasta qué punto la virtud humana es capaz de llegar a tal condición, y cuáles pueden ser sus poderes, lo demostraré en la siguiente parte.

APÉNDICE.

Lo que se ha dicho en esta parte acerca de la recta forma de vida no ha sido arreglado de manera que admita ser visto de una sola vez, sino que ha sido expuesto poco a poco, según pensé que cada proposición podía deducirse más fácilmente de lo que la precedió. Propongo, por lo tanto, reordenar mis observaciones y ponerlas bajo los principales encabezados.

Todos nuestros esfuerzos o deseos se derivan de la necesidad de nuestra naturaleza, de modo que pueden ser comprendidos ya sea por ella sola, como su causa próxima, o en virtud de que somos parte de la naturaleza, que no puede concebirse adecuadamente por sí misma sin otros individuos.

II. Los deseos, que se siguen de nuestra naturaleza de tal manera que sólo a través de ella pueden ser comprendidos, son los que se refieren a la mente, en la medida en que ésta se concibe como constituida por ideas adecuadas; los demás deseos sólo se refieren a la mente, en la medida en que concibe las cosas inadecuadamente. Y su fuerza y aumento no se definen generalmente por el poder del hombre, sino por el poder de las cosas que nos son exteriores: por lo tanto, las primeras se llaman con razón acciones, las segundas pasiones, porque las primeras indican siempre nuestro poder, las segundas, en cambio, muestran nuestra debilidad y conocimiento fragmentario.

III. Nuestras acciones, es decir, aquellos deseos que son definidos por el poder o la razón del hombre, son siempre buenos. El resto puede ser bueno o malo.

IV. Así, en la vida es útil, ante todo, perfeccionar el entendimiento, o razón, en la medida de lo posible, y sólo en esto consiste la mayor felicidad o bienaventuranza del hombre, de hecho, la bienaventuranza no es otra cosa que el contentamiento del espíritu, que surge del conocimiento intuitivo de Dios: ahora bien, perfeccionar el entendimiento no es otra cosa que entender a Dios, Los atributos de Dios, y las acciones que se siguen de la necesidad de su naturaleza. Por lo tanto, en un hombre que se deja llevar por la razón, el fin último o el deseo supremo con el que trata de gobernar a todos sus semejantes, es aquel por el cual es llevado a un concepto adecuado de sí mismo y de todas las cosas dentro del alcance de su inteligencia.

V. Por lo tanto, sin inteligencia no hay vida racional, y las cosas sólo son buenas en la medida en que ayudan al hombre en el goce de la vida intelectual, que se define por la inteligencia. Por el contrario, todas las cosas que impiden al hombre perfeccionar su razón y su capacidad para gozar de la vida racional, son las únicas llamadas malas.

VI. Puesto que todas las cosas de las que el hombre es causa eficiente son necesariamente buenas, ningún mal puede sobrevenir al hombre sino por causas externas; es decir, en virtud de que el hombre es parte de la naturaleza universal, cuyas leyes la naturaleza humana está obligada a obedecer y a conformarse de maneras casi infinitas.

VII. Es imposible que el hombre no sea parte de la naturaleza, o que no siga su orden general; Pero si es arrojado entre individuos cuya naturaleza está en armonía con la suya, su poder de acción será ayudado y fomentado, mientras que, si es arrojado entre aquellos que están muy poco en armonía con su naturaleza, difícilmente podrá acomodarse a ellos sin sufrir un gran cambio él mismo.

VIII. Todo lo que en la naturaleza juzguemos malo, o que sea capaz de dañar nuestra facultad de existir y gozar de la vida racional, podemos procurar eliminarlo de la manera que nos parezca más segura; Por otra parte, todo lo que consideremos bueno o útil para preservar nuestro ser y permitirnos disfrutar de la vida racional, podemos apropiarlo para nuestro uso y emplearlo como mejor nos parezca. Todos, sin excepción, pueden, por derecho soberano de la naturaleza, hacer lo que crean que favorecerá su propio interés.

IX. Nada puede estar más en más armonía con la naturaleza de una cosa dada que otros individuos de la misma especie; Por lo tanto, (cf. VII), para el hombre, en la conservación de su ser y en el goce de la vida racional, no hay nada más útil que su prójimo, el hombre que se deja llevar por la razón. Puesto que no hay nada entre las cosas individuales que sea más excelente que un hombre dirigido por la razón, nadie puede mostrar mejor el poder de su habilidad y disposición que educando a los hombres de tal manera que lleguen a vivir al fin bajo el dominio de su propia razón.

X. En la medida en que los hombres están influenciados por la envidia o cualquier tipo de odio entre sí, están en desacuerdo, y por lo tanto deben ser temidos en proporción, ya que son más poderosos que sus semejantes.

XI. Sin embargo, las mentes no son conquistadas por la fuerza, sino por el amor y la altivez.

XII. Ante todo, es útil a los hombres asociar sus formas de vida, atarse con los lazos que consideren más adecuados para unirlos a todos, y en general hacer todo lo que sirva para fortalecer la amistad.

XIII. Pero para esto se necesita habilidad y vigilancia. Porque los hombres son diversos (ya que los que viven bajo la guía de la razón son pocos), sin embargo, son generalmente envidiosos y más propensos a la venganza que a la simpatía. Por lo tanto, se requiere una fuerza de carácter no pequeña para tomar a cada uno tal como es, y para refrenarse de imitar las emociones de los demás. Pero aquellos que se quejan de la humanidad, y son más hábiles en criticar el vicio que en inculcar la virtud, y que rompen en lugar de fortalecer las disposiciones de los hombres, son dañinos tanto para sí mismos como para los demás. Así, muchos, por una impaciencia de espíritu demasiado grande, o por un celo religioso equivocado, han preferido vivir entre los brutos más que entre los hombres; Como los muchachos o jóvenes, que no pueden soportar pacíficamente las reprimendas de sus padres, se alistarán como soldados y elegirán las penalidades de la guerra y la disciplina despótica con preferencia a las comodidades del hogar y las advertencias de su padre: tolerando que se les imponga cualquier carga, con tal de que puedan molestar a sus padres.

XIV. Por lo tanto, aunque los hombres se rigen generalmente en todo por sus propias concupiscencias, sin embargo, su asociación en común trae muchas más ventajas que inconvenientes. Por lo tanto, es mejor soportar con paciencia los males que nos puedan hacer, y esforzarse por promover todo lo que sirva para producir la armonía y la amistad.

XV. Las cosas que engendran armonía son las que se atribuyen a la justicia, a la equidad y a una vida honrada. Porque los hombres toleran mal no sólo lo que es injusto o inicuo, sino también lo que se considera vergonzoso, o que un hombre menosprecie las costumbres recibidas de su sociedad. Para conquistar el amor son especialmente necesarias las cualidades que se refieren a la religión y a la piedad (cf. IV. xxxvii. notas. i. ii.; xlvi. nota; y lxxiii. nota).

XVI. Además, la armonía es a menudo el resultado del miedo: pero tal armonía es insegura. El temor nace de la debilidad del espíritu y, además, no pertenece al ejercicio de la razón, lo mismo ocurre con la compasión, aunque esta última parezca tener cierta semejanza con la piedad.

XVII. Los hombres también son ganados por la liberalidad, especialmente aquellos que no tienen los medios para comprar lo que es necesario para sostener la vida. Sin embargo, dar ayuda a cada hombre pobre está mucho más allá del poder y la ventaja de cualquier persona privada. Porque las riquezas de cualquier persona privada son totalmente inadecuadas para satisfacer tal llamado. Una vez más, los recursos de carácter de un hombre individual son demasiado limitados para que pueda hacer de todos los hombres sus amigos. Por lo tanto, proveer a los pobres es un deber que recae sobre el Estado en su conjunto, y que sólo tiene en cuenta el beneficio general.

XVIII. Al aceptar favores y al devolver gratitud, nuestro deber debe ser completamente diferente (cf. IV. lxx. nota; lxxi. nota).

XIX. Además, el amor meretricio, es decir, la concupiscencia de la generación que surge de la belleza corporal, y en general todo tipo de amor, que tiene como causa otra cosa que la libertad del alma, pasa fácilmente al odio; a menos que, lo que es peor, sea una especie de locura; y luego promueve la discordia en lugar de la armonía (cf. III. xxxi. Corolario).

XX. En cuanto al matrimonio, es cierto que está en armonía con la razón, si el deseo de la unión física no es engendrado únicamente por la belleza corporal, sino también por el deseo de engendrar hijos y educarlos sabiamente; Y además, si el amor de ambos, es decir, del hombre y de la mujer, no es causado sólo por la belleza corporal, sino también por la libertad del alma.

XXI. Además, la adulación engendra armonía; pero sólo por medio del vil delito de la servidumbre o la traición. A nadie se le atribuye más fácilmente la adulación que a los soberbios, que desean ser los primeros, pero no lo son.

XXII. Hay en la humillación una apariencia espuria de piedad y religión. Aunque la humillación es lo opuesto a la soberbia, sin embargo, es el que se humilla más semejante al soberbio (IV. lvii. nota).

XXIII. La vergüenza también produce armonía, pero sólo en aquellos asuntos que no se pueden ocultar. Además, como la vergüenza es una especie de dolor, no concierne al ejercicio de la razón.

XXIV. Los demás sentimientos de dolor hacia los hombres se oponen directamente a la justicia, a la equidad, al honor, a la piedad y a la religión; Y, aunque la indignación parezca tener cierta semejanza con la equidad, sin embargo, la vida es sin ley, donde cada hombre puede juzgar las obras de otro y vindicar sus propios derechos o los de otros hombres.

XXV. La corrección de la conducta (modestia), es decir, el deseo de agradar a los hombres determinado por la razón, es atribuible a la piedad (como dijimos en 4/37i. nota i.). Pero, si brota de la emoción, es la ambición, o el deseo por el cual los hombres, bajo el falso manto de la piedad, generalmente provocan discordias y sediciones. Porque el que quiera ayudar a sus semejantes, de palabra o de obra, para que juntos gocen del sumo bien, le digo que ante todo se esforzará por conquistarlos con amor, no para atraerlos a la admiración, de modo que un sistema sea llamado por su nombre, ni para dar motivo de envidia. Además, en su conversación se abstendrá de hablar de las faltas de los hombres, y se cuidará de hablar con moderación de las debilidades humanas; pero se detendrá largamente en la virtud o poder humano, y en el modo en que puede perfeccionarse. De este modo, los hombres no serán movidos por el miedo ni por la aversión, sino sólo por la emoción de la alegría, a esforzarse, en la medida en que estén en ellos, por vivir en obediencia a la razón.

XXVI. Además de los hombres, no sabemos de ninguna cosa particular en la naturaleza en cuya mente podamos regocijarnos, y con quien podamos asociarnos con nosotros en amistad o en cualquier clase de compañerismo; Por lo tanto, sea lo que sea que haya en la naturaleza además del hombre, el respeto a nuestro provecho no nos exige conservar, sino conservar o destruir según sus diversas capacidades, y adaptarnos a nuestro uso lo mejor que podamos.

XXVII. La ventaja que sacamos de las cosas externas a nosotros, además de la experiencia y el conocimiento que adquirimos al observarlas y al recombinar sus elementos en diferentes formas, es principalmente la conservación del cuerpo; Desde este punto de vista, son muy útiles aquellas cosas que pueden alimentar y nutrir el cuerpo de tal manera que todas sus partes puedan cumplir correctamente sus funciones. Porque, en la medida en que el cuerpo es capaz de ser afectado de una mayor variedad de maneras, y de afectar a los cuerpos externos en un gran número de maneras, tanto más es capaz de pensar la mente (4/38 y xxxix). Pero parece haber muy pocas cosas de este tipo en la naturaleza; Por lo tanto, para la debida nutrición del cuerpo debemos usar muchos alimentos de diversa naturaleza. En efecto, el cuerpo humano se compone de muchas partes de diferente naturaleza, que están continuamente necesitadas de un alimento variado, de modo que todo el cuerpo sea igualmente capaz de hacer todo lo que puede seguirse de su propia naturaleza, y por consiguiente que también la mente pueda ser igualmente capaz de formar muchas percepciones.

XXVIII. Ahora bien, para proporcionar estos alimentos, apenas bastarían las fuerzas de cada individuo, si los hombres no se prestaran ayuda mutua. Pero el dinero nos ha proporcionado una señal para todo; por lo tanto, es con la noción de dinero con la que la mente de la multitud está principalmente absorta; es más, difícilmente puede concebir cualquier clase de placer que no esté acompañado de la idea del dinero como causa.

XXIX. Este resultado es sólo culpa de aquellos que buscan dinero, no por pobreza o para suplir sus necesidades necesarias, sino porque han aprendido las artes de la ganancia, con las que se dan a sí mismos a gran esplendor. Ciertamente alimentan sus cuerpos, de acuerdo con la costumbre, pero escasamente, creyendo que pierden tanta de su riqueza como la que gastan en la conservación de su cuerpo. Pero aquellos que conocen el verdadero uso del dinero, y que fijan la medida de la riqueza únicamente con respecto a sus necesidades reales, viven contentos con poco.

XXX. Por lo tanto, como son buenas las cosas que ayudan a las diversas partes del cuerpo y les permiten cumplir sus funciones; y como el placer consiste en un aumento o ayuda al poder del hombre, en la medida en que está compuesto de mente y cuerpo; De esto se deduce que todas las cosas que dan placer son buenas. Pero teniendo en cuenta que las cosas no obran con el objeto de darnos placer, y que su poder de acción no se atempera para convenir a nuestro beneficio, y, finalmente, que el placer se refiere generalmente a una parte del cuerpo más que a las otras partes; Por lo tanto, la mayoría de las emociones de placer (a menos que la razón y la vigilancia estén a mano) y, por consiguiente, los deseos que surgen de ellas, pueden llegar a ser excesivas. Además, podemos añadir que la emoción nos lleva a prestar la mayor atención a lo que es agradable en el presente, y no podemos estimar lo que es futuro con emociones igualmente vívidas. (IV. xliv. nota, y lx. nota.)

XXXI. La superstición, por otra parte, parece considerar como bueno todo lo que produce dolor, y como malo todo lo que produce placer. Sin embargo, como dijimos anteriormente (4/44), nadie sino los envidiosos se deleitan en mi debilidad y problemas. En efecto, cuanto mayor es el placer por el que nos afecta, tanto mayor es la perfección a la que pasamos y, por consiguiente, más participamos de la naturaleza divina: ningún placer puede ser malo si está regulado por una verdadera consideración para nuestro provecho. Pero, por el contrario, el que se deja llevar por el miedo y hace el bien sólo para evitar el mal, no se guía por la razón.

XXXII. Pero el poder humano es extremadamente limitado, y es infinitamente superado por el poder de las causas externas; No tenemos, por lo tanto, un poder absoluto de moldear para nuestro uso las cosas que están fuera de nosotros. Sin embargo, soportaremos con igual ánimo todo lo que nos suceda en contravención de las pretensiones de nuestro propio beneficio, siempre que seamos conscientes de que hemos cumplido con nuestro deber y de que el poder que poseemos no es suficiente para permitirnos protegernos completamente; Recordando que somos parte de la Naturaleza Universal, y que seguimos su orden. Si tenemos una comprensión clara y distinta de esto, esa parte de nuestra naturaleza que está definida por la inteligencia, en otras palabras, la mejor parte de nosotros mismos, seguramente consentirá lo que nos suceda, y en tal aquiescencia se esforzará por persistir. Porque, en la medida en que somos seres inteligentes, no podemos desear nada más que lo que es necesario, ni dar una aquiescencia absoluta a nada, excepto a lo que es verdadero; por lo tanto, en la medida en que tenemos un entendimiento correcto de estas cosas, el esfuerzo de la mejor parte de nosotros mismos está en armonía con el orden de la naturaleza en su conjunto.

PARTE V:

Del poder del entendimiento, o de la libertad humana

PREFACIO

Por último, paso a la parte restante de mi Ética, que se refiere al camino que conduce a la libertad. Por lo tanto, trataré en él del poder de la razón, mostrando hasta qué punto la razón puede controlar las emociones, y cuál es la naturaleza de la libertad mental o bienaventuranza; Entonces podremos ver cuánto más poderoso es el sabio que el ignorante. No es parte de mi designio señalar el método y los medios por los cuales se puede perfeccionar el entendimiento, ni mostrar la habilidad por la cual el cuerpo puede ser tendido de tal manera que sea capaz de realizar sus funciones debidamente. Esta última cuestión se encuentra en el campo de la Medicina, la primera en el campo de la Lógica. Aquí, por lo tanto, repito, trataré sólo del poder de la mente, o de la razón; y mostraré principalmente la extensión y naturaleza de su dominio sobre las emociones, para su control y moderación. Ya he demostrado que no poseemos dominio absoluto sobre ellos. Sin embargo, los estoicos han pensado que las emociones dependían absolutamente de nuestra voluntad, y que nosotros podíamos gobernarlas absolutamente. Pero estos filósofos se vieron obligados, por la protesta de la experiencia, no por sus propios principios, a confesar que no se necesita poca práctica y celo para dominarlos y moderarlos, y esto alguien se esforzó en ilustrarlo con el ejemplo (si mal no recuerdo) de dos perros, uno un perro doméstico y el otro un perro de caza. Porque mediante un largo entrenamiento se podría lograr que el perro de la casa se acostumbrara a cazar, y que el perro de caza dejara de correr detrás de las liebres. A esta opinión se inclina no poco Descartes. Pues sostenía que el alma o mente está especialmente unida a una parte particular del cerebro, a saber, a esa parte llamada glándula pineal, por medio de la cual la mente puede sentir todos los movimientos que se producen. en el cuerpo, y también los objetos externos, y que la mente, por un simple acto de volición, puede poner en movimiento de diversas maneras. Afirmó que esta glándula está suspendida de tal manera en el centro del cerebro, que podría ser movida por el menor movimiento de los espíritus animales; además, que esta glándula está suspendida en el centro del cerebro de tantas maneras diferentes, como los espíritus animales pueden incidir en él; y, además, que en dicha glándula se imprimen tantas marcas diferentes, como hay diferentes objetos externos que impulsan a los espíritus animales hacia ella; De donde se sigue que si la voluntad del alma suspende la glándula en una posición en la que ya ha sido suspendida una vez antes por los espíritus animales impulsados de una manera u otra, la glándula a su vez reacciona sobre dichos espíritus, conduciéndolos y determinándolos a la condición en que estaban, cuando antes eran rechazados por una posición similar de la glándula. Afirmaba además que todo acto de volición mental está unido por naturaleza a un cierto movimiento dado de la glándula. Por ejemplo, cuando alguien desea mirar un objeto remoto, el acto de la volición hace que la pupila del ojo se dilate, mientras que, si la persona en cuestión sólo hubiera pensado en la dilatación de la pupila, el mero deseo de dilatarla no habría producido el resultado, ya que el movimiento de la glándula que sirve para impulsar a los espíritus animales hacia el nervio óptico de una manera que dilataría o contraería la pupila, no está asociada en la naturaleza con el deseo de dilatar o contraer la pupila, sino con el deseo de mirar objetos remotos o muy cercanos. Por último, sostenía que, aunque cada movimiento de la mencionada glándula parece haber estado unido por naturaleza a un pensamiento particular del número total de nuestros pensamientos desde el comienzo mismo de nuestra vida, sin embargo, puede llegar a ser por habituación asociada con otros pensamientos; esto se esfuerza en demostrar en las Pasiones de l'âme, I.50. De aquí concluye que no hay alma tan débil que no pueda, bajo la dirección adecuada, adquirir un poder absoluto sobre sus pasiones. En efecto, las pasiones, tal como él las define, son "percepciones, sentimientos o perturbaciones del alma, que se refieren al alma como especies, y que (nótese la expresión) se producen, conservan y fortalecen a través de alguna movimiento de los espíritus". (Pasiones de l'âme, I.27). Pero, puesto que podemos unir cualquier movimiento de la glándula o, por consiguiente, de los espíritus a cualquier volición, la determinación de la voluntad depende enteramente de nuestras propias fuerzas; Por lo tanto, si determinamos nuestra voluntad con decisiones seguras y firmes en la dirección a la que queremos que tiendan nuestras acciones, y asociamos los movimientos de las pasiones que deseamos adquirir con dichas decisiones, adquiriremos un dominio absoluto sobre nuestras pasiones. Tal es la doctrina de este ilustre filósofo (en la medida en que la deduzco de sus propias palabras); es uno que, si hubiera sido menos ingenioso, difícilmente podría creer que procediera de un hombre tan grande. De hecho, me asombra que un filósofo, que había afirmado con firmeza que no sacaría conclusiones que no se siguieran de premisas evidentes por sí mismo, y que no afirmaría nada que no percibiera clara y distintamente, y que tan a menudo había reprendido a los escolásticos por querer explicar las oscuridades a través de cualidades ocultas, podría mantener una hipótesis, al lado de la cual las cualidades ocultas son comunes. ¿Qué entiende, pregunto, por la unión de la mente y el cuerpo? ¿Qué concepto claro y distinto tiene del pensamiento en la unión más íntima con cierta partícula de materia extensa? En verdad, me gustaría que explicara esta unión a través de su causa próxima. Pero tenía un concepto tan distinto de que la mente era distinta del cuerpo, que no podía asignar ninguna causa particular a la unión entre los dos, ni a la mente misma, sino que se vio obligado a recurrir a la causa de todo el universo, es decir, a Dios. Además, me gustaría mucho saber qué grado de movimiento puede impartir la mente a esta glándula pineal, y con qué fuerza puede mantenerla suspendida. Porque ignoro si esta glándula puede ser agitada más lentamente o más rápidamente por el espíritu que por los espíritus animales, y si los movimientos de las pasiones, que hemos unido estrechamente a las decisiones firmes, no pueden ser desunidos de ellos por causas físicas; en cuyo caso se seguiría que, aunque la mente Con la firme intención de hacer frente a un peligro dado, y había unido a esta decisión los movimientos de la audacia, sin embargo, a la vista del peligro, la glándula podría quedar suspendida de una manera que impediría a la mente pensar en otra cosa que no fuera huir. En verdad, así como no hay un patrón común de volición y movimiento, tampoco hay comparación posible entre los poderes de la mente y el poder o la fuerza del cuerpo; Por consiguiente, la fuerza de uno no puede ser determinada en modo alguno por la fuerza del otro. También podemos añadir que no hay ninguna glándula que se pueda descubrir en medio del cerebro, colocada de tal manera que pueda ponerse en movimiento fácilmente de tantas maneras, y también que todos los nervios no se prolongan hasta las cavidades del cerebro. Por último, omito todas las afirmaciones que hace acerca de la voluntad y de su libertad, en la medida en que he demostrado sobradamente que sus premisas son falsas. Por lo tanto, puesto que el poder de la mente, como he demostrado anteriormente, está definido únicamente por el entendimiento, determinaremos únicamente por el conocimiento de la mente los remedios contra las emociones, de las que creo que todos han tenido experiencia, pero que no observan con precisión o ven claramente, y de la misma base deduciremos todas esas conclusiones.   que tienen que ver con la bienaventuranza de la mente.

AXIOMAS.

I. Si en la misma materia se inician dos acciones contrarias, es necesario que se produzca un cambio, ya sea en ambas, o en una de las dos, y que continúe hasta que dejen de ser contrarias.

II. La potencia de un efecto se define por la potencia de su causa, en la medida en que su esencia se explica o se define por la esencia de su causa.

(Este axioma es evidente por III.

PROPOSICIONES.

PUNTAL. I. Así como los pensamientos y las ideas de las cosas están dispuestos y asociados en la mente, así también las modificaciones del cuerpo o las imágenes de las cosas están precisamente de la misma manera dispuestas y asociadas en el cuerpo.

Demostración: El orden y la conexión de las ideas es el mismo que el orden y la conexión de las cosas, y viceversa, el orden y la conexión de las cosas son los mismos (por 2/6). Corolario. y vii.) como el orden y la conexión de las ideas. Por lo tanto, así como el orden y la conexión de las ideas en la mente se efectúa según el orden y la asociación de las modificaciones del cuerpo (por 2/88), así también al revés (por 3/2), el orden y la conexión de las modificaciones del cuerpo se realizan según el modo en que los pensamientos y las ideas de las cosas se ordenan y asocian en la mente. Q.E.D.

PUNTAL. II. Si eliminamos una perturbación del espíritu, o emoción, del pensamiento de una causa externa, y la unimos a otros pensamientos, entonces el amor o el odio hacia esa causa externa, y también las vacilaciones del espíritu que surgen de estas emociones, serán destruidas.

Demostración: Lo que constituye la realidad del amor o del odio es el placer o el dolor, acompañados de la idea de una causa externa (Def. de los afectos, VI. VII); Por lo tanto, cuando se elimina esta causa, la realidad del amor o del odio se elimina con ella; Por lo tanto, estas emociones y las que surgen de ellas se destruyen. Q.E.D.

PUNTAL. III. Una emoción, que es una pasión, deja de ser una pasión tan pronto como nos formamos una idea clara y distinta de ella.

Demostración: Una emoción, que es una pasión, es una idea confusa (por la definición general de las emociones). Si, pues, nos formamos una idea clara y distinta de una emoción dada, esa idea sólo se distinguirá de la emoción en la medida en que se refiere a la mente sólo por la razón (por 2/11 y nota); por lo tanto, (por 3/3), la emoción dejará de ser una pasión. Q.E.D.

Corollary—An emotion therefore becomes more under our control, and the mind is less passive in respect to it, in proportion as it is more known to us.

PROP. IV. There is no modification of the body, whereof we cannot form some clear and distinct conception.

Proof.—Properties which are common to all things can only be conceived adequately (II. xxxviii.); therefore (II. xii. and Lemma ii. after II. xiii.) there is no modification of the body, whereof we cannot form some clear and distinct conception. Q.E.D.

Corollary.—Hence it follows that there is no emotion, whereof we cannot form some clear and distinct conception. For an emotion is the idea of a modification of the body (by the general Def. of the Emotions), and must therefore (by the preceding Prop.) involve some clear and distinct conception.

Puesto que no hay nada que no sea seguido por un efecto (por 1/36), y que comprendemos clara y distintamente lo que se sigue de una idea que en nosotros es adecuada (por 2/11), se sigue que cada uno tiene el poder de comprenderse clara y distintamente a sí mismo y a sus emociones, si no absolutamente, al menos en parte. y, por consiguiente, de producirlo, para que se sometiera menos a ellos. Por lo tanto, para llegar a este resultado, debemos dirigir principalmente nuestros esfuerzos a adquirir, en la medida de lo posible, un conocimiento claro y distinto de cada emoción, a fin de que la mente pueda, a través de la emoción, determinarse a pensar en aquellas cosas que percibe clara y distintamente, y en las que consiente plenamente, y así la emoción misma pueda separarse del pensamiento de una causa externa. y puede estar asociado con pensamientos verdaderos; de donde sucederá que no sólo el amor, el odio, etc., serán destruidos (por V, 2), sino también que los apetitos o deseos que suelen surgir de tal emoción se volverán incapaces de ser excesivos (por 4/11). Es especial notar que el apetito por el que se dice que el hombre es activo y aquel por el que se dice que es pasivo es uno y el mismo. Por ejemplo, hemos demostrado que la naturaleza humana está constituida de tal manera que cada uno desea que sus semejantes, los hombres, vivan a su manera (III. xxxi. nota); En un hombre que no se guía por la razón, este apetito es una pasión que se llama ambición, y no difiere mucho del orgullo; mientras que en el hombre que vive según los dictados de la razón, es una actividad o virtud la que se llama piedad (por 4/37i, nota I y segunda prueba). De la misma manera, todos los apetitos o deseos no son más que pasiones, en cuanto nacen de ideas inadecuadas; Los mismos resultados se atribuyen a la virtud, cuando son suscitados o generados por ideas adecuadas. En efecto, todos los deseos, por los que estamos determinados a una acción dada, pueden surgir tanto de ideas adecuadas como de ideas inadecuadas (por 4/4). Que este remedio para las emociones (para volver al punto de donde partí), que consiste en un verdadero conocimiento de las mismas, no se puede concebir nada más excelente que esté a nuestro alcance. En efecto, el alma no tiene otra potencia que la de pensar y de formarse ideas adecuadas, como ya hemos demostrado (por 3/3).

PUNTAL. V. Una emoción hacia una cosa, que concebimos simplemente, y no como necesaria, o como contingente, o como posible, es, en igualdad de condiciones, mayor que cualquier otra emoción.

Demostración: Una emoción hacia una cosa que concebimos como libre, es mayor que una hacia lo que concebimos necesario (por 3/19) y, por consiguiente, aún mayor que una hacia lo que concebimos como posible o contingente (por 4/11). Pero concebir una cosa como libre no puede ser otra cosa que concebirla simplemente, mientras ignoramos las causas por las que ha sido determinada a la acción (2/3v. nota); Por lo tanto, una emoción hacia una cosa que concebimos simplemente es, en igualdad de condiciones, mayor que una, la que sentimos hacia lo que es necesario, posible o contingente, y, por consiguiente, es la mayor de todas. Q.E.D.

PUNTAL. VI. La mente tiene mayor poder sobre las emociones y está menos sujeta a ellas, en la medida en que comprende todas las cosas como necesarias.

Demostración: El alma entiende que todas las cosas son necesarias (por 1/29) y que están determinadas para su existencia y operación por una cadena infinita de causas; por lo tanto, (con la proposición antecedida), llega a tal punto que está menos sujeto a las emociones que surgen de ella, y (por 3/118) siente menos emoción hacia las cosas mismas. Q.E.D.

Cuanto más se aplica este conocimiento de que las cosas son necesarias a las cosas particulares, que concebimos más clara y vívidamente, tanto mayor es el poder de la mente sobre las emociones, como también lo atestigua la experiencia. Porque vemos que el dolor que surge de la pérdida de cualquier bien se mitiga tan pronto como el hombre que lo ha perdido percibe que de ninguna manera podría haberse conservado. Así también vemos que nadie se compadece de un niño porque no puede hablar, ni caminar, ni razonar, o, por último, porque pasa tantos años, por así decirlo, en la inconsciencia. Mientras que, si la mayoría de las personas nacieran adultas y solo una vez aquí y allá como bebés, todos se compadecerían de los bebés; porque entonces la infancia no sería considerada como un estado natural y necesario, sino como una falta o delito de la Naturaleza; y podemos notar varios otros casos del mismo tipo.

PUNTAL. VII. Las emociones que se despiertan o nacen de la razón, si tenemos en cuenta el tiempo, son más fuertes que las que se atribuyen a objetos particulares que consideramos ausentes.

Demostración: No consideramos una cosa como ausente por razón del afecto con que la concebimos, sino por el hecho de que el cuerpo, siendo afectado por otro afecto que excluya la existencia de dicha cosa (por 2/17). Por lo tanto, la emoción que se refiere a lo que consideramos ausente no es de naturaleza que supere el resto de las actividades y de la potencia del hombre (por 4/6), sino que, por el contrario, es de una naturaleza que puede ser controlada en cierto modo por las emociones, que excluyen la existencia de su causa externa (por 4/9). Pero el afecto que brota de la razón se refiere necesariamente a las propiedades comunes de las cosas (véase la definición de la razón en 2/11, nota II), que siempre consideramos presentes (pues no puede haber nada que excluya su existencia presente), y que siempre concebimos de la misma manera (por 2/38). Por lo tanto, una emoción de este tipo permanece siempre la misma; y, por consiguiente (v. Ax. i.) las emociones que son contrarias a ella y no se mantienen en marcha por sus causas externas, se verán obligadas a adaptarse a ella cada vez más, hasta que ya no sean contrarias a ella; En este sentido, la emoción que brota de la razón es más poderosa. Q.E.D.

PUNTAL. VIII. Una emoción es más fuerte en proporción al número de causas simultáneas concurrentes por las que se despierta.

Demostración: Muchas causas simultáneas son más poderosas que unas pocas (por 3/7), y por eso (por 4/5), en proporción al aumento del número de causas simultáneas por las que se suscita, la emoción se hace más fuerte. Q.E.D.

Nota: Esta proposición también es evidente por V. Ax. Ii.

PUNTAL. IX. Una emoción, que es atribuible a muchas y diversas causas que la mente considera simultáneas con la emoción misma, es menos dañina, y estamos menos sujetos a ella y menos afectados hacia cada una de sus causas, que si se tratara de una emoción diferente e igualmente poderosa atribuible a menos causas o a una sola causa.

Demostración: Una emoción sólo es mala o perjudicial en la medida en que impide a la mente poder pensar (por 4/26. 271); Por lo tanto, una emoción por la que el alma está determinada a la contemplación de varias cosas a la vez, es menos dañina que otra emoción igualmente poderosa, que absorbe la mente de tal manera en la contemplación de unos pocos objetos o de uno, que es incapaz de pensar en otra cosa; Este fue nuestro primer punto. Además, como la esencia del alma, es decir, su potencia (por 3/7) consiste únicamente en el pensamiento (por 2/11), la mente es menos pasiva con respecto a un movimiento que le hace pensar en varias cosas a la vez, que con respecto a una emoción igualmente fuerte, que la mantiene absorta en la contemplación de unos pocos o de un solo objeto. Este fue nuestro segundo punto. Por último, este afecto (por 3/18), en cuanto que es atribuible a varias causas, es menos poderoso respecto de cada una de ellas. Q.E.D.

PUNTAL. X. Mientras no nos asalten emociones contrarias a nuestra naturaleza, tenemos el poder de ordenar y asociar las modificaciones de nuestro cuerpo según el orden intelectual.

Demostración: Los afectos contrarios a nuestra naturaleza, es decir, los malos (por 4/3), son malos en cuanto que impiden el entendimiento del alma (por 4/27). Por lo tanto, mientras no nos asalten emociones contrarias a nuestra naturaleza, no se impide a la mente la facultad de comprender las cosas (por 4/26), y por lo tanto es capaz de formar ideas claras y distintas y de deducirlas unas de otras (2/21 nota y II. xlvii). nota); Por consiguiente, en tales casos tenemos la facultad de ordenar y asociar las modificaciones del cuerpo según el orden intelectual. Q.E.D.

Por esta facultad de ordenar y asociar correctamente las modificaciones corporales, podemos protegernos de ser fácilmente afectados por las malas emociones. Porque (V. vii) se necesita una fuerza mayor para controlar las emociones, cuando están ordenadas y asociadas de acuerdo con el orden intelectual, que cuando son inciertas e inestables. Lo mejor que podemos hacer, por lo tanto, mientras no poseamos un conocimiento perfecto de nuestras emociones, es elaborar un sistema de conducta correcta, o preceptos prácticos fijos, memorizarlo y aplicarlo inmediatamente a las circunstancias particulares que de vez en cuando se nos presentan en la vida, de modo que nuestra imaginación pueda impregnarse completamente de ellas. y que esté siempre a nuestra mano. Por ejemplo, hemos establecido entre las reglas de la vida (4/46 y nota) que el odio debe ser vencido con amor o altivez, y no se requiere con odio a cambio. Ahora bien, para que este precepto de la razón esté siempre a nuestra mano en tiempo de necesidad, debemos pensar y reflexionar a menudo sobre los males que generalmente cometen los hombres, y de qué manera y de qué manera pueden ser mejor prevenidos por la nobleza; así asociaremos la idea del mal con la idea de este precepto: la cual, por consiguiente, estará siempre lista para ser usada cuando se nos haga un mal (II. xviii.). Si también mantenemos a la disposición la noción de nuestra verdadera ventaja, y del bien que se sigue de las amistades mutuas y de las comuniones comunes; además, si recordamos que la completa aquiescencia es el resultado del modo correcto de vivir (IV. 1/1), y que los hombres, no menos que todo lo demás, obran por la necesidad de su naturaleza: en tal caso digo que el mal, o el odio, que comúnmente surge de él, absorberá una parte muy pequeña de nuestra imaginación y será fácilmente superado; O bien, si la ira que brota de un mal grave no se vence fácilmente, sin embargo, será vencida, aunque no sin un conflicto espiritual, mucho antes que si no hubiéramos reflexionado sobre el tema de antemano. Como se deduce de V. VII. VIII. Del mismo modo, debemos reflexionar sobre la valentía como medio de superar el miedo; Los peligros ordinarios de la vida deben ser frecuentemente traídos a la mente e imaginados, junto con los medios por los cuales, mediante la prontitud de los recursos y la fortaleza de la mente, podemos evitarlos y vencerlos. Pero debemos notar que, al ordenar nuestros pensamientos y conceptos, siempre debemos tener en cuenta lo que es bueno en cada cosa individual (4. Corolario. y III. lix.), a fin de que siempre estemos determinados a la acción por una emoción de placer. Por ejemplo, si un hombre ve que está demasiado interesado en la búsqueda del honor, que piense en su uso correcto, el fin por el cual debe perseguirse y los medios por los cuales puede alcanzarlo. Que no piense en su mal uso, y en su vacuidad, y en la inconstancia de la humanidad, y cosas semejantes, de las cuales ningún hombre piensa sino por morbosidad de carácter; Con pensamientos semejantes, los más ambiciosos se atormentan a sí mismos, cuando desesperan de obtener las distinciones que anhelan, y al dar así rienda suelta a su ira, de buena gana parecerían sabios. Por lo tanto, es cierto que los que más claman contra el mal uso del honor y la vanidad del mundo, son los que más lo codician. Esto no es peculiar de los ambiciosos, sino que es común a todos los que están enfermos, usados por la fortuna y que están enfermos de espíritu. Porque también un hombre pobre, que es avaro, hablará incesantemente del mal uso de las riquezas y de los vicios de los ricos; con lo cual simplemente se atormenta a sí mismo, y muestra al mundo que es intolerante, no solo con su propia pobreza, sino también con las riquezas de otras personas. Así, además, los que han sido mal recibidos por una mujer a la que aman no piensan en otra cosa que en la inconstancia, la traición y otros defectos comunes del bello sexo; todo lo cual relegan al olvido, en el momento en que vuelven a ser tomados en favor por su amada. Así, el que quiere gobernar sus emociones y su apetito únicamente por el amor a la libertad, se esfuerza, en la medida de sus posibilidades, por adquirir un conocimiento de las virtudes y sus causas, y por llenar su espíritu con el gozo que

surge del verdadero conocimiento de ellas: de ninguna manera
deseará detenerse en las faltas de los hombres. o para quejarse
de sus semejantes, o para deleitarse en una falsa apariencia de
libertad. Quienquiera que observe y practique diligentemente
estos preceptos (que en verdad no son difíciles) podrá, en un
corto espacio de tiempo, en su mayor parte, dirigir sus acciones
de acuerdo con los mandamientos de la razón.

> [16] Continuo. Traducido
> "constantemente" por el
> Sr. Pollock sobre la base
> de que el significado
> clásico de la palabra no se
> adapta al contexto.

PUNTAL. XI. En la medida en que una imagen mental se
refiere a más objetos, es más frecuente, o más a menudo vívida,
y ocupa más la mente.

Demostración: En la medida en que una imagen mental o
una emoción se refieren a más objetos, así también hay más
causas por las que puede ser suscitada y fomentada, todas las
cuales (por hipótesis) el alma contempla simultáneamente en
asociación con la emoción dada; por lo tanto, la emoción es más
frecuente, o está más a menudo en pleno vigor, y (V. viii.) ocupa
más la mente. Q.E.D.

PUNTAL. XII. Las imágenes mentales de las cosas se
asocian más fácilmente con las imágenes referidas a las cosas
que comprendemos clara y distintamente, que con otras.

Demostración: Las cosas, que entendemos clara y
distintamente, son, o bien propiedades comunes de las cosas, o
bien deducciones de ellas (véase la definición de la razón por
2/1/2, nota II), y, por consiguiente, (por la última proposición)

se despiertan más a menudo en nosotros. Por lo tanto, puede suceder más fácilmente que consideremos otras cosas en conjunción con éstas que en conjunción con otra cosa, y por consiguiente (por 2/18) que las imágenes de dichas cosas se asocien más a menudo con las imágenes de éstas que con las imágenes de otra cosa. Q.E.D.

PUNTAL. XIII. Una imagen mental es más a menudo vívida, en la medida en que se asocia con un mayor número de otras imágenes.

Demostración: En la medida en que una imagen se asocia con un mayor número de otras imágenes, así (por 2/18) hay más causas por las que puede ser suscitada. Q.E.D.

PUNTAL. XIV. La mente puede hacer que todas las modificaciones corporales o imágenes de las cosas puedan ser referidas a la idea de Dios.

Demostración: No hay modificación del cuerpo de la que el alma no pueda formarse un concepto claro y distinto (por 5/4). por lo cual puede suceder que todos se refieran a la idea de Dios (I. 15). Q.E.D.

PUNTAL. XV. El que se comprende clara y distintamente a sí mismo y a sus emociones, ama a Dios, y tanto más cuanto más se comprende a sí mismo y a sus emociones.

Demostración: El que se comprende clara y distintamente a sí mismo y a sus emociones siente placer (por 3/13), y este placer va acompañado de la idea de Dios. por eso (6 por la definición de los afectos) tal persona ama a Dios, y (por la misma razón) tanto más cuanto más se comprende a sí mismo y a sus emociones. Q.E.D.

PUNTAL. XVI. Este amor hacia Dios debe ocupar el lugar principal en la mente.

Demostración: Pues este amor se asocia a todas las modificaciones del cuerpo (v/14) y es fomentado por todas ellas (v/15); por lo tanto, (V. xi), debe ocupar el lugar principal en la mente. Q.E.D.

PUNTAL. XVII. Dios no tiene pasiones, ni le afecta ninguna emoción de placer o dolor.

Demostración: Todas las ideas, en cuanto se refieren a Dios, son verdaderas (por 2/32), es decir, adecuadas (por 2/4) adecuadas; y por lo tanto (por la definición general de los afectos) Dios no tiene pasiones. Además, Dios no puede pasar ni a una perfección mayor ni a una menor (I. xx. Corolario. ii.); por lo tanto, (por la definición de las emociones, II, III) no es afectado por ninguna emoción de placer o dolor.

Corolario: En sentido estricto, Dios no ama ni odia a nadie. En efecto, Dios no se deja afectar por ningún afecto de placer o dolor, por lo que (por la definición de los afectos, por 6/7) no ama ni odia a nadie.

PUNTAL. XVIII. Nadie puede odiar a Dios.

Demostración: La idea de Dios que está en nosotros es adecuada y perfecta (por 2/2vi./xlvii); por lo tanto, en la medida en que contemplamos a Dios, somos activos (por 3/3); por consiguiente (por 3/1) no puede haber dolor acompañado de la idea de Dios, es decir, (por la definición de los afectos, VII), nadie puede odiar a Dios. Q.E.D.

Corolario: El amor a Dios no puede convertirse en odio.

Se puede objetar que, así como entendemos a Dios como la causa de todas las cosas, por ese mismo hecho consideramos a Dios como la causa del dolor. Pero respondo que, en la medida en que entendemos las causas del dolor, éste deja de ser pasión (por 5/3), es decir, deja de ser dolor (por 3/1); por lo tanto, en la medida en que entendemos que Dios es la causa del dolor, en esa medida sentimos placer.

PUNTAL. XIX. El que ama a Dios, no puede aspirar a que Dios le ame a él.

Demostración: Porque, si un hombre se esforzara así, desearía (V. xvii. Corolario.) que Dios, a quien ama, no debería ser Dios, y por consiguiente desearía sentir dolor (III. xix.); lo cual es absurdo (III. xxviii.). Por lo tanto, el que ama a Dios, etc. Q.E.D.

PUNTAL. XX. Este amor a Dios no puede ser manchado por el movimiento de la envidia o de los celos: por el contrario, se fomenta tanto más cuanto que concebimos un mayor número de hombres unidos a Dios por el mismo vínculo de amor.

Demostración: Este amor a Dios es el bien supremo que podemos buscar bajo la guía de la razón (por 4/28), es común a todos los hombres (por 4/36) y queremos que todos se regocijen en él (por 4/3vii); por lo tanto, (Def. de las emociones, xxiii), no puede ser manchada por la emoción de la envidia, ni por la emoción de los celos (V. xviii. ver definición de los celos, III. xxxv. nota); pero, por el contrario, es necesario que se fomente más en la medida en que concebimos un mayor número de hombres que se regocijen en ello. Q.E.D.

De la misma manera podemos demostrar que no hay ningún sentimiento directamente contrario a este amor por el cual este amor pueda ser destruido; por lo tanto, podemos concluir que este amor hacia Dios es el más constante de todos los afectos, y que, en la medida en que se refiere al cuerpo, no puede ser destruido, a menos que el cuerpo también sea destruido. En cuanto a su naturaleza, en la medida en que se refiere sólo a la mente, investigaremos más adelante.

Ahora he pasado por todos los remedios contra las emociones, o todo lo que la mente, considerada en sí misma, puede hacer contra ellas. De donde parece que consiste el poder de la mente sobre las emociones:

I. En el conocimiento real de las emociones (V. iv. nota).

II. En el hecho de que separa las emociones del pensamiento de una causa externa, lo cual concebimos confusamente (V. ii. y V. iv. nota).

III. En el hecho de que, con respecto al tiempo, las emociones referidas a las cosas, que comprendemos claramente, superan a las referidas a lo que concebimos de manera confusa y fragmentaria (V. vii.).

IV. En el número de causas por las que se fomentan las modificaciones[17] que se refieren a las propiedades comunes de las cosas o a Dios (V. ix. XI.).

[17] Afectos. Camerer lee
affectus——emociones.

V. Por último, en el orden en que la mente puede organizar y asociar, una con otra, sus propias emociones (V. x. nota y xii. xiii. xiv.).

Pero, para que se comprenda mejor este poder de la mente sobre las emociones, debe observarse especialmente que las emociones son llamadas fuertes por nosotros, cuando comparamos la emoción de un hombre con la emoción de otro, y vemos que un hombre está más perturbado que otro por la misma emoción; o cuando estamos comparando las diversas emociones del mismo hombre entre sí, y encontramos que está más afectado o agitado por una emoción que por otra. Porque la fuerza de cada emoción se define por una comparación de nuestro propio poder con el poder de una causa externa. Ahora bien, el poder de la mente se define sólo por el conocimiento, y su debilidad o pasión se define sólo por la privación del conocimiento; por lo tanto, se sigue que el espíritu es más pasivo, cuya mayor parte está compuesta de ideas inadecuadas, de modo que puede caracterizarse más fácilmente por sus estados pasivos que por sus actividades. Por otra parte, la mente es más activa, cuya mayor parte está compuesta de ideas adecuadas, de modo que, aunque pueda contener tantas ideas inadecuadas como la mente anterior, puede ser caracterizada más fácilmente por ideas atribuibles a la virtud humana que por ideas que hablan de la debilidad humana. Además, debe observarse que la insalubridad espiritual y las desgracias pueden atribuirse generalmente al amor excesivo por algo que está sujeto a muchas variaciones y de lo que nunca podremos llegar a dominar. Porque nadie es solícito ni se inquieta por nada, a menos que lo ame; Tampoco surgen injusticias, sospechas, enemistad, etc., excepto en lo que se refiere a cosas de las que nadie puede ser realmente dueño.

De este modo, podemos concebir fácilmente el poder que el conocimiento claro y distinto, y especialmente el tercer tipo de conocimiento (por 2/11vii), fundado en el conocimiento real de Dios, tiene sobre las emociones, si no las destruye absolutamente, en cuanto que son pasiones (por 5/3 y 4/4 nota); en todo caso, hace que ocupen una parte muy pequeña de la mente (V. xiv.). Además, engendra un amor hacia una cosa inmutable y eterna (V. xv.), de la cual podemos entrar realmente en posesión (2/11v.); ni puede ser contaminado con las faltas que son inherentes al amor ordinario; pero puede crecer de fuerza en fuerza, y puede absorber la mayor parte de la mente y penetrarla profundamente.

Y ahora he terminado con todo lo que concierne a esta vida presente, pues, como dije al principio de esta nota, he descrito brevemente todos los remedios contra las emociones. Y esto todo el mundo puede haberlo visto fácilmente por sí mismo, si ha prestado atención a lo que se ha adelantado en la presente nota, y también a las definiciones de la mente y sus emociones, y, por último, a las proposiciones 1 y 3. de la Parte III. Por lo tanto, ha llegado el momento de pasar a los asuntos que pertenecen a la duración de la mente, sin relación con el cuerpo.

PUNTAL. XXI. La mente sólo puede imaginar cualquier cosa, o recordar lo que ha pasado, mientras el cuerpo perdura.

Demostración: La mente no expresa la existencia real de su cuerpo, ni imagina las modificaciones del cuerpo como reales, excepto mientras el cuerpo perdura (por 2/8). Corolario.); y, por consiguiente (por 2/26), no se imagina ningún cuerpo como existente realmente, sino mientras perdura su propio cuerpo. Por lo tanto, no puede imaginar nada (para la definición de la imaginación, véase II. xvii. nota), ni recordar cosas pasadas, excepto mientras el cuerpo perdura (véase la definición de la memoria, II. xviii. nota). Q.E.D.

PUNTAL. XXII. Sin embargo, en Dios hay necesariamente una idea que expresa la esencia de tal o cual cuerpo humano bajo la forma de la eternidad.

Demostración: Dios es la causa, no sólo de la existencia de tal o cual cuerpo humano, sino también de su esencia (por 1/25). Por lo tanto, esta esencia debe ser necesariamente concebida por la misma esencia de Dios (I. Ax. 4), y ser concebida así por una cierta necesidad eterna (I. 16); y este concepto debe existir necesariamente en Dios (II. III). Q.E.D.

PUNTAL. XXIII. La mente humana no puede ser destruida absolutamente con el cuerpo, sino que queda de ella algo que es eterno.

Demostración: Es necesario que en Dios haya un concepto o idea que exprese la esencia del cuerpo humano (última proposición), la cual, por tanto, es necesariamente algo que pertenece a la esencia del alma humana (por 2/13). Pero no hemos asignado a la mente humana ninguna duración, definible por el tiempo, sino en cuanto que expresa la existencia real del cuerpo, que se explica por la duración y puede ser definida por el tiempo, es decir, (por 2/8). Corolario), no le asignamos duración, sino mientras el cuerpo dura. Sin embargo, como hay algo, a pesar de todo, que es concebido por una cierta necesidad eterna por la esencia misma de Dios (última proposición); Este algo, que pertenece a la esencia de la mente, será necesariamente eterno. Q.E.D.

Esta idea, que expresa la esencia del cuerpo bajo la forma de la eternidad, es, como hemos dicho, un cierto modo de pensar que pertenece a la esencia del alma y es necesariamente eterno. Sin embargo, no es posible que recordemos que existimos antes de nuestro cuerpo, porque nuestro cuerpo no puede llevar rastro de tal existencia, ni la eternidad puede definirse en términos de tiempo, ni tener ninguna relación con el tiempo. Pero, a pesar de todo, sentimos y sabemos que somos eternos. Porque la mente siente las cosas que concibe por entendimiento, no menos que las cosas que recuerda. Porque los ojos de la mente, por medio de los cuales ve y observa las cosas, no son más que pruebas. Así, aunque no recordemos que existíamos antes del cuerpo, sentimos que nuestra mente, en la medida en que involucra la esencia del cuerpo, bajo la forma de la eternidad, es eterna y que, por lo tanto, su existencia no puede definirse en términos de tiempo, ni explicarse por la duración. Así, pues, sólo puede decirse que la mente perdura, y su existencia sólo puede ser definida por un tiempo fijo, en la medida en que implica la existencia real del cuerpo. Hasta aquí sólo tiene el poder de determinar la existencia de las cosas por el tiempo, y concebirlas bajo la categoría de duración.

PUNTAL. XXIV. Cuanto más entendemos las cosas particulares, más comprendemos a Dios.

Demostración: Esto se deduce de la I. xxv. Corolario.

PUNTAL. XXV. El esfuerzo más elevado de la mente y la virtud más elevada es comprender las cosas por el tercer tipo de conocimiento.

Demostración: El tercer género de conocimiento procede de una idea adecuada de ciertos atributos de Dios a un conocimiento adecuado de la esencia de las cosas (véase su definición por 2/11, nota II); y, en la medida en que comprendemos las cosas más de esta manera, comprendemos mejor a Dios (por la última Proposición); por lo tanto, la virtud suprema de la mente, es decir, la potencia o naturaleza, o el esfuerzo supremo de la mente, es entender las cosas por el tercer género de conocimiento. Q.E.D.

PUNTAL. XXVI. En la medida en que la mente es más capaz de entender las cosas por el tercer género de conocimiento, desea más entender las cosas por ese género.

Prueba: esto es evidente. Porque, en la medida en que concebimos que la mente es capaz de concebir las cosas por este género de conocimiento, la concebimos, en esa medida, como determinada a concebir así las cosas; y, por consiguiente (por la definición de los afectos), el alma desea hacerlo así, en la medida en que es más capaz de ello. Q.E.D.

PUNTAL. XXVII. De este tercer tipo de conocimiento surge la más alta aquiescencia mental posible.

Demostración: La virtud suprema del alma es conocer a Dios (por 4/28), o entender las cosas por el tercer género de conocimiento (por 5/25), y esta virtud es mayor cuanto más conoce las cosas por el dicho género de conocimiento (por 5/24); por consiguiente, el que conoce las cosas por este género de conocimiento pasa a la cumbre de la perfección humana. y, por lo tanto, (por definición de las emociones, II) es afectado por el placer supremo, pues este placer va acompañado de la idea de sí mismo y de su propia virtud; así, en XXV, Def. de los afectos, de este género de conocimiento surge la más alta aquiescencia posible. Q.E.D.

PUNTAL. XXVIII. El esfuerzo o deseo de conocer las cosas por el tercer género de conocimiento no puede surgir del primero, sino del segundo tipo de conocimiento.

Demostración: Esta proposición es evidente por sí misma. Porque todo lo que entendemos clara y distintamente, lo entendemos por sí mismo, o por lo que se concibe por medio de sí mismo; es decir, las ideas que son claras y distintas en nosotros, o que se refieren al tercer tipo de conocimiento (por 2/11, nota II), no pueden seguirse de ideas que son fragmentarias y confusas, y se refieren al conocimiento del primer tipo, sino que deben seguirse de ideas adecuadas, o de ideas del segundo y tercer tipo de conocimiento; Por lo tanto, el deseo de conocer las cosas por el tercer género de conocimiento no puede proceder del primero, sino del segundo. Q.E.D.

PUNTAL. XXIX. Todo lo que el alma entiende bajo la forma de la eternidad, no lo entiende en virtud de concebir la existencia actual del cuerpo, sino en virtud de concebir la esencia del cuerpo bajo la forma de la eternidad.

Demostración: En cuanto que el alma concibe la existencia presente de su cuerpo, concibe en esa medida la duración que puede ser determinada por el tiempo, y sólo en esa medida tiene la facultad de concebir las cosas en relación con el tiempo (V. 11. II. xxvi.). Pero la eternidad no puede explicarse en términos de duración (I. Def. viii. y explicación). Por lo tanto, en esta medida la mente no tiene la facultad de concebir las cosas bajo la forma de la eternidad, sino que la posee, porque es de la naturaleza de la razón concebir las cosas bajo la forma de la eternidad (2/11). Corolario. y también porque es de la naturaleza del alma concebir la esencia del cuerpo bajo la forma de la eternidad (v/23), pues aparte de estas dos no hay nada que pertenezca a la esencia de la mente (2/13). Por lo tanto, esta facultad de concebir las cosas bajo la forma de la eternidad sólo pertenece a la mente en virtud de que la mente concibe la esencia del cuerpo bajo la forma de la eternidad. Q.E.D.

Nota: Las cosas son concebidas por nosotros como actuales de dos modos; ya sea como existiendo en relación con un tiempo y lugar dados, o como contenido en Dios y siguiendo la necesidad de la naturaleza divina. Todo lo que concebimos de esta segunda manera como verdadero o real, lo concebimos bajo la forma de eternidad, y sus ideas involucran la esencia eterna e infinita de Dios, como mostramos en II. XLV. y nota, que véase.

PUNTAL. XXX. Nuestra mente, en cuanto se conoce a sí misma y al cuerpo bajo la forma de la eternidad, tiene necesariamente en esa medida un conocimiento de Dios, y sabe que está en Dios, y es concebida por medio de Dios.

Demostración: La eternidad es la esencia misma de Dios, en cuanto que implica la existencia necesaria (por 1/2). Por lo tanto, concebir las cosas bajo la forma de la eternidad es concebir las cosas en cuanto que son concebidas por la esencia de Dios como entes reales, o en cuanto implican la existencia por la esencia de Dios; por lo tanto, la mente, en cuanto se concibe a sí misma y al cuerpo bajo la forma de la eternidad, tiene necesariamente en esa medida un conocimiento de Dios, y sabe, etc. Q.E.D.

PUNTAL. XXXI. El tercer tipo de conocimiento depende de la mente, como su causa formal, en cuanto que la mente misma es eterna.

Demostración: El alma no concibe nada bajo la forma de la eternidad, sino en cuanto concibe su propio cuerpo bajo la forma de la eternidad (v.2/29); es decir, excepto en cuanto es eterno (V. xxi. xxiii.); por lo tanto (por la última proposición), en cuanto que es eterno, posee el conocimiento de Dios, conocimiento que es necesariamente adecuado (por 2/17); por lo tanto, la mente, en cuanto que es eterna, es capaz de conocer todo lo que puede seguirse de este conocimiento dado de Dios (por 2/11), es decir, de conocer las cosas por el tercer tipo de conocimiento (ver Def. en II. xl. nota II), de lo cual, por consiguiente, la mente (3/1) (Def. 1), en cuanto es eterna, es la causa adecuada o formal de dicho conocimiento. Q.E.D.

Por lo tanto, en la medida en que el hombre sea más poderoso en este género de conocimientos, será más plenamente consciente de sí mismo y de Dios; En otras palabras, será más perfecto y bendecido, como aparecerá más claramente en la secuela. Pero hay que tener en cuenta aquí que, aunque ya estemos seguros de que la mente es eterna en cuanto concibe las cosas bajo la forma de la eternidad, sin embargo, para que lo que queremos mostrar pueda explicarse más fácilmente y comprenderse mejor, consideraremos la mente misma, como si acabara de comenzar a existir y a entender las cosas bajo la forma de la eternidad. como en efecto lo hemos hecho hasta ahora; Esto lo podemos hacer sin peligro de error, siempre y cuando tengamos cuidado de no sacar ninguna conclusión, a menos que nuestras premisas sean claras.

PUNTAL. XXXII. Todo lo que entendemos por la tercera clase de conocimiento, nos deleitamos, y nuestro deleite va acompañado de la idea de Dios como causa.

Demostración: De este género de conocimiento surge la más alta aquiescencia mental posible, es decir, el placer (Def. de los afectos), y esta aquiescencia va acompañada de la idea misma de la mente (v. xxvii) y, por consiguiente (v. xxx) también de la idea de Dios como causa. Q.E.D.

Corolario: De la tercera clase de conocimiento surge necesariamente el amor intelectual de Dios. De este género de conocimiento surge el placer acompañado de la idea de Dios como causa, es decir, el amor de Dios (Def. de los afectos, VI); no en cuanto lo imaginamos presente (V. xxix), sino en cuanto lo entendemos como eterno; esto es lo que yo llamo el amor intelectual de Dios.

PUNTAL. XXXIII. El amor intelectual de Dios, que surge de la tercera clase de conocimiento, es eterno.

Demostración: El tercer género de conocimiento es eterno (v. xxxi. I. Ax. iii); por lo tanto, (según el mismo axioma) el amor que surge de él es también necesariamente eterno. Q.E.D.

Aunque este amor hacia Dios no tiene principio (por la proposición anterior), posee, sin embargo, todas las perfecciones del amor, como si hubiera surgido como fingimos en el Corol. de la última Proposición. Y aquí no hay otra diferencia que la mente posea como eternas las mismas perfecciones que fingimos acumularle, y van acompañadas de la idea de Dios como causa eterna. Si el placer consiste en el paso a una perfección mayor, ciertamente la bienaventuranza debe consistir en que la mente esté dotada de la perfección misma.

PUNTAL. XXXIV. La mente sólo mientras dura el cuerpo está sujeta a las emociones que son atribuibles a las pasiones.

Demostración: La imaginación es la idea con que el alma contempla una cosa como presente (por 2/17/nota); sin embargo, esta idea indica más bien la disposición presente del cuerpo humano que la naturaleza de la cosa externa (II. xvi. Corolario. Por lo tanto, la emoción (véase la definición general de las emociones) es imaginación, en cuanto indica la disposición presente del cuerpo; por lo tanto, (V. 1xi) el alma está sujeta sólo mientras el cuerpo duerme a las emociones que son atribuibles a las pasiones. Q.E.D.

Corolario: De aquí se sigue que ningún amor es eterno si no es el intelectual.

Si nos fijamos en la opinión general de los hombres, veremos que son realmente conscientes de la eternidad de su mente, pero que confunden la eternidad con la duración y la atribuyen a la imaginación o a la memoria que creen que permanece después de la muerte.

PUNTAL. XXXV. Dios se ama a sí mismo con un amor intelectual infinito.

Demostración: Dios es absolutamente infinito (por 1/6), es decir, (por 2/6/4), la naturaleza de Dios se regocija en la perfección infinita; y tal regocijo va acompañado (por 2/3) de la idea de sí mismo, es decir, (por 1/1 y Def. i.), la idea de su propia causa: ahora bien, esto es lo que tenemos (en V. xxxii. Corolario.) descrito como amor intelectual.

PUNTAL. XXXVI. El amor intelectual de la mente hacia Dios es el mismo amor de Dios por el cual Dios se ama a sí mismo, no en cuanto que es infinito, sino en cuanto puede explicarse por la esencia de la mente humana considerada bajo la forma de la eternidad; en otras palabras, el amor intelectual de la mente hacia Dios es parte del amor infinito con el que Dios se ama a sí mismo.

Demostración: Este amor de la mente debe referirse a las actividades de la mente (V. Corolario. y III. iii.); es en sí misma, en efecto, una actividad por la cual la mente se considera a sí misma acompañada por la idea de Dios como causa (V. xxxii. y Corol.); es decir, (I. xxv. Corolario. y II. xi. Corolario), actividad por la cual Dios, en la medida en que puede ser explicado a través de la mente humana, se considera acompañado por la idea de sí mismo; por lo tanto, este amor de la mente es parte del amor infinito con el que Dios se ama a sí mismo. Q.E.D.

Corolario: De aquí se sigue que Dios, en cuanto se ama a sí mismo, ama al hombre, y, por consiguiente, que el amor de Dios hacia los hombres y el amor intelectual del entendimiento hacia Dios son idénticos.

De lo dicho se deduce claramente en qué consiste nuestra salvación, o bienaventuranza, o libertad, a saber, en el amor constante y eterno hacia Dios, o en el amor de Dios hacia los hombres. Este amor o bienaventuranza es, en la Biblia, llamado Gloria, y no inmerecidamente. Porque, ya sea que este amor se refiera a Dios o a la mente, puede llamarse con razón aquiescencia del espíritu, que no se distingue realmente de la gloria. En la medida en que se refiere a Dios, es (V. 35) placer, si podemos usar todavía este término, acompañado de la idea de sí mismo, y, en la medida en que se refiere a la mente, es lo mismo (V. 27).

Además, puesto que la esencia de nuestra mente consiste únicamente en el conocimiento, cuyo principio y fundamento es Dios (por 1/45 y 2/11vii), se nos hace claro de qué manera y modo nuestra mente, en cuanto a su esencia y existencia, se sigue de la naturaleza divina y depende constantemente de Dios. He creído oportuno llamar la atención sobre esto aquí, para mostrar con este ejemplo cómo el conocimiento de las cosas particulares, que he llamado intuitivo o de la tercera clase (por 2/11, nota II), es potente y más poderoso que el conocimiento universal, al que he llamado conocimiento de la segunda clase. Porque, aunque en la Parte I. Demostré en términos generales que todas las cosas (y, por consiguiente, también la mente humana) dependen en cuanto a su esencia y existencia de Dios, sin embargo, esa demostración, aunque legítima y colocada más allá de las posibilidades de duda, no afecta tanto a nuestra mente como cuando la misma conclusión se deriva de la esencia real de alguna cosa particular. lo cual decimos que depende de Dios.

PUNTAL. XXXVII. No hay nada en la naturaleza que sea contrario a este amor intelectual, o que pueda quitarlo.

Demostración: Este amor intelectual se sigue necesariamente de la naturaleza del entendimiento, en cuanto que éste es considerado por la naturaleza de Dios como una verdad eterna (v.33 y 29). Por lo tanto, si hubiera algo que fuera contrario a este amor, eso sería contrario a lo que es verdadero; Por consiguiente, lo que pudiera quitar este amor, haría que lo que es verdadero fuera falso; Un absurdo evidente. Por lo tanto, no hay nada en la naturaleza que, etc. Q.E.D.

Nota.—El axioma de la Parte IV. se refiere a cosas particulares, en la medida en que se consideran en relación con un tiempo y un lugar determinados: de esto, creo, nadie puede dudar.

PUNTAL. XXXVIII. En la medida en que la mente comprende más cosas por el segundo y tercer tipo de conocimiento, está menos sujeta a esas emociones que son malas, y tiene menos miedo a la muerte.

Demostración: La esencia del alma consiste en el conocimiento (por 2/11); por lo tanto, en la medida en que la mente comprende más cosas por el segundo y tercer tipo de conocimiento, mayor será la parte de ella que perdure (V. 29 y 23), y, por consiguiente (por la última proposición), mayor será la parte que no sea tocada por las emociones que son contrarias a nuestra naturaleza. o lo que es lo mismo, el mal (IV. xxx.). Así, en la medida en que la mente comprenda más cosas por el segundo y tercer tipo de conocimiento, mayor será la parte de ella que permanezca intacta y, por consiguiente, menos sujeta a las emociones, etc. Q.E.D.

De aquí se entiende el punto que he tocado en IV. xxxix. nota, y que prometí explicar en esta Parte; a saber, que la muerte se hace menos dañina en la medida en que el conocimiento claro y distinto de la mente es mayor, y, por consiguiente, en la medida en que la mente ama más a Dios. Por otra parte, puesto que de la tercera clase de conocimiento surge la mayor aquiescencia posible (v.27), se sigue que el alma humana puede llegar a ser de tal naturaleza, que la parte de ella que hemos demostrado que perece con el cuerpo (v.11) debería ser de poca importancia comparada con la parte que perdura. Pero pronto trataré el tema con mayor extensión.

PUNTAL. XXXIX. Aquel que posee un cuerpo capaz del mayor número de actividades, posee una mente de la cual la mayor parte es eterna.

Demostración: Aquel que posee un cuerpo capaz del mayor número de actividades, es el menos perturbado por las emociones que son malas (4/38). es decir, (por 4/3), por aquellas emociones que son contrarias a nuestra naturaleza; por lo tanto, (por 5/1), tiene la facultad de ordenar y asociar las modificaciones del cuerpo según el orden intelectivo y, por consiguiente, de hacer que todas las modificaciones del cuerpo se refieran a la idea de Dios; de donde sucederá que (V. xv.) será afectado por el amor hacia Dios, el cual (V. 16) debe ocupar o constituir la parte principal de la mente; por lo tanto, (V. 33), tal hombre poseerá una mente cuya parte principal es eterna. Q.E.D.

Puesto que los cuerpos humanos son capaces del mayor número de actividades, no hay duda de que pueden ser de tal naturaleza que pueden ser referidos a mentes que poseen un gran conocimiento de sí mismas y de Dios, y de las cuales la mayor parte o principal es eterna, y, por lo tanto, que apenas deben temer a la muerte. Pero, para que esto pueda entenderse más claramente, debemos recordar aquí que vivimos en un estado de variación perpetua y, según que cambiamos para bien o para mal, se nos llama felices o infelices.

Porque el que, de ser un infante o un niño, se convierte en cadáver, se llama infeliz; mientras que se reduce a la felicidad, si hemos sido capaces de vivir todo el período de la vida con una mente sana en un cuerpo sano. Y, en realidad, aquel que, como en el caso de un infante o un niño, tiene un cuerpo capaz de muy pocas actividades, y que depende, en su mayor parte, de causas externas, tiene una mente que, considerada sólo en sí misma, apenas es consciente de sí misma, o de Dios, o de las cosas; mientras que el que tiene un cuerpo capaz de muchas actividades, tiene una mente que, considerada sólo en sí misma, es muy consciente de sí misma, de Dios y de las cosas. Por lo tanto, en esta vida nos esforzamos principalmente por hacer que el cuerpo de un niño, en la medida en que su naturaleza lo permita y conduzca a ello, pueda transformarse en otra cosa capaz de muchas actividades, y referible a una mente que es altamente consciente de sí misma, de Dios y de las cosas; y deseamos cambiarla de tal manera, que lo que se refiere a su imaginación y memoria llegue a ser insignificante, en comparación con su entendimiento, como ya he dicho en la nota a la última proposición.

PUNTAL. XL. En la medida en que cada cosa posee más de perfección, así es más activa y menos pasiva; y, a la inversa, en la medida en que es más activo, así es más perfecto.

Demostración: En la medida en que cada cosa es más perfecta, posee más de realidad (por 2/6 por def. 6) y, por consiguiente (por 3/3 y nota), es en esa medida más activa y menos pasiva. Esta demostración puede invertirse, y así probar que, en la medida en que una cosa es más activa, así es más perfecta. Q.E.D.

Corolario: De aquí se sigue que la parte del alma que perdura, sea grande o pequeña, es más perfecta que las demás. Porque la parte eterna de la mente (V. xxiii. xxix) es el entendimiento, por el único cual se dice que actuamos (III. la parte que hemos demostrado que perece es la imaginación (V. XXI), por la cual sólo se dice que somos pasivos (por 3/3 y definición general de los afectos); Por lo tanto, el primero, sea grande o pequeño, es más perfecto que el segundo. Q.E.D.

Tales son las doctrinas que me había propuesto exponer acerca de la mente, en cuanto que se la considera sin relación con el cuerpo; de donde, como también de I. xxi. y en otros lugares, es evidente que nuestra mente, en la medida en que entiende, es un modo eterno de pensar, que está determinado por otro modo eterno de pensar, y este otro por un tercero, y así hasta el infinito; de modo que todo en conjunto constituye a la vez el intelecto eterno e infinito de Dios.

PUNTAL. XLI. Aun cuando no supiéramos que nuestra mente es eterna, todavía tendríamos que considerar como de primordial importancia la piedad y la religión, y en general todas las cosas que, en la Parte IV, demostramos que son atribuibles al valor y a la altivez.

Demostración: El primer y único fundamento de la virtud, o regla de la recta vida, es (por 4/22. Corolario. y xxiv.) buscando el verdadero interés de uno mismo. Ahora bien, mientras determinamos lo que la razón prescribe como útil, no tuvimos en cuenta la eternidad de la mente, que sólo nos ha sido conocida en esta quinta parte. Aunque en ese momento ignorábamos que la mente es eterna, afirmamos que las cualidades atribuibles al coraje y a la altura de miras son de primordial importancia. Por lo tanto, aunque todavía ignoráramos esta doctrina, deberíamos poner en primer lugar los preceptos de la razón antes mencionados. Q.E.D.

Nota: La creencia general de la multitud parece ser diferente. La mayoría de las personas parecen creer que son libres, en la medida en que pueden obedecer a sus concupiscencias, y que ceden sus derechos, en la medida en que están obligadas a vivir de acuerdo con los mandamientos de la ley divina. Por lo tanto, creen que la piedad, la religión y, en general, todas las cosas atribuibles a la firmeza de ánimo, son cargas que, después de la muerte, esperan dejar a un lado y recibir la recompensa por su esclavitud, es decir, por su piedad y religión; No es sólo por esta esperanza, sino también, y principalmente, por el temor de ser horriblemente castigados después de la muerte, que son inducidos a vivir de acuerdo con los mandamientos divinos, en la medida en que su espíritu débil y enfermo los permita.

Si los hombres no tuvieran esta esperanza y este temor, sino que creyeran que la mente perece con el cuerpo, y que no queda esperanza de vida prolongada para los desdichados que están abatidos por la carga de la piedad, volverían a sus propias inclinaciones, controlando todo de acuerdo con sus concupiscencias, y deseando obedecer a la fortuna antes que a sí mismos. Semejante proceder me parece no menos absurdo que si un hombre, porque no cree que puede sostener su cuerpo para siempre con una alimentación sana, quisiera atiborrarse de venenos y de alimentos mortales; o si, porque ve que la mente no es eterna ni inmortal, prefiere estar completamente fuera de sí y vivir sin el uso de la razón; Estas ideas son tan absurdas que apenas vale la pena refutarlas.

PUNTAL. XLII. La bienaventuranza no es el premio de la virtud, sino la virtud misma; Ni nos regocijamos en ella, porque controlamos nuestras concupiscencias, sino que, por el contrario, porque nos regocijamos en ella, somos capaces de controlar nuestras concupiscencias.

Demostración: La bienaventuranza consiste en el amor a Dios (v. 36 y nota), amor que nace del tercer género de conocimiento (v. Corolario.); por lo tanto, este amor (por 3/3/14) debe referirse a la mente, en cuanto que ésta es activa; por lo tanto, (por 4/4/8) es la virtud misma. Este fue nuestro primer punto. Además, a medida que la mente se regocija más en este amor o bienaventuranza divina, tanto más entiende (v. xxxii.); es decir, (V. iii. Corolario), tanto más poder tiene sobre las emociones, y (V. xxxviii.) tanto menos está sujeta a las emociones que son malas; Por lo tanto, en la medida en que la mente se regocija en este amor o bienaventuranza divina, así tiene el poder de controlar las concupiscencias. Y puesto que el poder humano para controlar las emociones consiste únicamente en el entendimiento, se sigue que nadie se regocija en la bienaventuranza porque haya controlado sus concupiscencias, sino que, por el contrario, su poder para controlar sus concupiscencias surge de esta bienaventuranza misma. Q.E.D.

De este modo, he completado todo lo que deseaba exponer acerca del poder de la mente sobre las emociones y la libertad de la mente. De donde se deduce cuán poderoso es el hombre sabio, y cuánto supera al hombre ignorante, que sólo se deja llevar por sus concupiscencias. En efecto, el hombre ignorante no sólo se distrae de diversas maneras por causas externas, sin obtener nunca la verdadera aquiescencia de su espíritu, sino que además vive, por así decirlo, sin darse cuenta de sí mismo, de Dios y de las cosas, y tan pronto como deja de sufrir, también deja de ser.

Mientras que el hombre sabio, en la medida en que es considerado como tal, apenas está perturbado en su espíritu, sino que, siendo consciente de sí mismo, de Dios y de las cosas, por una cierta necesidad eterna, nunca deja de serlo, sino que siempre posee la verdadera aquiescencia de su espíritu.

Si el camino que he señalado como conducente a este resultado parece excesivamente difícil, puede, sin embargo, ser descubierto. Las necesidades deben ser duras, ya que rara vez se encuentran. ¿Cómo sería posible, si la salvación estuviera a nuestra mano, y pudiera ser encontrada sin gran trabajo, que fuera descuidada por casi todos los hombres? Pero todas las cosas excelentes son tan difíciles como raras.

Fin de la ética de Benito de Spinoza

www.ingramcontent.com/pod-product-compliance
Lightning Source LLC
Chambersburg PA
CBHW021343150726
47989CB00005B/2083